KB161855

사회복지 프로그램 개발과 평가

김 진 우 저

책을 내면서...

학위과정으로 영국에 머무는 동안 여러 인상 깊었던 일들 중의 하나는 책이 참 다양하다는 것이었다. 두께도 그렇거니와 그 내용도 각자 자기만의 목소리를 담고 있었다. 물론 입문서와 같은 책이 없는 것은 아니었다. 그러나 그 보다는 훨씬 많은 책들이 자기만의 전문적 내용을 담고 있거나 관점을 달리하여 차별성을 지니는 그런 책들에 오래 동안 시선이 머물렀던 것이다.

그동안 연구로 얻은 내용을 책으로 펴낸 경우는 더러 있었지만 교과서 같은 내용을 발간하기로 작정한 것은 이번이 처음이다. 어느 책을 봐도 그 내용들이 비슷한 것에 또 하나의 숟가락을 얹는 것이 참으로 독자들에게 못할 짓이다. 애초부터 '내 책이 있어야 한다'는 강박관념도 없었지만, 독자가 훑어보고 바로 제자리에 꽂아놓는, 그런 책을 만드는데 내가 일조해서는 안 된다는 생각 때문이었다. 아니, 나의 게으름을 감추기 위해서라도 그렇게 생각하는 게 마음 편했다.

그런데 이런 이유에도 불구하고 이 책을 내야겠다고 생각하게 만든 핑계거리가 몇 가지 있다. 첫째, 사회복지공동모금회가 『2018년 배분사업안내』을 통해 대폭 개편된 배분신청양식을 선보였다. 여기에 핵심역할을 담당했던 저자로서 그 매뉴얼에 다 담지 못한 이야기를 독자들에게 들려주고 싶었다.

둘째, 그간의 경험을 정리하고 싶었다. 지난 10년 동안 사회복지공동모금회, 메트라이프 코리아재단, 삼성복지재단, 아산나눔재단 등에 이사 겸 자문위원으로 심사 및 자문 역할을 해 오면서 많은 것을 배울 수 있었다. 때로는 내 판단이 틀려서 마음속에 각인되어 배웠고, 때로는 계획과 현실이 너무 달라 좌충우돌하면서 진땀 속에 배우기도 했다. 이러한 경험에서 우러난 교훈들을 그간에는 개별적인 특강을 통해 나누었는데 이제 보다 많은 사람과 지면을 통해 대화하고 싶었다.

셋째, 프로그램을 개발하고 평가하는 실무자들이 실제로 도움을 받을 수 있는 내용을 구성하고 싶었다. 현재 발간되어 있는 책들이 갖는 각자의 장점과 특징이 있지만 사회복지공동모금회의 양식에 고착되어 있다든가, 학문적 내용에 너무 충실하여 현장의 쓰임새와는 다소 거리가 있다든가 하는 아쉬움이 엿보였는데, 이를 보완해 보고 싶었다.

이 책은 크게 4부로 구성되어 있다.

제1부에서는 사회복지분야에서 프로그램의 필요성과 프로그램사업이 오늘에까지 이어져 온 역사적 맥락에서 중요한 씨앗의 역할을 한 작은나눔·큰사랑 사업을 집중적으로 살펴보고 있다.

제2부에서는 프로그램의 기획과 실행을 다루고 있다. 모름지기 기획에는 동기가 있을텐데 이를 어떻게 구체화하여 어떤 내용으로 어떻게 구성할 것인지, 이를 통해 무엇을 지향하는지를 실무자가 어떻게 전체적인 틀로 구성하고 제시할 것인지에 대해 설명하고 있다. 그 중에서도 프로그램이 지향하는 방향이 중요한데 이와 관련하여 최근 혁신성과 사회적 영향력의 중요성이 부각되고 있다는 점을 별도 장에서 상세하게 다루고 있다.

제3부에서는 프로그램 평가에 대해 안내하고 있다. 통상적인 『사회복지 프로그램의 개발과 평가』라는 책에서는 그 내용을 기획과 평가, 2가지로 대별하고 이에 집중

한다. 물론 그것이 본 저술의 핵심부분이기도 하다. 그러나 전체적인 과정에서 기획과 평가만 있는 것이 아니고 실제 상당기간은 프로그램을 집행하는 것에 해당한다. 그럼에도 불구하고 기존 책에서는 대부분 이에 대하여 상세하게 다루고 있지 않다. 그런 점을 감안하여 여기에서는 선정된 프로그램을 조정하는 단계에서부터 최종적으로 평가 · 종결하는 단계까지를 사업진행별로 구분하여 유의해야 할 바를 제시하고 있다는 점이 특징이다. 한편, 평가에 대한 내용에서는 질적평가를 자세하게 다루고 발달장애인이 사업참여자일 때 어떻게 자료수집을 할 것인지에 대해 지면을 더 할애했다.

제4부에서는 최근 변화흐름으로 벤처기부(Venture Philanthroy)방식의 지원방식을 소개하고 있다. 또 배분신청을 함에 있어서 역지사지의 심정으로 생각해야 할 것과 사회복지공동모금회 배분신청서 작성시 유의사항을 간단하게 설명하고 있다. 종전에는 단기간에 소규모의 사업자금을 제공하여 참여자의 긍정적인 변화를 꾀하는데 초점을 두었다. 그러나 최근에는 상대적으로 큰 사업자금을 장기간 제공하여 참여자뿐만 아니라 타 유사기관 및 지역사회, 나아가서는 국가 전체에 파급효과를 거둘 수 있도록 하는 지원으로 탈바꿈하고 있다. 1년간 1억 이상 지원하는 곳이 많이 늘었으며 벤처기부에서와 같이 사업재원뿐만 아니라 조직의 성장을 도모하는 컨설팅 등에 대한 지원이 얼마나 중요한지에 대해 자세하게 소개하고 있다.

이러한 소중한 내용이 알알이 포함되어 있음에도 불구하고 이 책은 많은 한계를 안고 있다. 『사회복지 프로그램의 개발과 평가』라는 내용은 대학과정에서 사회복지 교과과목 중의 하나이다. 그럼에도 실무자에게 필요한 내용을 하나라도 더 담으려고 노력하였다. 대신 기존에 발간된 교과서에서 자세하게 설명하는 부분은 과감하게 생략하였다. 그러다보니 학문적 깊이와 논의를 더하지 못해 불충실하고 뭔가 부족하다는 아쉬움이 남는다. 저희 어머니 말씀처럼 "물 좋고 정자 좋은 곳은 없다"라는 걸 실감하며 부족한 자신을 또 한 번 돌아보게 된다.

이제 이 책을 발간하면서 감사의 말씀을 두루 전하고 싶다. 먼저 지난 10년 동안 심사과정에서 또 자문하는 기간 동안 나에게 많은 영감을 주고 나의 자문내용이 틀렸음을 알려준, 그래서 나의 부족했던 부분을 알게 했던 실천현장의 많은 실무자들에게 감사를 전하고 싶다. 그 분들의 통찰력과 끈기, 무엇보다 나의 부족함에도 사업을 성공적으로 이끌고자 노력한 수고가 없었다면 지금의 나 또한 없을 것이다. 그리고 부족한 실력에도 그동안 귀한 자문과 연구의 기회를 허락하신 사회복지공동모금회, 삼성복지재단 그리고 아산나눔재단에게 감사를 전한다. 특히 삼성복지재단의 김성원 부장은 프로그램 기획과 평가의 실천적용 분야에서 새 장을 열고 이를 융성하게 한 거인이라고 감히 말하고 싶다. 우리나라 프로그램 기획 분야의 새로운 패러다임에 대해 밤늦도록 함께 시간을 나눈 그 때가 그립다. 마지막으로 늘 짧지만 간결한 핵심질문으로 아빠의 무딘 생각을 스스로 돌아보게 만드는 딸 예지와 내 어릴 적 모습과 내 부모님을 생각나게 만드는 귀한 재주꾼 아들 승범에게도 감사를 전하고 싶다. 졸고를 흔쾌히 받아준 EM실천에 감사드리며 인고의 탈고과정에서 늘 지지해 준 강은진 박사에게 빚진 마음 가득하다. 여기 이 분들과의 귀한 인연을 생각하여 앞으로도 더 귀한 책으로, 내용으로 발전시켜 나갈 것을 스스로 다짐해 본다.

2018. 1월 창 너머 눈이 소복이 쌓여있는 겨울 어느 날 쌍문동 연구실에서

서문_ 책을 내면서

제1부   사회복지 프로그램 이해

제1장 사회복지 프로그램의 의의와 존재이유 | 12

제2장 사회복지 프로그램 발전의 역사적 맥락 | 26

제2부   사회복지 프로그램 기획 및 실행

제3장 사회복지 프로그램 구성 틀 개관 | 40

제4장 이 프로그램을 왜 기획하는가? | 51

제5장 누구를 이 프로그램에 참여시킬 것인가? | 64

제6장 어떻게 변화시키고자 하는가?: 사업내용과 네트워크 구축 | 81

제7장 어디에 초점을 맞추고 어디까지 변화시킬 것인가? | 93

제8장 혁신성과 사회적 영향력(Social Impact) | 107

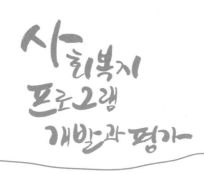

제3부 사회복지 프로그램 평가하기

제9장 프로그램 집행 단계별 주의사항 | 118
제10장 평가 틀을 어떻게 설계할 것인가? | 127
제11장 과정평가 | 145
제12장 성과평가(1): 개요 및 양적 성과평가 | 158
제13장 성과평가(2): 질적 성과평가 | 168

제4부 최근 변화흐름 및 신청서 작성하기

제14장 사회복지 프로그램 신청서의 최근 변화: Venture Philanthropy | 218
제15장 프로포절 작성의 노하우 | 257
제16장 사회복지공동모금회 배분신청서 양식 변화 이해 | 263

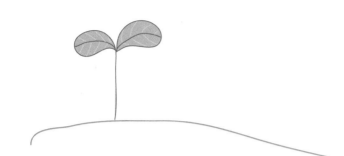

표 목 차

[표 1] 초점에 따른 사회복지 프로그램 분류 | 22

[표 2] 논리모델과 변화이론모델의 차이점 | 45

[표 3] 지원사업의 대표적 지향방향 | 58

[표 4] Rapp와 Poetner에 따른 클라이언트집단 결정방식 | 65

[표 5] 2017년 이전 공동모금회 사업내용 작성양식 | 84

[표 6] 아쇼카 펠로쉽 지원서 | 87

[표 7] 네트워크 구축에의 점검 질문 | 90

[표 8] 구체성이 떨어지는 네트워크 구축표현 | 91

[표 9] 상호 역할 구분이 명확한 네트워크 구축 표현 | 91

[표 10] 성과목표에 대한 다양한 이해 | 98

[표 11] 성과목표 설정의 다차원성 | 100

[표 12] 산출목표와 성과목표 간 연결 | 104

[표 13] 산출목표, 하위 성과목표 및 최종 성과목표간 연결 | 105

[표 14] 아산나눔재단 『파트너십 온』 프로그램에서의 혁신성 | 109

[표 15] 평가방법 조합에 따른 예시 | 131

[표 16] 참여적 평가와 전통적 평가간의 차이점 | 140

[표 17] 과정별 평가 시 고려해야 할 질문들 | 147

[표 18] 과정평가 수행과정에서 점검되어야 할 질문들 | 152

[표 19] 양적 성과평가방법 | 162

[표 20] 동일 사물에 대한 사진, 컬러 그림 및 흑백그림 비교 | 196

[표 21] 당사자의 선택을 물어보는 방법 예시 | 197

[표 22] 연대기적인 도표의 예 | 199

[표 23] (시간흐름에 따른 가족구성원의 역할변화) 관련 Role-by-Time Matrix 예 | 200

[표 24] 인터뷰 내용에 대해 코딩 결과 예시 | 201

[표 25] 핸드폰을 구매하는데 따른 주요 고려사항 | 210

[표 26] 벤처기부의 지원내용 | 225

[표 27] 벤처기부의 지원방식 | 226

[표 28] 아산나눔재단 『파트너십 온』 사업 혁신리더기관 사업 주요특징 | 233

[표 29] 아산나눔재단 『파트너십 온』 사업과 기존사업 수행방식의 차이 비교 | 235

[표 30] 공동모금회 배분사업 신청 유형 | 266

[표 31] 개정 전·후 '배분신청 및 신청기관 현황' 비교 | 270

[표 32] 마일스톤을 반영한 사업추진 일정표 | 272

[표 33] 개정 전·후 사업내용 및 추진전략 비교 | 273

[표 34] 개정 전·후 목표 및 평가 비교 | 276

[표 35] 질적인 성과평가 제안양식 예시 | 277

그 림 목 차

[그림 1] 「작은나눔 큰 사랑」 지원신청 및 선정 기관 추이 | 32

[그림 2] 논리모델의 흐름 | 42

[그림 3] 변화이론에서의 목표 설정하기 | 47

[그림 4] 변화이론에서의 설정목표에 따른 선행조건 검토하기 | 48

[그림 5] 세부 프로그램 구조도 | 86

[그림 6] 질적연구와 질적평가의 차이점 | 170

[그림 7] 프로그램 평가를 위한 분석틀(권지성, 2012) | 182

[그림 8] 수집자료 형태와 분석방법간의 관계 | 203

[그림 9] 벤처기부의 지원 대상 | 223

[그림 10] 아산나눔재단 『파트너십 온』 사업 지원체계 | 232

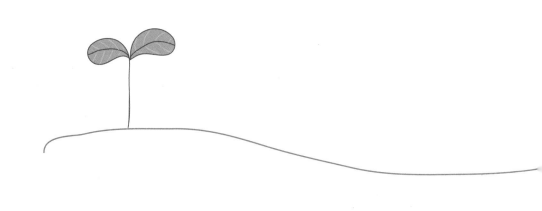

제1부　사회복지 프로그램 이해

제1장

사회복지 프로그램의 의의와 존재이유

1. 들어가면서

오늘도 사회복지사 「달사냥」 씨는 늦은 밤인데도 사무실 불을 끄지 못한다. 오늘 오후 혼자 사시는 「김막동」 할아버지를 방문했을 때 그의 뱃속에서 난 소리가 계속 마음에 울렸기 때문이다. 「감막동」 할아버지는 할머니가 세상을 떠나기 전까지는 차려준 음식을 먹기만 했지, 자신의 끼니를 스스로 챙겨본 적이 거의 없다고 한다. 비단 이 할아버지뿐이랴... 알아보고 또 들은 것을 종합해보면 이웃에 있는 많은 할아버지들이 비슷한 처지에 있는 것 같다.

끼니를 챙기는데 힘들어 하는 할아버지들의 무기력한 모습이 계속 눈에 아른거린다. 젠장... 아무것도 할 수 없는 자신의 모습에 짜증이 묻어난다.

'아냐, 아냐! 그냥 가만히 있는 게 능사는 아니잖아. 할아버지에게 요리라도 가르쳐 드려서, 아니 아니... 그렇게 거창한 것이 아니라 밥을 지을 때 물의 양을 재는 것이라도, 칼질과 불조절만 안다면, 된장찌개라도 끓일 수 있게 되면 자신감을 가지지 않을까? 그 때쯤 되면 김치찌개 만드는 것도 시간문제겠지?'

'그래, 이럴 때가 아냐. 무엇을 어떻게 하면 되지? 끼니를 챙겨 드시려면 어떤 것들을 알려드려야지? 그래.. 프로그램을 짜고, 필요한 예산은 어떻게든 마련해 보자...'

사회복지사 「달사냥」 씨는 자신이 왜 사회복지사가 되었는지, 초심을 잃지 말자는 다짐과 함께 관련 내용을 찾아 모으고 조금씩 글을 써 내려 간다... 세상은 그렇게 각박하지 않다며... 내 진심을 알아주는 복지재단이 꼭 나타날 것이라 믿으며...

하루하루 사회복지 실천현장이라는 땅에 발을 딛고 살다보면, 늘 우리는 위와 같은 상황에 직면하게 된다. 녹록지 않은 현실의 제약과 한계, 전혀 돌파구가 보이지 않을 것 같은, 절벽같은 시간과 공간 앞에 서 있을 때가 많다. 자신의 능력과 자원으로서는 지금 이 상태를 한 치도 바꿀 수 없을 것 같은 막막함. 그 융통성없어 보이는 절망 앞에서 사회복지사는 역설적으로 희망을 이야기한다. 희망의 빗줄기를 찾아야 한다. '세상이 왜 이 지경까지 되었을까?', '어떻게 하면 이 현실이 주는 중압감을 덜어줄 수 있을까?', '더 이상 이런 환경을 방치해서는 안 된다'라고 중얼거린다. 하지만 그러한 감정이 조금 가라앉고 나면 어김없이 슬며시 내 옆에 자리 잡은 생각 하나. '어디에서부터 손을 대야 하지?...'. 그런데 신기하게도 처음에는 정리되지 않아 막막하기만 했는데 치열한 고민의 시간이 쌓이는 만큼 그 윤곽이 서서히 드러나기 시작한다.

'지금 이 순간이 계속 되어서는 안된다'라는 문제의식에 기초해서 무엇을 해야 하는지, 그것을 어떻게 풀어나가야 하는 건지, 언제까지 어느 정도 변화시키면 되는 것인지, 그러한 노력에 소요되는 재정적인 비용은 어떻게 감당할 것인지 등에 대한 생각이 꼬리에 꼬리를 물고 이어지게 된다.

이렇듯 문제의식만 뚜렷하면 뭔가를 자연스럽게 기획할 수 있게 되는가? 많은 사회복지사들을 만나보면 프로그램을 기획하는 것이 쉽지 않다고 이야기하곤 한다. 왜 그렇게 힘든 것일까? 문제의식이 투철하지 않아서일까?, 아니면 어떻게 기획해야 하는지에 대한 정보가 부족해서일까? 아래 내용을 살펴보자.

발달장애인을 자녀로 둔 부모들은 마치 자신들이 죄인인 것처럼 살아간다. 그로 인해 살아가면서 받는 심리적 스트레스가 이만저만이 아니다. 복지관에서는 이러한 부모님들의 어려움을 감안하여 이들을 대상으로 1박2일 캠프를 준비하고 있다.

어떻게 사업계획서를 작성해야 할까? 아래 내용을 참고하면서 간단하게 이야기해 보자.

1. 부모들이 받는 스트레스가 어떤 스트레스인가? 대인관계? 양육? 경제적 어려움?
2. 뭘 하면 좋을까? 어떻게 하면 1박2일 기간동안에 스트레스가 풀릴까? 어느 정도라도...
3. 누가 이 캠프에 참여해야 하나?

뇌병변장애인의 소근육 발달을 위해 어떤 프로그램을 하면 좋을까?

1. 음악 악기 프로그램
2. 캠퍼스에 내 마음 채우기 미술 프로그램
3. 레고(LEGO) 조립 프로그램
4. 모래를 활용하여 근사한 성(Castle) 만들기 프로그램
5. 또 어떤 다른 프로그램이 있을까?

결국 정보가 부족해서 프로그램을 잘 기획하지 못하는 것 같지는 않다. 오히려 정반대이다. 정보가 넘쳐나고 무엇을 어떻게 해야 할지 다양한 선택의 여지 속에서 결정을 내려야 한다. B가 아니라 A를, D가 아니라 왜 C를 통해서 목표지점을 성취해 내려고 하는지에 대해 제3자를 설득해야 한다. 이를 피력하려면 내가 어떤 관점을 가지고 있는지, 어떤 입장에 서 있는지를 살펴보지 않을 수 없다. 즉, 어떤 사업을 구상한다는 것은 내용과 방법에 대한 기술적인 기술(Technical Description)에 그치지 않고 지향하는 가치와 철학, 그리고 자신의 존재기반에 대한 이해를 끌어안는 총체적인 내용의 집합체를 만들어가는 것이라고 볼 수 있다. 그러면 실무자들은 묻고 싶어진다. 도대체 뭔가를 기획한다는 프로그램이라는 것이 무엇을 말하는가?

이 장에서는 '총체적인 집합체'라고 볼 수 있는 프로그램이 무엇이며 사회복지분야에서 왜 이러한 프로그램이 필요한지에 대해 살펴보고자 한다.

2. 프로그램(Program)이란?

사전적(事典的) 의미에서의 프로그램은 '진행 계획이나 순서'를 말한다. 하지만 그 말의 이면에는 많은 것들이 내포되어 있다. 어떤 일을 도모하여 의도한 바를 나타내려면 그 정도의 차이는 있을지라도 누가, 언제, 무엇을 해야 하는지가 미리 결정되어 있어야 한다. 막연한 기대나 기원이 아니라 조직화된 노력이 적기에 투입되어야 한다. 그러므로 이러한 과정은 본연적으로 그 일을 도모한 사람의 의도를 내포할 수밖에 없다. 때로는 그러한 일들이 일어나는데 함께 협력해야 하고, 협력하는 사람들간에 왜 그러한 일들이 그 때에 일어나야 하는지에 대한 의미를 공유하고 있어야 한다.

예를 들어보자. TV프로그램은 얼핏 보면 단순한 진행표, 진행순서로 보인다. 하지만 그러한 프로그램이 정해진 시간에 방송되기 위해서는 그 틀을 짜는 PD에 의해 여러 방송인들이 각자 자신에게 부여된 역할을 충실히 이해하고 정해진 시간에 제 역할을 해 주어야 한다. 그러한 역할들의 흐름이 프로그램을 구성해 간다. 나아가 각 방송사에 따라 지향하는 이념적 정향이나 색깔이 조금씩 달라진다.

그러므로 프로그램이라는 것은 '일정한 의도를 가지고 이루고자 하는 목표를 달성하기 위한 조직적 노력과 그에 따라 이루어지는 내용'이라고 할 수 있다.

3. 사회복지 프로그램이란?

사회복지는 사회를 보다 평안한 상태로 만드는 것을 종국적으로 지향한다. 이 땅에서 수천 년 세월의 흐름 속에 짧지만 동시대를 살아가는 사람에게 "같이 행복하자"며 자신의 소유를 일부 나누고 옆에 있는 사람을 돌아보는 것이 사회복지다. 그 일을 중요한 국가의 책무로 생각하고 이를 정책으로 구현할 때 우리는 이를 복지국가라고 부른다. 복지국가에서의 복지정책에 대한 기초적인 틀은 법령에 기반하여 제도를 구축하고 예산을 투입하고 법령에서 제시한 소기의 목적을 달성하는데 초점이 맞춰져 있다. 그러한 일들은 한시법에 기초하지 않는 한, 법령이 폐기되지 않는 한 영속성을 띤다.

물론 세부적인 실천방법에 있어서는 매년 또는 필요에 따라 바뀌기도 한다. 그렇게 바뀌는 수준의 것을 우리는 흔히 '시책'이라고 부른다. 시책은 행정기관이 실제로 행하는 일이라는 뜻이다. 그 일하는 방식이 법령처럼 근본적이라기보다는 실천적 성격을 띠기 때문에 현실을 보다 더 적절하게 반영하기 위함이다. 그런 의미에서 정부 정책이나 시책을 프로그램이라고 부르지는 않는다. 정책이나 시책은 상대적으로 불특정 다수를 향한 추상적 성격을 띠며, 프로그램은 개별구체적인 성격을 띠기 때문이다. 예를 들어 「장애인활동 지원에 관한 법률」이 특정한 A장애인에게 적용되는 것이 아니라 일정 정도 기준에 포섭되는 모든 장애인을 향한 제도적 내용인 반면, '중학생의 진로성숙도 향상 프로그램'은 참여하는 10명에게 진로성숙 정도를 향상시키려고 하는 목표를 달성하기 위해 한시적으로 운영되는 사업을 말한다.

하지만 복지국가라 하여 사람이 행복해 질 수 있는 모든 조건에 대해 만족할만한 제도나 시책을 마련·제공하는 것은 아니다. 예산제약적 성격 때문에, 인간 욕구의 복잡성 때문에 그렇지 못할 뿐 아니라 어쩌면 불가능할지도 모른다. 물론 자기 스스로 큰 어려움 없이 행복한 상황들을 만들어가는 사람에게는 국가의, 사회복지기관의 개입이 필요하지 않겠지만, 국가가 아무리 노력하여도 행복할 수 없는 여건에 처해 있는 사람들 또한 여전히 존재한다.

뜻하지 않게 장애가 발생할 수도 있고, 태생적으로 다른 사람과 다르게 태어날 수도 있다. 열심히 일해서 가족을 부양했지만 일정한 연령이 되니 정작 사회는 그 사람에게 일선에서 물러나라고 한다. 사회적 의미에서 노인이기 때문이다. 또 사별하거나, 혼자 살거나, 특히 자신의 미래를 위해 준비해 놓지 않은 사람들, 아이를 부양하고 있는 한부모 등 취약한 인구특성적 집단들이 존재한다. 뿐만 아니라 부모님이 사업실패로 자살하거나 어디론가 가버려 어린 동생을 책임져야 하는 10대 청소년도 있고, 자신을 비난하는 사회의 손가락질에 분노를 참지 못하여 한 순간의 실수로 범죄자가 되는 경우도 있다. 사랑하는 사람이 속삭이는 사랑의 유희가 낳은 임신은 10대 미혼청소녀라는 지위를 남기고 많은 것을 견디고 이겨내야 하는 현실의 장벽앞에 서게 만든다. 자신이 잘 하려고 해도 무엇을 어떻게 해야 하는지 그 당시에는 그저 막막한 그러한 삶도 있다. 삶이 어려우면 한 치 앞도 보이지 않는다. 그럴 때 누군가가 손 내밀어 준다면, 누군가가 '그건 너 잘못이 아니야(It's not your fault!)라고 이야기해 준다면… 또 나와 같은 처지에 있는 사람과 같이 이야기할 수 있는 기회가 만들어진다면? 내가 능력이 없어서 내 처지를 못 바꾸는 것이 아니라 사회의 인식과 사고체계, 태도와 나에 대한 자원배분이 달라진다면? 어쩌면 그들은 새로운 삶을 살아갈 수 있는 열차에서 내일을 준비할 수 있게 된다.

사회복지 실천현장에서의 개입은 그러한 순간에 빛을 발한다. 정부가 갖는 경직성을 극복하고자 민간 비영리 부문에게 이러한 개입을 위탁하기도 하고, 정부와는 별개로 민간의 자발적 노력에 의해 정부 또는 공공의 부족한 역할을 메우려는 노력을 기울이기도 한다. 이러한 민간 비영리부문의 공통적인 특징은 '더 이상 이러한 삶이 반복되지 않도록 그냥 놔두지 않겠다'는 문제의식에서 출발한다는 것이다. 현실에서부터 출발하되 지금의 행복하지 않은 삶을 변화시켜 보다 나은 상태로 바꾸어 내려고 노력하는 것이 필요한데, 그 노력을 보다 체계적으로 구성하고 변화의 목표치를 달성하고자 하는 다소 치밀한 노력을 우리는 '사회복지 프로그램을 기획한다'고 이야기한다. 또 그렇게 구성되어진 내용을 우리는 사회복지 프로그램이라고 부른다.

최근에는 민간 사회복지기관에 의해 수행되는 사업뿐만 아니라 정부에서도 때로는 전국적인 변화를 꿈꾸며 프로그램을 기획하는 경우도 있다. 나아가 국가간에도 ODA(Oversea Development Assistance) 사업에서도 단순 지원이 아니라 프로그램 사업으로 지원되기도 한다[1].

4. 사회복지 프로그램의 성격

사회복지 프로그램은 사회복지 실천과정에서 특정한 인구집단의 변화를 도모하든지, 지역사회 자체의 상태나 성격을 변화시키든지, 다른 지역사회에 긍정적 파급효과를 가져오려는 체계적인 노력을 의미한다. 그런 면에서 사회복지 프로그램은 아래와 같은 성격을 지닌다.

1) 현장에서 출발하는 문제의식

첫째, 현장에서 출발하는 문제의식이라는 점이다. 현재의 상태를 보다 바람직하다고 생각하는 상태로 변화시키는데 인적 및 물적 그리고 시간적 노력을 투여하는 것이라는 점에서 무엇을 어떻게 바꾸어야 하는지에 대한 비전과 전망은 철저한 현실분석에서 출발할 것을 요구한다. 그렇기 때문에 제일 먼저 생각해야 할 것은 '내가 이 현실을 어떻게 인식하는가'를 스스로 성찰하는 것이다. 그 다음으로는 이 현실을 '어떻게 바꿀 수 있을 것인지'에 대해 고민해야 한다.

그런데 어쩌면 그러한 문제의식은 현실을 더 이상 방치해서는 안 된다는 실천가의

---

1) 덕성여대에서는 2013년~2014년 동안 KOICA로부터 재원을 지원받아 캄보디아 저소득층 영양개선 및 복지증진사업으로 캄보디아 왕립농업대학교(Royal University of Agriculture)과 MOU를 체결하고 프놈펜에서 2시간 가량 떨어진 깜퐁스푸(Kampong Speu)지역 주민을 대상으로 아동 영양개선사업과 주민에 대한 사례관리사업을 시행하였다. 왕립농업대학교 학생들에게 영양교육의 필요성과 사회복지체계에 대해 강의하여 미래의 지도자들에게 필요한 교양적 지식을 제공하면서 이들과 함께 캄퐁스푸 지역에서 함께 사업을 전개해 나갔는데, 주된 사업으로는 아동들에게 영양식 제공, 부모들에게는 영양교육 실시, 다양한 어려움을 겪고 있는 가정에 대한 사례관리 등을 들 수 있다.

고뇌와 결단에 기초한다고 할 수 있다. 그 현실을 느낄 수 있을 만큼의 감수성이 없거나, 그 정도는 문제가 아니라고 생각한다면 변화를 도모하려는 마음을 가지기 어렵다. 그러나 현실에서는 그렇지 않은 경우도 있다. 현실에 기초하지 않고 아이디어 하나만으로 프로그램을 기획하는 것이다. 그런데 아이러니하게도 상상에 기반하여 - 물론 어느 정도는 동료로부터 들었겠지만 - 써 내려간 사업계획서가 선정되는 경우도 있다. 이 경우는 신청기관도, 심사과정도 모두 문제가 되겠지만 적어도 자금제공기관[2]과 사업수행기관[3] 간의 신뢰문제[4]가 붉어질 수 밖에 없다. 사업계획서 작성자는 또 다른 사업계획서 신청을 준비하느라 사업을 수행하지 못하게 되고 이후 사업을 떠맡은 영혼없는 담당자의 좌충우돌은 자금제공기관에게 부담으로 작동할 수 있다.

2) 변화지향적

둘째, 변화지향적이라는 점이다. 더 이상 묵과할 수 없는 현재 상태에 대한 적절한 변형, 바람직한 상태로의 이양을 꿈꾸는데서 출발하는 프로그램은 다분히 미래지향적이다. 그러나 지향하는 변화가 달성가능해야 한다. 그렇기 때문에 자금제공기관 입장으로서는 사업신청기관이 각종 노력과 재원을 투입하여 실제 변화를 가져올 수 있을 것인지에 대해 확신을 갖고 싶어하고, 사업이 집행된 이후에는 실제 그 변화가 있었음을 보여주기를 바란다. 그런데 이 지점에 오면 서로 간에 눈높이와 사용언어가 문제가 된다. 사업신청기관은 바람직한 상태를 이끌어내고 싶고, 자금제공기관에서는 그러한 상태가 도래했음을 어떻게 알 수 있는지 그 방법과 결과를 알고 싶어한다.

---

2) 자금제공기관은 프로그램을 집행할 수 있는 재원을 지급하는 기관을 말한다. 여기에는 주로 한국사회복지공동모금회와 각종 민간복지재단을 의미한다. 물론 때로는 정부 또는 지방자치단체를 포함한다. 왜냐하면 이들도 민간 사회복지 실천현장의 활성화를 도모하기 위해 프로그램 집행사업을 지원하는 사업을 한 적이 있었고 또 앞으로도 이를 기획할 수 있는 가능성도 있기 때문이다.

3) 사업수행기관이라 함은 자금제공기관으로부터 재원을 받는 기관을 말한다. 프로그램을 기획하여 공모전에 신청하는 기관은 사업신청기관으로 부르겠지만, 내용에 따라 이를 적절하게 혼용하여 쓰기도 한다.

4) 위에서도 통상 아이디어에만 기반하여 사업을 신청했다가 이후 선정되고 나면 담당자를 바꾸는 행태를 종종 목격하는데, 선정되고 나서 담당자를 바꾸는 등의 행위로 인해 신뢰관계가 무너진다면 그 용어가 '사업수행기관'이 맞다. 하지만 그러한 일로 인해 이후 동일한 그 기관이 다른 프로그램으로 공모전에 신청할 때 그 때는 자금제공기관과 사업신청기관간의 신뢰관계 문제로 언급해야 하므로, 이를 한꺼번에 표현할 방법이 없게 된다. 그러므로 내용맥락에 따라 적절하게 사용하되, 독자들은 사업신청기관과 사업수행기관이 일치할수도, 일치하지 않을 수도 있음을 염두에 두고 읽었으면 좋겠다.

10여 년 동안 저자의 심사경험에 비추어보면, 사업신청기관이 프로그램 기획과정에서 제일 어려워하는 것은 목표설정과 그 목표의 달성여부를 측정하는 것, 즉 평가 틀을 설계하는 것이다. 목표와 사업내용, 사업내용과 평가방법 등이 일맥상통하고 상호 연계되어 있어야 하나, 이들간의 관계가 불명확하거나, 때로는 인과관계가 없고, 또 불일치하는 경우가 많다. 한편, '좋은 게 좋다'는 식의 추상적인 상태를 지향하는 경우도 없지 않다. '행복 증진'과 같이. 변화를 지향하지만, 변화가 있었음을 어떻게 보여줘야 하는지에 대해 많이 서투른 게 사실이다.

이쯤되면 독자들은 묻고 싶어질게다. "그런데도 어떻게 선정되었지?"

정말 아이러니다. 그렇게 물어오는 질문을 나도 똑같이 되묻고 싶다. 그러나 내밀히 살펴보면 여기에도 이유가 있다. 신청사업에 선정되는 것이 무결점이어서가 아니라 신청사업들 중에 상대적으로 더 낫기 때문이다. 그런데 선정된 사업계획서가 마치 무소불위의 힘을 가졌거나, 어디에도 통용되는 마패처럼 여겨지는데 문제가 있다. 선정되었다는 이유로 인근 기관에서는 "선정된" 사업계획서를 빌려 그의 표현방식 속에 덕지덕지 붙어 있는 오류까지 답습하거나 확대재생산하는 경우가 많다. 그러나 Garbage in, Garbage out! 오류 투성이고 그렇게 쓰면 안 되는 사업계획서인데도 이를 베끼는 - 물론 내용이 아니라 쓰는 수준과 형식이지만 - 것은 더 이상 해서는 안 될 부끄러운 일이다.

5. 사회복지 프로그램의 종류

사회복지 프로그램의 종류는 그 구분기준에 따라 다양하게 대별될 수 있다. 아래에서는 프로그램을 시행하는 주체에 따라서, 의도하는 변화의 수준에 따라서 어떻게 분류될 수 있는지를 살펴보고자 한다.

1) 시행주체에 따른 분류

첫째, 정부 및 지방자치단체가 있다. 지금은 중단되었지만 보건복지부는 장애인거주시설에 대하여 프로그램지원사업을 1998년에 시행한 적이 있다. 물론 그 이듬해에 폐지되었지만 경기도가 이를 이어서 시행하였고 일부 다른 지방자지단체에서도 프로그램 지원사업을 시행한 바 있다.

둘째, 사회복지공동모금회(이후 "공동모금회"라고 한다)이다. 공동모금회는 「사회복지공동모금회법」에 따라 설립된 특수법인이다. 직원들은 민간인 신분이어서 정부조직은 아니지만 법에 의해서 조직 설립·운영의 방향과 내용이 결정된다는 점에서 민간 복지재단과는 그 결을 달리 한다. 공동모금회는 크게 모금사업과 배분사업 두 축으로 사업을 추진하는데, 모금한 재원을 성과를 낼 수 있는 복지사업에 어떻게 효과적으로 사용할 것인지를 고민하고 있으며 최근에는 지난 20여 년간 사용해 오던 배분신청서 양식을 변경(이봉주·김진우·최명민, 2016)하고 현재 그 변경양식에 대한 사용매뉴얼 마련연구를 추진한 바 있으며(김진우·이지수·윤덕찬, 2017) 『2018년 배분사업 안내』를 발간하여 2018년 사업부터는 업데이트된 양식과 매뉴얼에 기반하여 사업을 신청받았다.

셋째, 민간복지재단이다. 민간복지재단은 설립자의 설립목적과 취지에 따라 고유한 정체성을 가지고 특정한 분야에 대해 집중하여 지원하는 경우가 많다. 메트라이프아동복지재단에서는 장애아동에 대하여, 아산나눔재단은 청소년에 대한 사업에 집중적으로 투자한다. 민간복지재단에서는 과거 공동모금회의 배분신청서 양식을 따르는 경우가 많았는데 최근에는 자신들의 정체성에 맞는 양식을 개발하거나[5]. , 외국의 모형을 차용하는 경우가 많아지고 있는 특징을 보여주고 있다

---

[5] 서류심사를 1차 및 2차로 나누고 1차에서는 1 page로 간략하게 작성하도록 하여 기관실무자의 부담을 덜어주는 재단도 있고, 주어진 틀에 내용을 규격화하도록 요구하기도 하지만 서술식으로 기관실무자가 자신의 이야기를 편하게 풀어나갈 수 있도록 재량적 여지를 더 많이 부여하는 기관도 있다.

2) 초점을 두는 변화의 차원에 따른 분류

이는 프로그램 사업을 통해 변화를 지향하는 차원이 개인의 의식변화 차원인지, 태도나 행동의 변화까지 지향하는 것인지, 나아가 지역사회나 더 넓은 범위의 변화를 추구하는 것인지 다양하게 나눌 수 있다. 즉, 성과목표의 차원이 다양하게 나타날 수 있다는 점이다.

표 1 초점에 따른 사회복지 프로그램 분류

분류	초 점	예 시	비 고
개인 차원	내적기능 향상	자아존중감 향상, 우울 감소 등	척도 사용
	인 식	차별에 대한 인식, 요양보호사의 전문성 인식 제도적 환경변화에 대한 사회복지관의 인식6) 인식에 대한 다양한 질적 연구7)	척도 사용 인터뷰 실시
	태 도	성역할 태도변화, 어머니의 양육태도 등	척도 사용
	행 동	아동의 공격행동 변화, 문제행동 변화, 사회적 행동 변화, 건강행동 변화, 노인의 운동행동 변화 등	척도 사용
사회 차원	사회적 인식	지역사회 인식변화	
	지역사회	지역주민의 응집력, 네트워크 강화, 지역사회빈곤율 변화	과정평가 척도 사용 네트워크 분석

3) 사회복지공동모금회 배분사업 분류

공동모금회에서는 배분사업을 성과확산형사업, 성과중심형사업, 산출중심형사업,

---

6) 조미형. 2011. "제도적 환경변화에 대한 사회복지관의 인식과 대응에 관한 연구". 『한국사회복지행정학』. 13(1). 103-132. 동 논문에서 인식을 파악하기 위해 사회복지관의 관리자 100여명에 대해 설문조사 실시
7) 김주현. 2015. "한국 고령자의 연령차별 경험과 노년기 인식 질적 연구". 『한국인구학』. 38(1). 69-104.

기능보강형사업, 긴급복지지원사업 등 크게 5가지로 분류한다. 긴급복지지원사업과 기능보강형사업의 경우 단순 일회성 지원이라는 점에서 프로그램이라고 부르기 어렵다고 보면 나머지 3가지가 프로그램 분류에서의 핵심이라고 볼 수 있다. 공동모금회는 사업시행 후 어디까지를 목표로 두느냐에 따라 분류하고 있는데 성과중심형사업은 대다수의 자금제공기관에서 시행하고 있는 형태로서 사업참여자의 의미있는 변화에 초점을 둔다. 성과확산형은 그러한 성과를 거두는 것에 만족하지 않고 보다 많은 재원을 상대적으로 보다 긴 시간동안 사업을 수행하면서 성과가 타 유사기관, 지역사회 또는 국가 전체적으로 유의미한 반향을 일으킬 수 있는 사업형태를 말한다. 산출중심형사업은 복잡한 물적·인적 조합이 아니라 단순 기획을 통해 필요한 욕구를 충족시킬 수 있는 사업형태를 말한다. 예를 들어 아동보육시설에서 생활하는 아동들이 자칫 학업에 짓눌리기 쉬운데 기분전환과 학업효율성을 제고시키기 위해서 뮤지컬 관람을 기획하는 경우 자금제공기관으로부터 재원을 확보하여 희망자에게 (또는 어떤 기준에 적합한 아동에게) 뮤지컬 관람기회를 제공하는 사업을 말한다. 이러한 경우 뮤지컬 관람을 한 아동들의 질적 또는 양적 성장이나 성과를 기대하기는 어려우나, 그렇다고 해서 그러한 사업이 아예 의미없는 것은 아니다. 또 다른 예로는 추석에 즈음하여 마을대잔치 겸 송편빚기를 마을 주민들이 합심하여 치르고자 할 때 사업참여자가 정교하게 설계되어야 하거나 성과를 측정해야 하는 사업이라기 보다는 즐거운 잔치한마당을 치를 수 있는 재원이 필요한 것이다. 물론 주먹구구식으로 진행되어서는 곤란하므로 언제가 가장 적합한지, 어디에서 해야 많은 사람들이 참여 또는 참관할 수 있을 것인지, 어느 정도 재원이 소요되는지, 그렇게 빚은 송편을 어떻게 활용할 것인지 등 어느 정도 기획된 컨텐츠는 필요하다고 볼 수 있다.

6. 사회복지 프로그램 존재이유

사회복지 프로그램이 왜 필요할까? 왜 『사회복지 프로그램 개발과 평가』라는 교과목이 편성될 만큼 프로그램 기획이 필수적인 것일까? 필수적이라면 그 이유가 뭘까?

첫째, 정부가 지원하는 예산에 한계가 있기 때문이다. 대부분 사회복지시설에 대한 정부지원은 인건비와 관리운영비에 그치고 있다. 사업비라는 항목이 별도로 설정되어 있지 않다. 지침의 성격을 지니는 '사업안내'에서 관리운영비 속에 사업비 관련 항목을 적시하는 경우도 있다. 하지만 이 경우에도 관리운영비를 임의적으로 나누어 공과금 지출 외에 이러저러한 사업에 소요될 수 있음을 명시한 것에 지나지 않으며 이는 한 덩어리인 관리운영비에서 그 세부내역의 종류를 늘린 것에 불과하다. 그렇게 늘린 만큼 실질비용을 반영하여 관리운영비 총액 규모를 재설계하는 것이 아니기 때문이다. 그러므로 사회복지 프로그램을 기획한다는 것은 실제 자신들이 하고 싶은 사업을 할 수 있는 기회를 창출해내는 것이다. 정부가 지원하지 않고 있는 사업비를 민간으로부터 획득하는 것이다. 그런 의미에서 공동모금회나 각종 복지재단은 공적영역의 한계를 보완하는 측면에서 또는 사회공헌 차원에서 프로그램 사업을 운영해야 하는 책임을 - 물론 민간복지재단의 경우 반드시 이를 수행해야 하는 책임을 가지는 것이 아님에도 불구하고 - 가지게 되는 셈이다.

둘째, 사각지대를 발굴하고 공적영역의 한계를 보완해야 할 필요성과 이를 감당하겠다는 민간의 자발적인 사명감이다. 정부의 복지사업은 시범사업을 제외한다면 그 근거와 집행방법을 각종 복지관련 법령에 두고 있다. 정부가 법률에서 정한 사업이 아니면 사업을 펼치기가 쉽지 않다. 예를 들면, 재소자의 가족에 대한 지원이다. 흔히 재소자는 사회적 비난의 대상이고, 그 가족 또한 사회적 비난으로부터 자유롭지 않다. 그 가족은 아무런 죄가 없음에도 불구하고. 사회는 이렇게 이야기한다. "재소자의 범죄행위로 인해 피해를 받은 자에 대한 배상 및 보상, 그리고 그 고통에 사회가 귀기울어야 한다". 물론 틀린 이야기는 아니다. 이와 관련한 법도 있다. 그러나 이제까지 우리 사회는 재소자의 가족에 대해서는 그렇게 관심을 기울이지 못했다. 늘 숨어야 하고, 뒤에서 손가락질 받는 현실에 대해 재소자 가족 자신의 피해와 권리를 주장하기에는 사회적 인식은 너무 부정적이었기 때문이다. 만약 그들에 대해 손 내밀고 새로운 가능성을 열어준다면, 재소자의 가족이라고 비난받는 화살의 방향을 조금이라도 돌리게 할 수 있다면 그 가족에 주어지는 기회는 달라질 것이라는 희망을 가질 수 있다. 이에 대한 사업을 민간에서 지원하여 그 효과를 거둘 수 있다면 우리 사회의 인식이 바뀔 수 있을 뿐만 아니라, 민간의 경험이 켜켜이 쌓이고 나면 정부 또한 이제까지 그 범주 밖에 있었던 재소자의 가족을 지원의 테두리 내로 포섭할 수 있게 된다. 이렇듯, 민간에서의 지원이 이제까지 사각지대에 머물렀던 계층, 또는 인구집단에 대해 새로운 세상을 맞이할 수 있는 기회를 제공하게 되고 이를 공적영역으로 연결시켜 줄 수 있는 계기가 될 수 있다.

아울러 정부가 선뜻 추진하기 어려운 사업을 민간에서 다양한 각도와 방식으로 추진하여 많은 아이디어와 시행착오를 있는 그대로 보여준다면 정부가 사업시행을 준비하는데 있어 방향감각을 가질 수 있게 하는 장점도 간과되서는 안된다.

제2장

사회복지 프로그램 발전의 역사적 맥락

: 삼성 「작은나눔 큰사랑」

절대적 빈곤이 우리 사회에 짙게 드리워져 있고 사회복지시설에 대한 외국원조나 단편적인 지원에 익숙해 있던 시절에는 그 어느 것이든 부족하지 않은 게 없었다. 사회복지시설의 경우에도 생계비 정도만 지원되었고 인건비가 지원된 것이 1980년대에 이르러서다. 그러나 1980년대 하반기에 지역사회복지관이 생기면서 어떻게 하면 사회 취약계층을 효과적으로 도와줄 것인지, 지역사회에 개입할 것인지를 고민하게 되었다. 이러한 사회적 변화와 고민에 민감하게 반응한 것이 삼성복지재단이었다. 이 재단에서는 단순지원이 아니라 인적·물적 자원을 결합한 목표지향적 프로그램(Program) 형태의 사업방식을 사회복지 실천현장에 요구하였고 이러한 변화는 우리나라 프로그램 개발과 평가에 새로운 지평을 여는 계기가 되었다.

1. 우리나라 민간 공모사업의 역사와 한계

우리나라에서는 경제개발과 더불어 1980년대부터 지역사회복지를 위한 인프라와 관련예산이 대폭 증대하기 시작했다. 종합사회복지관이 정부지원을 받아 각 시군구에 신설되고 지방자치단체에는 사회복지전담공무원이 시범사업을 거쳐 1987년부터 배치되기 시작하였다. 이후 장애인복지관, 노인복지관, 각종 상담센터 등 다양한 사회복지시설들이 지역사회에 종별로 설치되었다. 하지만 인프라 확충에 걸 맞는 사업을 내실 있게 추진할 수 있는 예산이 충분히 배정되기 보다는 인건비와 관리운영비의 일부를 보조해 주는 수준에 머물렀다. 이러한 사회복지시설에의 지원은 각종 물품의 구매 등을 위한 일회성 지원이거나 당사자에 대한 직접 지원 중심으로 편성되었고, 사회복지시설은 단순시행자 또는 중간연결자로서의 역할을 수행하는 정도였다.

이러한 상황에서 민간 자원의 동원은 사회복지 현장에서 매우 긴요한 것이었다. 처음으로 인적 및 물적 자원을 체계적으로 투입하여 소기의 목표를 달성하고자 하는 프로그램식의 사업을 기획한 것은 삼성복지재단에서의 「작은나눔 큰사랑」이었다. "프로그램"에 대한 인식과 이해가 부족했던 당시로는 코페르니쿠스적인 발상의 전환이었다. 우리 사회 전반에 걸쳐 사회복지시설에서 사업을 체계적으로 기획하고 수행해야 하는, 수행할 수 있는 패러다임이 싹트기 시작한 것이다. 이후 많은 기업복지재단, 종교복지재단들이 우후죽순처럼 생기면서 삼성의 프로그램사업을 근간으로 벤치마킹하고 나아가 자신만의 색깔을 강조하기 위한 노력이 부가적으로 이루어졌다. 이러한 프로그램 지원사업은 공동모금회 뿐만 아니라 1998년 보건복지부에서, 그리고 1999년 경기도에서 장애인거주시설을 대상으로 프로그램사업을 진행하면서 공공영역에까지 확대되는 추세를 보였다(김진우 · 김상곤 · 문순영, 2011: 8).

이러한 프로그램 지원사업은 많은 경우 논리모델(Logic Model)에 입각하여 「자원투입(Input)-활동(Activities)-산출(Outputs)-성과(Outcomes)」의 각 구성요소에 따라 사업신청 내용을 구성하도록 요구하였고 평가 또한 이에 조응하는 산출목표, 성과목표를 요구하게 되었다.

민간에 의한 프로그램 지원사업은 사회복지시설에 대한 정부지원의 한계를 보완하는 역할을 해 왔다. 정부가 정부보조금으로 지급하든, 분권교부세에 의해 지급하든 현행까지도 사회복지시설에 대한 정부지원예산의 항목이 인건비와 관리운영비[8]에 한정되고 사업비가 없는 실정에서(김진우, 2013) 민간복지재단에서 사회복지시설에 대하여 실제 사업을 할 수 있는 예산을 지원해 오고 있는 셈이다. 아래에서는 민간 공모사업의 역사를 이끌어왔고 2016년까지 민간 공모사업의 모범이라고 평가를 받아왔던 삼성의 작은나눔큰사랑 사업이 발전해 온 역사를 보다 세밀하게 살펴보고자 한다.

2. 『작은나눔 큰사랑』 사업 20년의 의미[9]

1) 「작은나눔 큰사랑」 20년 사업추진경과

「작은나눔 큰사랑」 20년은 끊임없는 시행착오를 자양분으로 한 성장의 역사라고 할 수 있다. 사업을 시작한 이후 성장과 정체를 반복하면서 사회복지기관 및 실무자들이 전문성을 쌓아나가는 한편, 횡적 연계를 통한 소통을 실천할 수 있도록 지원방식을 발전시키는 과정이었다.

---

8) 관리운영비 안에 사업비가 일부 녹여져 있었으나 실제 사업을 할 수 있을 만큼의 예산규모가 되지 못했고 만성적 부족에 시달렸던 공과금 지출이나 일회성 물품구입에 충당되었다.

9) 「작은나눔 큰사랑 사회복지프로그램 개발지원사업 20년 평가」 라는 제목으로 2010. 9월부터 2011. 6월까지 덕성여대 사회복지학과 김진우 교수, 경북대학교 사회복지학과 문순영 교수 및 당시 안산대학 김상곤 교수(작고하심)가 연구를 수행하였고 제목 아래의 내용은 문순영교수와 김상곤교수가 「작은나눔 큰사랑」 지원사업의 역사와 의미에 대해 문헌고찰, 설문지조사 및 FG 운영을 통해 도출한 내용의 일부를 요약정리한 것이다.

(1) 태동기

삼성은 89년 삼성복지재단을 설립한 이후, 호암상, 보육사업, 학술지원 등에 중점을 두고 사회복지사업을 모색하던 중, 국내 사회복지 현장을 지원하기 위한 모델개발에 관심을 가지기 시작하였다.

이후 삼성복지재단에서는 이창호 중앙일보 전문위원을 비롯한 3명의 교수에게 프로포절 내용을 담을 수 있는 틀(양식)을 작성해 줄 것을 의뢰하였다. 이에 그 연구진들은 미국 United Way 등에서 사용하고 있던 여러 양식을 검토하여 MBO(Management By Object)에 의한 계획서 양식을 고안하여 제안하기에 이르렀고, 이 양식을 활용하여 91년 국내 최초로 사회복지관(당시 89개소)을 대상으로 프로포절을 제출받아 7개 프로그램을 선정하여 지원한 것이 「작은나눔 큰사랑」 사업의 시작이었다.

(2) 발전기

이듬해인 92년부터는 시행할 사업에 대한 프로그램 계획서를 양식에 따라 신청받아 심사 및 선정과정을 거쳐 사회복지관 서비스 프로그램 지원사업을 추진하게 되었고, 93년부터는 사회복지관과 사회복지시설 두 영역을 대상으로 별도로 사업공고 및 지원을 진행하여 모두 63개 프로그램을 지원한 바 있다.

94년부터는 두 영역을 통합하여 지원하게 되면서 사회복지 서비스 프로그램에 대한 지원사업의 현 체제와 유사한 모습을 갖추게 되었다. 이에 덧붙여 94년 12월에는 지원기관 실무자들의 역량강화를 위한 '사회복지프로그램 Workshop'을 실시, 사회복지계에서 접하기 어려웠던 인사관리, 사회복지정보화 등의 특강과 함께 실무자들의 사례발표를 업계 최초로 시행하였다.

95년 지원사업 시에는 지원프로그램 중 12건을 선정하여 각각의 사례집을 발간하기 위해 프로그램 시행단계부터 자문교수 주재 하에 프로그램을 수행하는 한편, 이를 기술해 나가는 것을 병행한 결과, 12권 1질의 사회복지프로그램 총서를 96년에 발간하였다. 한편, 1995년 삼성전자에서 국내 7대 가전제품의 사업수익 전액을 사회복지에 후원하는 사업을 시행하면서 재단의 사회복지프로그램 지원사업을 원용하여 제품에 후원권을 동봉, 소비자가 후원권에 기입하여 삼성전자로 보내면, 삼성전자에서는 해당 사회복지기관에 모은 금액을 후원하는 국내 최초의 사회공헌 연대 마케팅이 대대적으로 진행되었다('작은나눔 큰사랑 운동'. 3년간 지속, 한해 최대 300억 원 내외 집행).

(3) 전환기

1996년, 사회복지에 대한 유사 사업이 삼성전자에서 대대적으로 집행됨에 따라 재단에서는 보다 전문적이고 선도적인 지원방안을 모색하게 되었고, 지원대상을 아동·청소년으로 국한하고 세가지 주제를 제시하여 집중 지원하는 형태를 모색하였다(청소년 자원봉사, 청소년 비행예방 - 약물중독 예방 및 치료, 학교사회사업). 아울러 지원기관 실무자들에게 프로그램의 성공적인 수행을 위한 실질적인 자문을 줄 수 있는 전문가 수퍼비전을 제공하는 사후지원시스템을 구축하는(최경석교수, 김성이교수, 김기환교수) 발전을 이루었다.

1997년에는 지원기관 실무자를 대상으로 한 수퍼비전을 진행되면서 당시 재단의 주요 사업인 사회복지사 해외연수 사업과 연계하여 수퍼비전을 받는 팀별로 해외연수를 다녀옴에 따라 사업의 성공적인 수행은 물론 실무자 간에 매우 긴밀한 관계가 형성이 되어 사회복지의 차세대 리더그룹으로 형성되는 계기가 마련되었다.(청소년자원봉사 - 호주, 청소년 비행예방 - 미국 LA, 학교사회사업 - 미국 시카고). 그러나 1997년 12월 IMF 구제금융 체제하에 들어가게 되면서 아쉽게도 해외연수사업은 전면 중단되었고, 1998년 삼성전자에서 집행하던 '작은나눔 큰사랑 운동'사업은 재단의 사회복지프로그램 개발지원사업과 통합되면서 삼성전자 후원으로 연 5억원의 사업비를 기초로 운영하게 되었다.

(4) 정착기

2002년부터는 지원신청서에 대한 Email 접수를 병행하였으며, 2003년부터는 지원신청하는 사회복지 현장 실무자들의 업무를 경감하고 지원신청방법을 간소화하기 위한 요약신청서(Draft Proposal)을 작성하여 제출하는 용도의 전산프로그램을 개발하여 2004년부터는 세부계획서를 제출하기 전에 요약신청서를 바탕으로 세부계획서 작성대상 프로그램을 선정하는 단계를 마련하게 되었다.

2) 「작은나눔 큰사랑」 지원사업 내용분석

「작은나눔 큰사랑」 지원사업은 시기별로 강조되었던 주제가 각각 다르다. 이는 당시의 시대별 과제를 반영한 것이라고 볼 수 있다. 그러나 거기에 그치지 않았다. 때로는 문제의식에만 그치고 변화의 물꼬를 트지 못할 때 적극적으로 사회복지 실천 아젠다를 제시함으로써 사회복지 실천현장의 외연을 넓히려는 전략적 포지셔닝 전략을 택하기도 하였다. 하지만 사업의 질적 발전의 탄력을 받아 양적 성장을 도모하지 못했던 것은 아쉬움으로 남는다.

(1) 「작은나눔 큰사랑」 지원사업 주제

첫째, 1996년~1997년 동안은 '청소년 복지사업 중심시기'이다. 이 기간에서는 학교사회사업, 청소년 비행예방 프로그램, 청소년 자원봉사 프로그램 등 청소년 복지사업을 사업주제로 제시되었다.

둘째, 1998년~2003년 동안은 '분화의 시기'이다. 청소년 복지사업 중심에서 탈피하여 가족복지, 장애인복지, 노인복지, 사회문제 등의 주제로 다양하게 분화되었고 아울러 사회사업 방법론이 사업 주제에 포함되었다.

셋째, 2004년~2009년 동안은 '사회적 이슈의 시기'이다. 이때는 사회복지실천의 관점을 지역사회로 확장하고, 접근방법에서는 자조와 역량강화가 화두로 제시되었고 복지의 사각지대를 발굴하고 지원하기 위한 주제가 활발하게 제기되었다.

넷째, 2010년~2011년에는 '새로운 영역과 전문화 도모해오는 시기'라고 볼 수 있다.

즉, 보육복지서비스의 개발, 학교사회복지사업의 전문화, 일반사회복지사업의 전문화를 사업의 주제로 제시되었다.

(2) 선정기관 추이

이러한 주제를 제시하고 사업을 추진하게 된 기관들의 추이는 아래 그림과 같다. 그림을 보면, 2002년 이후 지원기간 수는 증가하고 있으며 상대적으로 선정률은 하락하는 경향을 보이고 있음을 알 수 있다. 즉, 2002년 616건 이후 점진적으로 지원건수가 증가추세를 보이다가 2008년 1,005건으로 정점에 이르렀다. 2009년도와 2010년도에는 650건 내외로 지원신청 기관 수가 유지되었다.

절차별로 살펴보면 1차 신청기관은 평균 714.2개 기관, 2차 세부 계획서 심사 대상 기관은 최소 91개 기관에서 최대 243개 기관이고, 최종 선정기관은 최소 29개 기관에서 최대 45개 기관, 평균 최종 선정기관은 42.9개 기관 정도로 파악되었다. 한편, 1차 온라인 접수를 기준으로 볼 때, 지원선정률은 5% 수준이고 2차 세부 계획서 심사 대상 기관수를 기준으로 볼 때는 24.7% 수준인 것을 알 수 있다.

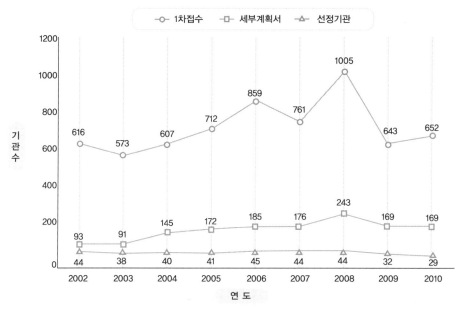

그림 1 「작은나눔 큰 사랑」 지원신청 및 선정

3) 「작은나눔 큰사랑」 20년 역사의 의의

(1) 한국 사회복지 현장에 대한 민간 최초의 자금지원사업

삼성복지재단에서는 현장의 전문성 향상을 도모하기 위해 프로포절 신청사업에 대한 지원을 기획하면서 먼저 구조화된 지원신청서를 개발·적용했다. 이는 민간 최초의 자금지원이라는 의미뿐만 아니라 현장서비스 프로그램의 구조화, 객관화, 전문화를 유도하였다고 볼 수 있다. 과거 삼성 지원사업 이전에는 사회복지 현장에 대한 지원이 대부분 식품, 의류, 장비에 대한 것이었으나 「작은나눔 큰사랑」을 통해서는 구조화된 사업계획서를 사용하고 이에 따라 자금 집행의 객관화 및 투명성을 가지게 됨으로써 사회복지 현장에 대한 신뢰 수준을 높이는데 기여해 왔다.

이후에 공동모금회 양식이 변화하는 실천현장의 목소리를 제대로 반영하지 못한다는 비판의 목소리가 있을 때 삼성복지재단의 개편된 프로포절 양식은 사회복지 실천현장에 매우 신선한 충격과 새로운 변화 필요성에 대한 경각심을 일깨워주는 계기가 되었다고 볼 수 있다.

(2) 자유경쟁체제 도입을 통한 선의의 경쟁 유도

「작은나눔 큰사랑」은 '배분'이 아닌 우수 프로그램의 '발굴·선정·지원'에 무게중심을 두었다. 민간 재원 중 잉여자금을 나누는 개념에서 탈피하여 향후 사회복지 발전에 도움이 될 수 있는 종자돈(Seed Money)의 역할을 수행토록 한 것이다. 이는 프로그램의 전문성과 우수성을 담보한 사업에 대해서는 연속지원사업으로 차년도에도 계속 지원할 수 있도록 하여 선의의 경쟁을 통한 전문성 함양에 동참하도록 하였다.

(3) 사회복지 현장 활성화를 위한 필요분야 발굴

첫째로 향후 사회복지계에 필요한 분야, 취약한 분야의 제도권 내 진입을 지원한 사례를 들 수 있다. 그 핵심에는 1995년부터 지원대상에 사회복지법인뿐만 아니라 비법인도 포함시켰다는데 있다. 그에 따라 '노동운동' 또는 '복지활동가' 등은 당시 도시저소득층 밀집지역에서 활동하면서 제도권 사회복지에 대한 불만이 높았던 반면, 제도권 사회복지는 '진정한' 사회복지 대상자가 있는 '달동네'에는 활동이 매우 부족하였으나 재단의 지원사업을 시행하면서 '운동권' 실무자들도 재단의 지원사업에 참여할 수 있도록 면대면 홍보활동을 계속하여 갔다.

둘째로, 사회복지계 또한 사회복지 내부의 소외분야에 대해 오히려 등한시해오던 관성을 깨는 것이었다. 그 중 하나가 학교사회사업이다. 당시 재단에서 주제를 제시할 시기에는 학교사회사업이 미국에서 시행되는 한 영역으로 교과서에 나오는 수준이었으나, 몇몇 실천운동가의 열정과 함께 재단의 지원으로 복지계에 화두가 되는 계기가 마련되었다. 아울러 1998년부터는 'Street Social Work'을 주제로 제시하였는데 이는 후에 '거리상담'으로 국내 사회복지서비스 영역의 한 단어로 자리잡게 된 것도 큰 의미가 있었다. 즉, 당시 사회복지관은 기관 내 서비스에 대해서만 평가를 받게 되어 있어, 기관에서 외부로 나가는 복지서비스의 전형인 거리상담은 제도적으로 확산되기 매우 어려운 형편이었으나 재단에서 주요 주제로 제시함에 따라 '사회복지관 평가'를 뛰어넘어 사업을 시행하고자 하는 기관에서는 지속적으로 사업을 확대할 수 있는 계기가 되었던 것이다(청소년 가출상담 시설, 쉼터 등 이후 사회복지관 등에서도 시행). 뿐만 아니라 '외국인노동인력'은 IMF이후 우리나라 노동계의 변동을 반영하여 사회복지계의 빠른 준비를 위해 재단에서 주제를 제시하였다. 그 외에도 '소액대출사업'은 가난한 사람을 위한 은행가 유누스 총재가 노벨상을 받기 전 우리나라에도 관련 제도 도입이 필요하다고 판단하여 제시한 주제였으며 지원금 자체로는 대출사업을 하기는 어려워 소액대출을 위해 필요한 시스템, 관련 복지프로그램 등을 지원하는 방향으로 사업의 초점을 두었다.

(4) 현장 실무자들의 원활한 정보교류 (인적 네트워크 형성)

「작은나눔 큰사랑」은 사회복지 현장의 인적 네트워크를 형성하는데도 큰 긍정적 영향을 미쳤다. 이와 관련하여서는 먼저 주제별 기관 실무자간의 관계형성 지원하는 수퍼비전 프로그램을 도입함으로써 국내 사회복지 현장에서는 사회복지사 개인의 역량에 많은 의존을 하고 있던 관행을 뛰어넘어 경험을 공유하는 장을 제공하였다.

또한 이 프로그램은 향후 10~20년 이후 사회복지계 리더로서의 역량을 형성하는 밑거름이 되었다고 해도 과언이 아니다. 해외연수 등의 역량강화 프로그램과 연계시 보다 큰 시너지 효과를 나타내었으며, 쉼과 회복을 함께 추구하는 실무자 워크숍을 개최하는 한편, 담당 실무자의 역량강화에 초점을 두고 삼성복지재단이 지원적 역할을 수행하는데 주력해 왔다.

(5) 현장과 학계의 연결 고리역할

먼저 기획단계부터 지역내 동원가능한 전문가와의 연계하도록 독려하였다는 점에서 현장과 학계간의 연계고리를 만드는데 「작은나눔 큰사랑」이 매개적 역할을 수행했다고 볼 수 있다. 프로그램 담당자와 재단의 중간자적 위치에서의 행정적 수퍼비전을 넘어 해당 프로그램 담당자가 사업을 기획할 때부터 지역내 전문가 또는 교수를 연계하여 자문을 받도록 독려하였던 것이다. 아울러 해당 분야의 전문가를 발굴하고 현장과 연계할 수 있는 방안을 모색함으로써 사회복지현장에서 학계를 등한시 하는 경향을 극복하고 전문가를 찾아 자문을 구하는 등의 연결 매개 자극제로서의 역할을 했다. 한편, 대학에서는 사회복지 대학교육의 현실감을 강화하는데 기여하였다고 볼 수 있다. 즉, 대학에서는 교수진들로 하여금 사회복지에 대한 현실적인 감각을 유지하고 살아 있는 현장 사례를 활용할 수 있도록 하여 생동감 있고 현장의 목소리와 내용을 반영한 대학교육이 되도록 하였다.

3. 프로그램 지원사업의 한계와 문제의식

그러나 최근에 와서는 이러한 프로그램 지원사업에 대한 비판의 목소리가 점점 커지고 있다(이봉주·김진우·최명민·박혜경, 2016). 프로그램에 참여하는 대상자들의 변화는 이끌어 낼 수 있지만 이러한 변화 노력 및 결과가 사회적으로 어떠한 함의를 줄 수 있는지에 대해서는 속 시원한 해답을 줄 수 없다는데 비판의 핵심이 있다. 물론 사업을 수행해 볼 수 있는 경험을 실무자가 쌓고 또 프로그램 대상자의 변화를 이끌어 내는 사업들이 전국적으로 많아지면 사회의 변화까지 이끌어낼 수 있다고 볼 수 있다. 하지만 타 사회복지시설에 함의를 줄 수 있는 사업을 수행했다 하더라도 타 기관에서의 벤치마킹을 염두에 두거나 사회적 확산을 염두에 두고 이에 걸 맞는 예산규모를 지원받는 시스템이 아니다 보니 실제로는 각 시설의 사업결과보고서 만으로는 다른 시설이 적용해 보는 것이 쉽지 않다.

20여 년 전에는 일회성 지원에서 프로그램 지원으로 성격을 전환했다는 것만으로도 혁신적일 수 있었지만, 현재에 와서는 자금제공기관 입장에서 '과연 이러한 지원규모와 방식이 실효성이 있는지', '사회적으로 어떠한 함의를 가져오는지'에 대한 회의와 반성이 일어나게 된 것이다. 비판의 지점은 1천만원~2천만원 규모를 대부분 단년도로 지원해서는 사회에 큰 영향력을 발휘하기 어렵다는 점, 사업수행기관의 역량이 강화되지 않는 한 어떤 한 사업을 수행했다고 해서 더 파급력 있는 사업을 수행하는 데에는 여전히 한계를 가질 수밖에 없다는 점, 그리고 지금은 열악하지만 성장가능성이 큰 기관을 인큐베이팅 하기가 어렵다는 점 등을 들 수 있다.

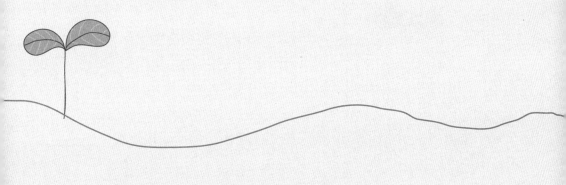

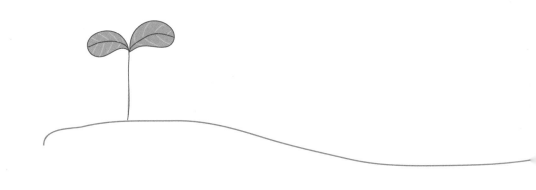

제2부 사회복지 프로그램 기획 및 실행

제3장

사회복지 프로그램 구성 틀 개관

우리나라 배분사업의 수행방식을 선도해 온 삼성복지재단과 공동모금회에서 제시하는 사업계획서 또는 배분신청서 양식은 대부분 논리모델에 근거해 있다. 이들은 사업신청기관에게 어느 정도의 재원을 기초로 몇 명의 인력이 투입되어 어떤 세부사업 또는 활동을 해 나갈 것인지를 묻는다. 또 그러한 활동을 통해 성취하고자 하는 산출목표와 성과목표가 무엇인지, 이를 어떻게 달성할 것인지에 대한 세부계획을 작성하도록 요구하고 있다. 한편, 변화이론모델에서는 어떤 성과를 낼 것인지를 먼저 묻는다. 이어서 그러한 성과를 구현하는데 어떤 사업이, 어떤 재원이 필요한지를 묻는 방식으로 논리체계를 가져가고 있다. 변화를 이루어가는 과정과 연결고리를 보다 중요하게 여긴다. 이러한 변화이론모델이 논리모델이 갖는 한계를 극복하는데 색다른 관점을 제시하지만 현재까지 우리나라에서 이를 채택하고 있는 자금제공기관은 드문 편이다.

1. 논리모델의 성과와 한계

1) 논리모델의 의의

논리모델(Logic Model)이란 프로그램이 어떻게 작동할 것인지에 대한 기대와 예측을 도표로 나타내는 것으로서, 논리모형에 근거한 프로그램 기획은 프로그램의 논리모형을 작성하는 것으로 이해할 수 있고 평가 역시 논리모형에 따라 행해졌는가를 검증하는 것으로 이해할 수 있다(이봉주·김기덕, 2014).

이러한 논리모델은 미국, 캐나다, 호주 등에서 활발하게 프로그램 기획과 평가, 그리고 관련 연구에 활용되고 있다. 캐나다에서는 공공 프로그램의 성과관리 체계인 '결과기반 경영 및 책임성 프레임(RMAP: Results-based Management and Accountability Framework)'의 필수요소로 논리모델을 명시하고 있다. 미국도 비슷하다. 정부 예산 수립 가이드라인(OMB Circular A-11)에서 정부성과법(GPRA: Government Performance and Results Act)에 따른 성과보고서 작성시 산출과 결과간의 논리적 관계를 표현하도록 하고 있으며 이를 위한 수단으로 논리모델을 명시하고 있지는 않으나 미국에서 논리모델의 활용은 GPRA에 의해 촉진된 측면이 크다(김동립·이삼열, 2010: 65).

우리나라도 성과주의 예산을 강조하면서 공동모금회가 배분신청서 양식을 제시할 때 성과를 강조하고 논리모델에 입각하여 프로그램을 기획하도록 유도하고 있고 이에 영향을 받은 많은 민간복지재단들이 공동모금회의 양식을 차용하거나 이에 기초하여 자신들의 조직 정체성에 맞게 일부 변형하여 사용하고 있다.

2) 논리모델에 따른 프로그램의 구성요소

논리모델에 따라 작성되는 내용의 주요 구성요소는 투입, 활동, 산출, 성과라고 볼 수 있다.

그림 2 논리모델의 흐름

투입(Inputs)은 프로그램을 작동하게 하는 자원을 의미한다. 목표한 성과를 달성하기 위해서는 많은 자원이 필요하다. 이러한 자원은 크게 사람, 재원, 시간으로 구성된다. 사람은 일정 수 이상의 사회복지 실천현장 전문가일 수 있고 소속기관의 사업담당자일 수 있다. 때로는 유무료 자원봉사자도 포함될 수 있으며 지역사회주민도 동원되어야 하는 프로그램도 있다. 그 다음으로 재원은 금전적인 것과 비금전적인 것이 모두 포함된다. 금전적인 것은 자금제공기관으로부터 받은 재원일 수 있고 기관에서 자부담으로 출연한 것일 수도 있다. 비금전적인 것은 컴퓨터·정보통신망 등 기술적인 것 등을 들 수 있다. 마지막으로 기관이 기획한 사업을 수행하는데는 일정 정도 이상의 시간소요를 전제로 한다. 시간 또한 기회비용이다. 딱히 투입으로 간주하기는 어렵지만 기관 내 많은 직원들이 예산처리, 간접적인 지원 등으로 보이지 않게 시간을 투자하는 경우가 많다. 그렇기 때문에 통상 논리모델에서 별다른 특징이 없는 한, 시간은 대부분 기재하지 않는다. 이러한 투입(Inputs)에서의 인력과 재원은 이후 소요예산으로 표현된다.

활동(Activities)은 투입되는 인력과 재원으로 어떤 내용의 사업을 할 것인지에 대한 것이다. 이를 사업진행순서로 풀어보면 먼저 프로그램에 참여할 사람들을 모이기 위한 프로그램 홍보활동과 모집전략이 수행된다. 일정한 선정기준에 따라 프로그램에 참여할 사람들이 확정되면 이들에 대한 다양한 세부프로그램이 진행된다. 세밀한 욕구를 파악하기 위한 절차, 이들이 함께 이야기 나누는 집단프로그램, 심리상담가 등 전문가와의 만남이 마련되고, 때로는 서로의 흉금을 터놓기 위한 1박2일 캠프를 떠나기도 한다.

이러한 활동은 다양한 세부 프로그램으로 구성되지만 그 각각이 분절적으로 존재해서는 곤란하다. 세부 프로그램들 간에는 선후관계를 가질 수도 있고, 어떤 프로그램은 다른 프로그램에 대해 선행조건에 해당할 수 있다. 또 1회성이 아니라 매주 정기적으로 프로그램을 진행해야 하는 경우도 있을 것이며 이에 필요한 규칙을 만들고 그 규칙을 어길 때에 돌아오는 벌칙도 미리 예상될 수 있어야 한다.

산출(Outputs)은 활동과 구분되기도 하면서 구분하기 어려운 경우도 있다. 먼저 산출을 활동(Activities)에서 설정한 사업내용을 실제로 수행한 경우에는 활동의 결과가 산출이라고 볼 수 있다. 예를 들어 주 2회 A 프로그램을 실시하겠다는 것은 활동내용이지만, 실제 주 2회 실시한 것은 산출로 간주될 수 있다. 그러나 활동을 하는 과정에서, 또 활동을 종료했을 때 프로그램 담당자가 마음대로 하기는 어려우면서 실제 성과를 도출해 내는데는 반드시 필요한 것을 흔히 산출로 설정한다. 예를 들어 A프로그램의 출석유지율을 90% 이상 유지한다는 목표는 담당자가 임의로 조작할 수 없고 사업참여자[10]가 꾸준히 A프로그램에 나와야 가능한 것이다. 아울러 출석률이 낮으면 출석한 사람이 아무리 A프로그램으로 인해 긍정적인 변화가 있었다 하더라도 이는 참여인원의 일부에 불과한 것이므로 의미가 반감되고 이는 성과를 충분히 달성했다고 보기 어렵다는 의미에서 성과달성 여부 및 정도와 연결되어 있다.

성과(Outcomes)는 프로그램의 시행 목적과 방향을 담고 있으면서 프로그램을 통해 달성하고자 하는 의미있는 변화를 말한다. 즉, 사업참여자의 의미있는 변화를 성과로 간주한다. 제시된 성과는 평가 틀에 대해 그 달성 여부와 정도를 측정하게 되고 사업

---

10) 사업참여자 용어 사용에 대해서는 제5장을 참조 할 것

의 성공과 미진을 가늠하는 주된 잣대가 된다. 또 그만큼 사업수행기관이 재원을 투입하고 이러저러한 노력을 기울이지만 그 모든 것이 성과 달성에 집중되어 있다. 어떠한 일을 하든지간에 성과로 직간접적으로 연결되지 않으면 소기의 목적을 달성할 수 없게 된다는 점에서 제시된 성과는 사업의 초점을 분명하게 하는 역할을 한다.

영향력(Impacts)은 달성한 성과가 어떤 사회적 파급효과를 가져오는가이다. 이에 대해서는 제8장에서 자세하게 다루고자 한다.

3) 논리모델의 한계

이러한 논리모델은 투입, 활동, 산출, 성과로 이어지는 일련의 과정을 명시적 또는 암묵적으로 가정하게 되는데, 논리적 모델은 이러한 과정을 시각적으로 정리하고 각 단계별로 무엇을 하게 되고, 무엇을 성취해야 하는지를 명확하게 보여주는 장점이 있다.

그러나 논리모델은 이러한 장점에도 불구하고 그것이 태생적으로 예산제도와 맞물려 정부의 공공사업부문에서의 효과적인 예산사용을 이끌어 내기위한 장치였다는 점에서 과연 비영리부문에서의 사회복지사업에 적용가능한지에 대한 의문, 그 의문의 핵심은 흔히 1년도 채 못 되는 단기간 사업수행을 통해 가시적인 변화인 성과를 도출해 낼 수 있는 것인지와 관련된다.

예를 들어 보자. 건설부문에서는 공정률이 있는데, 5년 동안에 걸쳐 항만 1개를 건설하는 경우 공정률에 따라 1년 동안에 진행을 완료해야 할 공정이 도출된다. 하지만 사회복지에서 설사 다년간의 프로그램이라 하더라도 '1년 동안 클라이언트가 20% 변한다'라고 설정하기 어렵다. 더군다나 사업기간이 1년인 경우에는 눈부신 가시적 성과가 나타나는 것이 오히려 비정상일수도 있다. 그렇기 때문에 사회복지 프로그램은 그 내용과 성격에 따라 사업참여자가 1년 동안의 사업에 참여하더라도 설사 변화과정에 있을지언정, 가시적인 성과를 내지 못할 경우도 있다. 그러나 그런 경우라도 성과를 달성하지 못했다 하여 실패로 규정되어서는 곤란하며 오히려 수치적인 성과제시를 강요하기 보다는 과정상의 변화내용에 집중할 수 있도록 배려해야 할 필요가 있다.

2. 변화이론(Theory of Change)의 의의와 한계

1) 논리모델에 대한 비판적 관점[11]

논리모델은 투입과 활동, 그리고 산출과 성과들간의 관계를 설계하거나 실제 그러한 논리적 체계를 정립하는데 매우 체계적인 관점을 제공한다는 장점이 있다. 즉, 사업의 내부적 논리성을 확인하고 이들이 합리적으로 연계되었는지를 점검하는데 매우 유용하다. 사업계획 단계에서부터 사업의 핵심요소들이 잘 구성되었는지를 알 수 있게 하여 사업활동이 논리적으로 도출되었는지를 점검할 수 있게 해 준다.

하지만 이러한 논리모델이 갖는 장점에도 불구하고 사업의 복잡한 관계와 맥락을 지나치게 단순화하여 보여준다는 비판을 받기도 한다. 사업의 진행이 선형적이 아니라 다양한 인과관계가 존재할 수 있다는 점 또한 비판의 핵심내용이다.

표 2 논리모델과 변화이론모델의 차이점

구분	논리모델	변화이론모델
역사	30년의 역사	1990년대부터 사용하기 시작
용도	프로그램 구성요소를 파악하고 이를 한 눈에 표현하기 위해 사용하기 시작 복잡한 이론을 단순화시킴	인과모형(causal model)사용을 통한 복합적인 이니셔티브(initiative) 기획/평가 프로그램에 대한 비판적 통찰(엄격한 평가, 개입 실패원인 파악)
구성방식	프로그램 구성요소의 나열 (List of Component)	변화의 과정 표현(Pathway of change)
성격	프로그램의 구성요소를 시각적으로 정리하는 것(Descriptive)	활동과 결과의 연결. 어떻게 왜 변화가 나타날 것인지 설명(Explanatory)
출발점	해당 프로그램(what you are doing)	변화목표(what you want to achieve)
고려사항	프로그램 구성요소의 파악지표	매 단계 개입의 정당화 과정 필수적(인과적 모형) 지표 → 개입의 의미 파악
한계점	결과가 나타난 이유에 대한 설명 부재	사용시 많은 노력과 시간이 필요함

11) 아래 논리모델에 대한 비판적 관점과 변화이론의 핵심내용은 http://ibr.kr/2976에서의 「변화를 꿈꾼다면 펜을 들어라: '변화이론(Theory of Change)' 알아보기」 의 내용 중 일부를 옮긴 것이다.

2) 변화이론의 핵심내용

논리모델에 대한 비판의 연장선에서 변화이론이 등장한 것은 1990년대부터이다. 1980년대 Aspen Roundtable for Community change를 중심으로 논의된 내용들이 1995년 처음으로 책으로 소개되었고 이후 변화이론이라는 이름으로 점차 확산되었는데, 2000년대 들어서서 다양한 측면에서 변화이론을 활용한 사례들이 등장하게 되고 2002년에 변화이론을 소개하는 홈페이지(www.theoryofchange.org)가 개설되면서 널리 알려지게 되었다.

변화이론은 변화과정이 특정 맥락 하에서 어떻게 그리고 왜 나타나는지에 대한 인과적 틀을 말한다(A causal framework of how and why a change process wil happen in a particular context). 이러한 변화이론은 성과를 활동과 산출을 통해 도출하는 논리모델과 달리 달성하고자 하는 궁극적인 목표와 성과를 가장 먼저 설정하도록 요구하고, 그 다음에는 이를 충족시킬 수 있는 조건들을 고려해야 함을 강조하고 있다. 논리모델에서는 투입을 근거로 활동을 하고, 활동을 하게 되면 산출과 성과가 달성된다고 하는데, 그러한 자동적 인과관계에 대해 변화이론은 문제를 제기하는 것이다.

3) 변화이론에 따른 내용구성 절차[12]

첫째, 장기목표를 설정하는 것이다(Identifying Long-Term Goals). 논리모델은 사업을 구상함에 있어서 상향식 의사결정에 의존하지만, 변화이론에서는 하향식 의사결정구조를 갖는다. 논리모델의 경우 '내가 어떤 자원을 가지고 무엇을 했을 때 어떤 산출과 성과를 가져올 수 있는지"를 생각하게 한다. 그러나 변화이론에서는 먼저 영향력이나 성과, 즉 이 사업을 통해 변화시키려고 하는 바를 먼저 고민하게 한다. '어떤 상태

---

12) 아래 내용은 Ivy So and Alina Staskevicius(2015) 『Measuring the Impact in Impact Investing』에서 Theory of Change 부분의 일부 내용을 정리한 것이다.

를 만들려고 하느냐, 지향하는 바가 무엇이냐?, 장기적인 목표(A)가 무엇이냐?' 인 것이다. 논리모델에서 보면 '거꾸로 그림그리기'인 셈이다. 아래 그림은 가정폭력 생존자의 생활임금을 위한 장기고용 프로그램을 예시로 변화이론에서 목표설정이 가장 선행되는 작업임을 보여주고 있다.

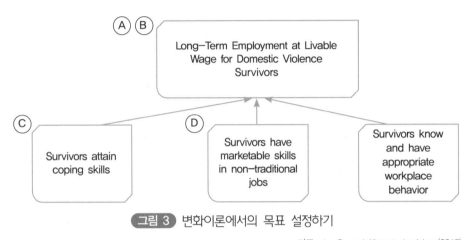

그림 3 변화이론에서의 목표 설정하기

자료 : Ivy So and Alina staskevicious(2015)

둘째, 그러한 장기적인 목표를 달성하기 위해서 필요한 선행조건 또는 요구사항을 획정하고, 그러한 선행조건이 왜 필요한지, 설정된 그러한 조건으로 충분한지를 거꾸로 연결하고 도식화하는 것이다(Backwards mapping and connecting the preconditions or requirements necessary to achieve that goal and explaining why these preconditions are necessary and sufficient). 아래 그림에서는 세팅된 장기고용 프로그램의 하위구성요소로서 제시된 대응기술, 비(非)전통직종에서의 경쟁력 있는 기술습득, 적절한 작업장 내 행동 등을 함양하기 위해서 어떤 선행조건들이 필요한지, 어떤 사업들이 진행되어야 하는지를 보여주고 있다.

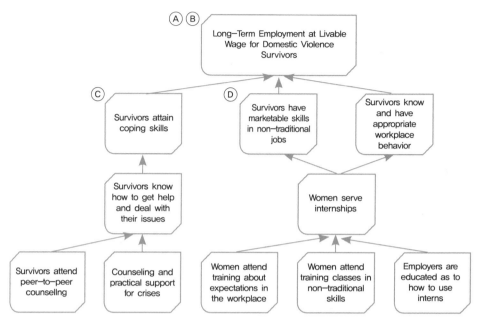

그림 4 변화이론에서의 설정목표에 따른 선행조건 검토하기

자료 : Ivy So and Alina staskevicious(2015)

셋째, 그 다음에는 주어진 상황에 대하여 기본적인 가정을 확인하는 것이다 (Identifying your basic assumptions about the context). 논리모델에서는 인적 · 물적 그리고 시간적 자원을 가지고 활동을 하는데 뭔가를 가정하지 않으며, 그러한 활동이 이루어지면 어떠한 가정이 없이 산출과 성과로 연결되는 것을 상정한다. 하지만 현실에서는 그렇지 않다. 또 변화이론에서처럼 그렇게 전환되는데 따른 전제조건들이 실제에서 계획대로 발생해야 하는 것을 암묵적으로 가정하고 있는 것이다. 그러므로 프로그램 기획단계에서부터 그러한 가정적 요소들을 미리 짚어봄으로써 생길 수 있는 변수들, 다양한 위험요소들을 미리 구상하고 이에 대비하는 것은 사업의 성공적 수행을 위해 매우 요긴한 작업이라고 볼 수 있다.

넷째, 여러 사업들이 바라는 변화를 만들도록 하는 개입을 확인하는 것이다 (Identifying the interventions that your initiative will perform to create your desired change). 여기서 이야기하는 개입은 어떤 세부 프로그램을 시행할 것인지를 말한다.

다섯째, 각종 세부사업을, 성과를 측정할 수 있는 지표를 개발해야 한다(Developing indicators to measure your outcomes to assess the performance of your initiative). 성과를 달성하기 위한 다양한 노력의 결실이 설정한 성과와 연결되었는지를 살펴보기 위해서는 성과지표가 필요하다.

여섯째, 이러한 조치들의 논리를 설명하는 내러티브를 작성해야 한다(Writing a narrative to explain the logic of your initiative). 변화이론모델에서의 핵심은 실제 사업진행단계에서 인과적 조건이 선형적으로 실현되는 것이 아니라 다양한 경로를 통해, 또 가정(Assumptions)이 실현될 때 산출과 성과가 나타난다고 본다. 그러므로 이러한 조치들이 어떻게 이루어질 것이며 어떤 조치들을 상황에 맞게 해 나갈 것인지에 대한 자세한 내용이 기술되어야 한다.

3. 프로그램 구성 틀 향후 방향

논리모델에 입각한 프로그램 구성이 보편화되어 있고 널리 수용되고 있는 현 추세는 당분간 계속될 것으로 전망된다. 그만큼 프로그램을 기획하는데 사업신청기관이 작성과정에서 스스로 체계를 갖추도록 요구하는 장점이 크다는 의미로 해석된다. 하지만 다른 한편으로는 어떤 재원을 투입해서 어떤 사업을 하면 그 결과 설정한 성과가 달성될 수 있다는 생각이 희망사항에 그칠 가능성도 없지 않다. 다양한 내외적인 변화요인도 있겠지만, 미래를 예측하여 일의 진행 선후관계에 대해 '그럴 것임'을 확신하는 것 자체에 불확실성을 내포하고 있다. 물론 사업담당자나 사업신청기관은 그동안의 경험과 노하우를 바탕으로 예측가능성이 높은 전망을 제시할 수 있다.

하지만 이와 반대로 새로운 미지의 영역을 개척하는 프로그램사업도 얼마든지 제시할 수 있다는 점을 감안한다면 그러한 불확실성은 불가피하게 수반될 수밖에 없다. 그렇다면 자금제공기관이나 사업신청기관에게 어느 정도의 융통성을 부여하고 변화가능성에 대해 예측하고 이에 적절하게 대응하도록 상호 합의하는 것이 필요할 수 있다. 그런 점에서 프로그램 구성 틀 또한 프로그램 진행 선후에서의 맥락적 정보를 풍부하게 담도록 요구하는 것이 대안으로 제시될 수 있다고 본다. 즉, 변화이론모델에서 사업진행단계별로 가정(Assumptions)을 중시하는 것처럼 자금제공기관이 세부사업의 선후관계, 네트워크가 사업수행과정에서 가지는 의미와 영향력을 사업신청기관으로 하여금 보다 자세하게 기술하게 하는 것이다. 이렇게 되면 작성과정에서 사업수행방법에 대해 다각적으로 고민해 볼 수 있는 기회를 사업신청기관에게 제공할 수 있게 되고 실제 사업수행과정에서의 대응력 수준이 보다 제고될 것으로 기대할 수 있을 것이다.

제4장

이 프로그램을 왜 기획하는가?

    본 장에서는 실무자가 프로그램을 기획하겠다고 할 때 '기획한다는 것이 무엇을 하는 것인가', '기획한다는 것에 내포·함축되어 있지만, 흔히 생각하지 못하는 것들이 무엇인지'에 대해 먼저 살펴보고자 한다. 이는 기획을 할 때 사회를 바라보는 나의 관점은 무엇이며, 현장의 어려움을 변화시키고자 하는 노력을 어떤 관점에서 기울일 것인지, 그리고 이 사업이 왜 필요하며 왜 내(내가 소속된 기관이)가 이 사업을 수행해야 하는지, 또 잘 해볼 수 있는지와 관련된 것이다. 마지막으로 선행사업과의 차별성을 보여주는데 자금제공기관에서는 아무런 노력도 안하면서 왜 실무자들이 여기저기 웹사이트를 전전해야 하는지에 대한 문제를 제기하고자 한다.

1. 프로그램 기획(Planning)

1) 프로그램을 기획한다는 것의 의미

프로그램을 기획한다는 것은 인적·물적 그리고 시간 자원을 투입해서 의도한 바를 이루는데 필요한 구성요소적 내용들이 상호 긴밀하게 잘 짜여진 형태로 수정·변화하는데 필요한 노력을 기울이고 이에 수반되는 중요한 의사결정을 해 나간다는 것을 의미한다. 그러한 과정을 통해서 얻어진 결과물이 계획 또는 계획서라고 할 수 있다. 프로그램을 기획한다고 했을 때 어떤 요소가, 어떤 성격이 내포되어 있는지에 대한 보다 자세한 내용은 아래와 같다.

첫째, 의도성이다. 기획한다는 것은 자연발생적 사건들이 일어나도록 내버려두고 소기의 성과가 달성되도록 기원하는 것과는 거리가 멀다. 물적인 자원을, 시간을 투여하고 사람의 노력을 들이는데는 그만한 이유가 있다. 그 이유야말로 이 프로그램의 생기를 불어넣는 원동력이다. 사업계획서에서는 '문제의식' 또는 '사업필요성' 부분에서 이러한 의도성이 제대로 드러나게 된다.

둘째, 비용발생적이다. 사람의 품이, 돈이, 시간과 공간적 비용이 소요된다. 그런데 이 프로그램을 기획하고 만들지 않았다면 그만한 품, 돈, 시간을 가지고 다른 소중한 분야에 사용하였을 것이다. 프로그램 공모전에 응모한다는 것은 그러한 비용을 신청하는 기관이 자체적으로 충당하기 어렵기 때문에 이에 대한 도움을 구하는 것이라고 볼 수 있다. 대부분 사업에 충당하기 위한 돈, 즉 사업비를 지원해 달라는 것이고, 자금제공기관에 따라 때로는 인력 또는 공간에 대한 지원을 포함하고 있는 경우도 있어 사업신청기관으로서는 자신의 소요비용의 갈래에 따라 이에 맞는 자금제공기관의 공모전에 응하게 된다.

셋째, 상호연계성이다. 각 하위 구성내용들이 매우 긴밀하게 연결되어야 한다. 내가 왜 이 프로그램을 기획하는지 그 동기와 이유가 분명하다 하더라도 이를 어떻게 세부 단위에서의 사업으로 엮어 나가야 하는지 고민하지 않을 수 없다. 설정된 목표는 구상된 세부사업을 모두 수행한다면 달성할 수 있는 것이어야 한다. 또 목표는 평가방법과 연결되어 있다. 사업수행 이후 설정한 목표를 달성했는지 여부를 평가하게 되는데 목표의 성격에 따라 평가방법이 달라진다. 즉, 목표가 수정되면 평가방법도 수정될 수밖에 없다. 한편 사업의 구체적인 내용은 예산편성 속에 용해되어야 한다. 이렇듯, 프로그램의 모든 세부내용이 서로에 대해 영향을 주고받는다. 그러므로 프로그램을 기획한다는 것은 직선적 과정을 시간흐름에 따라 하나하나 결정하면 전체가 완결되는 그런 성격과는 거리가 멀다. 계속 앞뒤 내용의 상호연계성을 감안하면서 전체가 수미일관되게 체계적으로 잘 짜여 있는지를 나선형식으로 점검해 나가야 한다.

넷째, 독창성이다. 다른 사람의 프로그램을 그대로 베끼지 않는 한, 자신이 구상한 프로그램과 100% 똑같은 것은 그 어디에도 없다. 사업참여자의 수도, 선정방법도, 홍보방안도 비슷할지언정 똑같을 수 없으며 시행하는 프로그램도 또 그 프로그램이 지향하는 가치도 기획된 의도나 철학에 따라 차이가 날 수밖에 없다. 덧붙여 기관마다 처해 있는 행정적 · 재정적 사정과 환경적 요소가 달라 타 기관에서 시행한 적이 있는 좋은 프로그램이라 하더라도 자신의 기관에 적용하기 위해서는 전면적으로 그 프로그램을 수정 · 보완하는 기획이 필요하다.

2) 기획동기

프로그램을 기획하는 동기는 앞서 설명한 바대로 사회복지기관 실무자가 현실을 있는 그대로 받아들이기 보다는 조직적 노력과 활동을 통해 보다 바람직한 방향으로 변화시키고 싶은 의도와 욕망에 기초한다. 물론 직접적인 실천경험이 없더라도 자신이 배운 지식이나 간접 경험에 기초하여 프로그램을 기획할 때도 있다. 해외의 여러 사례를 보면서 한국에는 아직 도입되어 있지 않지만 많은 선행경험을 통해 그 효과가 입증된 프로그램을 한국의 상황에 맞게 적용해 보고 싶을 수 있다. 물론 그 또한 그러한 지식과 간접경험이 현실을 통해 투영된다고 보면 무엇이 실제적으로 먼저이었는지의 문제이지 현실을 아예 무시하는 것은 없으며, 현실에 기반한 문제의식이 하나의 프리즘처럼 통과하여 다양한 모습을 띤다고 볼 수 있다.

3) 기획 시 지향가치가 중요한 이유

현실에 대한 비판의식이 기획의 동기이자 출발점이라면 종착점은 뭘까? 그것은 잘 짜여진 사업계획서일 것이다. 변화될 모습을 이끌어 내는데 왜 그러한 세부사업들이 필요하며 그 세부사업은 언제 어떻게 착수되고 모니터링되고 종결되어야 하는지, 이를 위하여 얼마만큼의 인력과 재원이 투입되어야 하는지, 또 돌발사태에 대해 어떻게 대응하면 되는지를 염두에 둔 치밀한 시나리오가 필요하게 된다. 어쩌면 그러한 얼개를 설계하고 연결시키는 작업은 많은 경험을 필요로 할지 모른다. 하지만 그 보다 더 중요한 것이 있다면 무엇일까?

(1) 내가 그 문제상황을 어떻게 이해하고 있는가?

내가 어디에 서서 어느 방향을 바라보는가에 따라 보이는 것이 달라진다. 교수가 강단에서 학생들을 바라보면 학생들의 얼굴과 그 뒤의 창문을 통해 건물 바깥쪽의 세상이 눈에 들어온다. 하지만 학생들은 전혀 다르다. 학생들의 뒤통수와 교수의 얼굴과 몸, 그리고 PPT가 띄워져 있는 화면이 눈에 들어올 것이다. 어쩌면 늦게 강의실에 입장하는 학생의 어쩔 줄 몰라 하는 얼굴을 학생들이 먼저 눈치 챈다.

문제상황을 이해하는 관점은 모두 다르다. 지향하는 목적지는 같아도 어떤 실무자는 A 프로그램을 통해 이를 실현시키려고 하고, 다른 실무자는 B 프로그램의 타당성을 설파한다. 어느 것이 옳은가에 대해서는 정답이 없다. 하지만 논거는 있을 것이다. 왜 A 프로그램이며, 왜 B 프로그램을 고집하는지. 그렇다면 그 논거가 자신만의 아집이 아니라 어느 정도의 객관적인 타당성을 주변으로부터 입증받으려면 집단토의가 필요하다. 의견이 다른 사람을 설득해야 한다. 또 사안에 따라 기관 밖의 동의나 협의가 필요할 때도 있다.

예를 든다면, 지역주민을 변화시키는데 지역주민의 개인적인 역량강화에 초점을 두어야 하는지, 지역주민이 생활하고 있는 삶의 공간을 변화시켜야 하는지, 지역주민을 둘러싼 정치지형을 바꾸어야 하는 것인지 고민이 된다. 개인의 내적인 부분에 치중할 것인지, 집단을 둘러싼 환경변화에 초점을 둘 것인지에 따라 구상하게 될 사업의 구체적인 프로그램은 다르게 되는 것이다.

(2) 사회가 동의하는 이념, 가치에 대한 이해[13]

20여년전 사회복지기관 프로그램 지원사업을 처음 시작했을 당시에는 현물 또는 현물구매를 위한 현금을 지급하던 단순함에서 벗어나 누구에게 무엇을 어떻게 전달할 것인지, 그러한 지원이 이루려고 한 바를 달성하기 위해 어떻게 진행과정을 잘 관리할 것인지를 포괄하는 '프로그램'이 실천현장에서 활성화되기를 바랐던 의도가 있었다. 하지만 그러한 의도와는 달리 열악한 현장의 상황을 이해하다 보면 정말 이러한 사업, 저러한 프로그램이 꼭 필요하다고 느껴 프로그램을 기획하게 된다.

하지만 '부족한 것을 단순히 지원하는' 사업을 흔히 '복지재단'에서 지원해야 할 당위성을 어떻게 찾아야 할까? 그러한 것은 오히려 정부에서 해야 할 몫일 수 있다. 예를 들어 △△군(郡)에 소재해 있는 어떤 복지관이 지적장애인의 성교육 프로그램을 실시하는 것이 필요한데 관련 예산이 없어 복지재단에 지원신청을 하게 되면? 만약 그러한 프로그램의 매뉴얼이 수차례 개발된 바가 있고 많은 논의를 더한 성과물이 이미 존재함에도 그 프로그램을 시행하는데 단지 재원이 필요하다 하여 지원신청한 것에 대해 복지재단은 어떤 매력을 느낄 수 있을까? 그다지 긍정적인 답변을 듣기는 어려울 것 같다. 물론 이해를 못하는 바는 아니다. 지역적으로 자원배분이 형평성을 잃었고 정보 접근 또한 제약적이라는 점을 감안하면 보다 열악한 지역 또는 기관에 지원의 우선권

---

13) 김진우 · 김상곤 · 문순영(2011)에서 일부 발췌한 것이다.

을 배분하는 것도 틀린 바가 아니다. 그러나 그러한 형평성의 개념은 공동모금회의 본부나 시도별 지부에서 담당해 주는 것이 옳다고 본다. 공동모금회는 법정기관이기 때문이다. 하지만 민간복지재단은 사정이 다르다. 여러 사회복지기관 또는 실천현장에 함의를 던져줄 수 있고 새로운 관점에서의 창의적인 접근방식이 시도되어지고 그에 따른 결과물들이 축적되게 만드는 역할을 담당하는 것에 더 무게중심을 두는 것이 바람직하다.

이와 함께 사업신청기관에서는 프로그램 시행의 필요성 외에도 이 프로그램에서 지향하고자 하는 가치가 무엇인지, 또 성취하고자 하는 가치가 무엇인지를 고민할 필요가 있다. 지향 또는 실현 가치가 무엇인가에 따라 세부사업내용의 갈래가 달라지기 때문이다. 예를 들면, 발달장애인이 학교 학습을 통해 습득하는 지식이 부족하거나 사전 경험적 배경이 부족하여 교과 내용을 이해하는데 어려움이 있어 계절별 역사유적지를 탐방하는 것을 기획한다 하더라도 이를 기획하는 과정에서 '발달지원'을 위해 어떤 프로그램이 고안될 수 있는지, '선택권' 행사를 보장하기 위해서 탐방 기획 및 과정에서 어떻게 선택권의 가치를 녹여 넣을 것인지, 그러한 탐방이 장애인 인권에 어떻게 연결되는지' 등에 대해서는 또 다른 차원의 고민이 수반된다는 것을 알게 된다. 즉, 교과서 학습내용으로 나와 있는 역사유적지를 나열하고 이를 시간적으로 안배하여 단순하게 프로그램을 짤 수도 있지만, 어떤 지향가치를 가지고 사업 내용과 방식을 구성할 것인지의 고민은 아무리 해도 아깝지 않다. 만약 그렇게 치열하게 고민하지 않고 단순히 '매주 토요일 여가시간이 많아진 학령기 아동에게 다양한 지원이 필요하니 프로그램을 진행하기 위한 재원을 달라'고 하면 복지재단으로서는 그러한 환경변화에 따라 프로그램 사업이 더 필요하게 된 사회환경적 변화와 그에 따른 욕구의 증가는 이해하겠지만, 왜 하필이면 그 기관에 예산을 지원해야 하는지, 그렇게 지원했을 때 타 기관들에게 주는 함의는 무엇인지 등에 대해 의문을 가지지 않을 수 없다. 그러므로 같은 지원이라 하더라도 접근하는 방식에서, 지향하는 가치에서 차별성을 두는 것을 기획단계에서 염두에 두어야 한다.

한편, 이러한 지향가치, 철학 등이 전체 사업에 대한 것인지, 세부 프로그램에 대한 것인지에 대한 의문이 생길 수 있다. 이에 대해서는 전체 프로그램을 이끌어 가는 지향가치가 있을 수 있고, 이와는 별개로 세부프로그램에서 적용하고자 하는 지향가치가 병렬적으로 제시될 수도 있다고 본다. 예를 들어 프로그램을 통해 이용자의 역량강화를 도모하는 사업인데 이를 위해서는 세부프로그램으로 당사자에 대한 '이용자 참여(user participation)'이 강조되어야 할 때 이를 모두 적시해도 상관없다.

최근 사회서비스 제공의 가치와 방향에 맞게 서비스를 제공하는데 관심을 둘 필요가 있다. 예를 들면, 반찬배달서비스라도 종전의 방식과 달리 어떻게 서비스 이용자의 주체적인 참여를 담보해 낼 것인지, 농어촌지역의 모형을 어떻게 개발할 것인지 등 서비스 제공방식과 가치의 변화를 추구하는 것일 필요가 있다는 것이다. 나아가서는 우리 사회가 지향해야 할 핵심적 가치를 구현하기 위한 프로그램 내용으로 구성하고 이를 성공적 경험으로 이끌고 부족한 부분을 피드백하여 보다 나은 프로그램으로 업그레이드하려는 방향성을 가져야 한다. 그러므로 단순히 서비스의 결핍 자체를 사각지대로 간주하기 보다는 종전에는 시도해 보지 않았던 방식과 가치 또한 사각지대라고 보고 이를 해소하기 위한 기관의 노력을 지원하려는 경향을 읽을 필요가 있다. 이러한 핵심가치를 예시로 표현하면 아래와 같다.

표 3 지원사업의 대표적 지향방향

개인지원	강화사업	이념지향	개선사업	기타
발달(성장)지원 학습지원 심리정서지원 자립(독립)지원 사회성 향상 취업지원	역량 강화 가족기능 강화 경쟁력 강화 연계수준 강화 네트워크 구축	사회통합 사회적참여 자기결정권 선택권 자립생활 강점관점 생명존중 파트너십 이용자중심	인식개선	인권증진 자기실현 노년의 삶 이해 이용자 삶 이해

자료 : 삼성복지재단(2014)

　　프로그램 내용의 실제에 있어서는 이러한 지향가치가 사업내용을 선도하는 추동체가 아니라 하나의 형식적인 수사(修辭)나 장식에 지나지 않는 경우도 없지 않다. 똑같은 사업이라 하더라도 지향가치에 따라 그 세부 구성내용이 달라질 수밖에 없는데 '지향가치 따로, 사업 따로' 인 경우 과연 제대로 된 이해에 기반한 기획인지 회의적인 생각이 들게 된다.

　　예를 들어, 강점관점을 차용하면서도 사업참여자에 대한 분석은 약점 위주로 기술한다든지 내세운 프로그램은 강점을 발굴하고 지원하는 것과는 전혀 거리가 먼 내용들만 나열하는 것이다. 또 자기결정을 지향하면서도 프로그램 내용에 있어 프로그램 이용자가 자기결정을 할 수 있는 여건을 전혀 만들지 않거나 부각시키지 않는 것도 있다. 이것은 '말만' 특정 가치를 지향한다고 하면서 그 내용으로 녹여낼 수 있는 능력을 갖추지 못했거나 마지막 상호연계성에서 제목과 내용간의 일치를 마무리하지 못한 것이라고 이해되어, 심사과정에서 높은 점수를 받기는 어렵다.

2. 이 사업이 필요하다는 것을 어떻게 보여줄 것인가?

사회복지 실천현장에서 프로그램을 기획하는 구체적인 사정은 여러 가지가 있을 수 있다. 첫 번째는 유사한 프로그램을 시행하다가 여러 가지 사유로 인해 중단되었지만 이를 보다 발전시키는 사업을 계속해야겠다고 판단하는 경우, 두 번째는 특정 대상에게 사업을 실시하다가 문제의식을 느껴 제안하는 내용 사업을 추가적으로 실시해야 할 필요성을 느낀 경우, 세 번째는 지역사회의 아픔에 대해 문제의식을 갖고 있다가 더 이상 방관하는 것을 참을 수 없어 이에 대한 대응방안을 마련하려는 경우다.

이 때 사업필요성을 서술하는 방식은 두 가지가 있을 수 있다. 첫째는 상향식(Bottom Up)이다. 내가 사회복지 실천현장에서 일을 하면서 느낀 문제의식을 먼저 서술하면서 사업신청기관이 위치한 지역사회의 여건과 지역사회자원과의 관계에 대해 이야기하는 방식이다. 즉, 철저하게 자신이 느낀 문제의식에서 출발해서 이를 해소하는데 사업신청기관이 재원마련에 있어 어려움이 있고, 지역유관기관에서도 이러한 사업에 대해서는 아직 손을 대고 있지 못하고 있다는 것을 보여주면서 재원을 지원해주면 지금 이 분들의 삶을 변화시킬 수 있다고 설득하는 방법이다. 둘째는 하향식(Top Down)이다. 사업신청기관이 해소하고자 하는 이슈나 문제가 우리 사회에서 어떤 의미로 다루어지고 있고, 사업신청기관이 소재한 지역사회 내에서는 어떻게 논의되고 어떻게 다루어지는 지를, 나아가 지역사회의 특성 및 사회복지기관들의 지리적 분포 등을 고려할 때 얼마나 그 문제가 심각한지를 설명하는 방법이다. 물론 여기에서도 덧붙여야 하는 것은 그 문제에 대한 자신의 경험과 문제의식이다. 어느 방식을 채택하든지 간에 크게 차이가 나지 않는다. 하지만 최근 추세를 사업신청기관의 사업담당자가 현장의 어려움을 이야기식으로 풀어내는 것에 보다 집중한다. 사업 기획에의 모멘텀을 보다 중시한다는 시그널이라고 볼 수 있다.

한편, 그러한 사업필요성으로 제시한 내용이 사업담당자 자신의 주관적인 판단에 기초하고 있지 않았음을 객관적으로 보여줄 필요가 있다. 이를 위해서는 기관이 기관 및 지역사회에서 이 프로그램이 필요하다는 것을 입증해야 하는데 그 방법으로는 아래와 같이 제시할 수 있다. 첫째, 지역복지계획에서의 관련되는 내용을 인용하는 것이다. 어느 시군구마다 지역복지계획은 마련하므로 이를 통해 도전하고자 하는 사업과 관련된 지역사회 현황에 대해 잘 설명할 수 있게 된다. 둘째, 기관이 프로그램 시행에 필요한 직접적인 자료를 얻기 위해 주요 정보제공자(Key Informants) 또는 서비스 이용자(Service Users)를 대상으로 하는 자체 설문조사를 실시하거나 그룹 인터뷰를 진행할 수도 있다. 셋째는 도전하고자 하는 문제 및 사업과 관련한 전문가들로 부터 다양한 문제분석과 그에 따른 해결방안에 대해 아이디어를 얻고 그로부터 사업을 기획했다는 점을 강조할 수 있을 것이다.

그런데 문제의 핵심은 시간적 제약이다. 설문조사를 하기 위해서는 문항작성 및 실제 조사 후 분석까지 상당기간 소요되며 포커스그룹을 운영하기 위해서도 관계자들을 한 자리에 모아야 하는데 이것 또한 간단한 작업은 아니다. 그러나 공모발표 후 사업계획서 제출마감까지는 언제나 그렇듯이 그 기간이 길지 않기 때문에 이러한 사전작업을 하려고 선뜻 손을 대기가 쉽지 않은 것이다. 그러므로 공모사업 시기를 감안하여 미리 설문조사 등을 약식이라도 진행하거나 공모발표 후 바로 포커스그룹의 미팅을 할 수 있도록 사전준비를 해 놓는 것이 필요하다. 또 그렇게 내용을 구성했을 때 심사위원들도 기관의 준비성에 가점을 줄 수 있을 것이다.

3. 이 사업을 성공적으로 잘 할 수 있다는 것을 어떻게 보여줄 것인가?

자금제공기관이 어떤 사업에 지원할 것인가는 제공기관마다 조금씩 그 중심축을 다르게 설정하고 있다. 자신들이 지원하는 재원이 헛되이 쓰이지 않기를 바라는 마음이라면 조금이라도 더 성공가능성이 높은 기관을 선정할 가능성이 높다. 하지만 성공가능성보다는 성장가능성에 보다 초점을 둔다면, 지금은 열악해도 지원을 통해 더 성장할 수 있는 가능성을 방점을 둔다면 지금의 상태에 초점을 두기 보다는 미래의 예상되는 모습에 기대치를 둔다. 즉, 지금은 인력이나 경험면에서 다소 일천하다 하더라도 사업 아이템이 좋고 조직역량강화를 통해 허약한 체질을 강하게 바꾼다면 좋은 사업 아이템을 확산할 수 있는 기회가 더 커질 수 있다고 보는 것이다.

일반적으로는 짧은 기간 내의 성공가능성을 염두에 두지만 일부 새로운 방향을 시도하는 아산나눔재단(파트너십온 사업)이나 아산사회복지재단(발달장애인 지원사업) 등 민간복지재단에서는 어느 정도의 시간 흐름 속에서 역량변화를 꿈꾼다. 어떤 입장에 있건 간에 성공가능성에 대한 기대나 분석은 결코 배제되지 않는다. 그렇다면 사업신청기관에서도 자신이 신청하는 사업이 의미가 있고 또 이를 성공적으로 수행할 수 있는 능력이 있음을 보여주는 것이 필요한데, 이는 아래 세 가지로 대별할 수 있다.

첫째는 선행 프로그램을 고찰하는 것이다. 민간복지재단이나 공동모금회 등에서 이미 지원하여 사업결과보고서까지 나온 프로그램들과 사업신청기관이 제안하고자 하는 프로그램과 비교해 볼 때 유사한 것이 없는지를 살펴, 있다면 선행 프로그램 대비 신청 프로그램의 특징과 차별성을 명확하게 제시할 필요가 있다.

둘째는 사업신청기관(사업담당자 포함)이 신청사업과 유사한 사업을 진행해 본 경험이 있는지, 있다면 그 경험으로부터 어떠한 시사를 받을 수 있는지에 대한 내용을 기재해서 "내가 이 사업을 성공적으로 수행할 수 있는 능력이 있음"을 보여주는 것이 필요하다.

셋째는 신청사업과 관련하여 우리나라에서 선행 프로그램도, 유사 프로그램을 해 본 경험도 없는 경우이다. 이는 심사자로 하여금 이 프로그램이 성공적으로 추진될 수 있을까에 대한 우려를 갖게 한다. 이때의 실험적 정신은 높이 살만하지만 그 가치만큼 작성자는 성공적으로 사업을 추진할 수 있다는 근거를 보여주는 것이 필요하다. 이를 위해서는 학문적 근거를 인용해도 좋고, 외국의 사례를 이해하기 쉽게 소개하여도 무방하다. 국내외적으로 아무런 선행검토가 없는 프로그램을 시행하는 것은 아닐 것이기 때문이다. 하지만 실제로는 유사 프로그램이 있음에도 불구하고 사업신청기관이 자료검색을 소홀히하여 이를 없다고 소개한다면 이에 대해 심사과정에서 일정 수준의 불이익은 감수해야 한다. 참고로 선행 프로그램이 갖는 한계를 극복하는 새로운 접근 방식을 채택하거나, 대상 또는 세부 프로그램의 구성이 독특한 경우에는 최초 시행이라기보다는 선행 프로그램에 대한 차별성을 드러내는 것으로 가닥을 잡는 것이 위험 회피적 방안이라고 할 수 있다.

4. 선행 프로그램과의 차별성 기재 관련 책임전가 비판

'이 프로그램이 선행 프로그램과 어떤 차별성을 가지는가?', '기존 사업에 비해 신청 사업은 어떤 사회복지적인 함의가 있는가?'라는 질문은 자금제공기관들이 사업신청기 관에 대해 묻는 단골질문이다. 사업필요성과 신청사업의 의의를 기재하는 부분에서는 이 대목을 피해갈 수 없다. 사업담당자들은 이 질문에 답하기 위해 논문을 검색하거나 (학술연구정보서비스 www.riss4u.net) 공동모금회 또는 각종 민간복지재단의 홈페이 지를 방문하여 어떤 사업들이 진행되었는지를 살펴볼 수밖에 없다.

하지만 이 과정에서 몇 번씩 좌절하고 만다. 각 홈페이지에 업로드되어 있는 각종 사업결과보고서의 내용을 제목만 보고 일일이 클릭해서 PDF파일을 열어봐야 내가 참 고할 파일인지 아닌지를 알게 된다. 물론 홈페이지 화면에서 지원받았던 사업의 리스 트가 보이지만 그 제목만으로는 내가 참고할 사업인지 아닌지를 100% 확신하기가 어렵다. 제목이 슬로건 식으로 되어 있는 경우 정확하게 그 관련성을 판단하기 어렵기 때문이다.

그 고비를 넘겼다 치더라도 왜 사회복지사가 각각의 홈페이지를 방문하여 이를 살 펴봐야 하는가? 그것이 성실성을 대변하는가? 그렇지 않다. 자금제공기관의 분절성 때문에 사업담당자에게 그러한 수고를 전가하고 있는 것이다. 그러면 대안은 무엇인 가? 공동모금회가 주축이 되든, 민간복지재단의 모임에서 다함께 의견을 모으든 어떤 방식으로든지간에 각 개별 자금제공기관의 분절성을 극복하고 전체 프로그램 사업으로 기 진행된 내용에 대한 사업결과보고서 전체를 데이터베이스화하여 이를 사회복지 실천현장에 있는 실무자들이 쉽게 검색할 수 있도록 하면 된다.

예를 들어 각 수행사업별로 '사업참여자 종류-세부종류-지향 이념이나 가치-핵심사업-수행연도-자금제공기관명-지역'을 엑셀표의 각 셀에 입력하는 것이다. 「성인 발달장애인의 건강증진 및 자기결정권 향상을 위한 영양교육 프로그램」이 있다고 한다면 엑셀표의 각 셀에서 '장애인-발달장애인-건강증진-자기결정권-영양교육-공동모금회 서울지회-2016-서울-사업명'을 기입하고 각 자금제공기관별로 전체 사업에 대하여 이런 방식으로 모두 데이터베이스화하는 것이다. 그런 다음 검색기능을 더하면 검색창에서 '발달장애인 영양교육'이라고 입력하면 전체 사업에서 해당 검색어와 매칭되면 관련되는 사업들이 화면에 뜨게 되고 해당 사업명을 클릭하면 사업결과보고서가 연동되어 화면에 뜨게 하면 사업담당자로서는 자신이 기획하고자 하는 사업이 기존의 유사사업과 어떤 차별성을 가지는지 가장 정확하게 그리고 효율적으로 기재할 수 있게 된다.

이 작업을 자금제공기관 중 어디에서라도 먼저 주도권을 가지고 작업을 해 주어야 한다. 이 작업은 별도의 1명 직원을 굳이 두지 않더라도 충분히 해 낼 수 있는 작업이며 일자리 창출의 의미에서 직원을 채용한다 하더라도 - 물론 이 때는 공동모금회가 해야 하겠지만 - 전국의 사업담당자로 하여금 불필요한 소모적인 검색시간을 절약해 주므로 사회전체적으로는 훨씬 비용효과적이라고 볼 수 있다.

제5장

누구를 이 프로그램에 참여시킬 것인가?

사업참여자 그리고 그 너머

본 장에서는 기획한 프로그램에 참여하는 사람들을 어떤 관점에서 바라봐야 하는지, 그렇게 프로그램에 참여하는 사람들을 어떤 기준에서 선발할 것인지, 어떻게 하면 프로그램에의 참여가 필요한 사람들이 프로그램의 존재와 의의를 알 수 있게 할 것인지에 대해 살펴본다. 여기에서의 핵심은 기존에 관행처럼 쓰여 오던 '사업대상', '수혜대상'에 대한 비판에서 출발한다. 마지막에는 '사람을 변화시키는 것에 국한되어 있는 지원사업의 관행'이 과연 적절한지에 대한 의문을 제기하고자 한다.

1. 현재까지의 관행 반성

1) Rapp와 Poetner 분류방식의 문제점

Rapp와 Poetner(1991)는 프로그램 대상자를 선정하는 과정에서 집단유형을 일반집단, 위기집단, 표적집단, 클라이언트집단으로 유형화하였으며 아래 표와 같이 예시될 수 있다.

표 4 Rapp와 Poetner에 따른 클라이언트집단 결정방식

대상구분	서비스 대상자 산출근거	단위 수/명
일반집단	서울시 도봉구 거주 발달장애아동 가족	
위기집단	일반대상 중 차상위계층 이하	
표적집단	위기집단 중 강북장애인종합복지관 등록 가족	
클라이언트집단	표적대상 중 프로그램 참여에 동의한 가족	

이제까지 신청된 사업계획서의 대다수는 이러한 Rapp와 Poetner(1991)의 분류방식에 따라 일반집단, 위기집단, 표적집단, 클라이언트집단으로 구분하도록 요구하고 있다. 공동모금회도 이러한 양식을 사용하였기 때문에 우리 사회에서는 이런 분류체계가 상식이며 정답인 것처럼 생각되어져 왔다. 그러나 과연 이런 식으로 대상자를 산출할까? 그렇지 않다. 오히려 정 반대다.

오히려 자신이 속한 기관에서 서비스를 제공하면서 어떤 문제의식을 갖게 되고 이를 해결하기 위해 프로그램을 기획한다. 그러므로 생각의 논리는 전국, 광역단위 또는 해당 시군구 내 서비스 이용자로부터 출발하는 것이 아니라 자신의 눈에 밟히는, 예를

들어 저소득 맞벌이 부부의 장애아동 자녀가 겪는 방과 후 방치문제를 어떻게 하면 해결할 수 있을 것인지에 대한 고민에서 출발한다. 자신의 복지관을 이용하는 장애아동이건, 아니면 인근 재가장애아동이건 그들의 변화를 도모하는 사업을 구상하는 것이다.

만약 그렇다면, 일반/위험/표적/개입 집단을 작성하는 것은 연역적 사고의 결과물이라고 볼 수는 있으나 실제 기획과정에 비추어보면 비현실적인 논리이자 작업이다. 물론 전체를 가늠하면서 자신이 제공하게 될 프로그램 이용자의 범위를 고려해 볼 수 있다는 장점이 있다. 아울러 왜 그러한 집단에 한정하는지에 대한 자기 자신에 대한 논리를 스스로 견지할 수 있게 하는 준거틀로 고려될 수 있다. 하지만 그렇게 세부적인 집단으로 구별하는 실익이 없다는 것이 문제다. 결국 발을 땅에 딛고 있는 실무자로서는 기획한 사업에 참여시킬 사람들은 이제까지 동일 또는 유사 사업에 참여해 온 분들, 실무자가 소속된 기관 이용자분들, 또는 소속된 기관의 소재 지역사회 거주하는 프로그램 참여희망자들일 것이기 때문이다.

2) '사업대상자'인가?

현재까지 대다수의 사회복지 프로그램 기획서 양식이나 『프로그램 개발과 평가』 과목에서 '대상자 선정'이라는 용어를 쓴다. 과연 프로그램에 참여하는 사람을 '사업대상자'라고 부르는 것이 맞을까? 만약 사회복지기관이 사업을 신청하여 예산을 확보한 다음, 어떤 인구집단의 자발적인 참여없이 일률적으로 또는 간단한 신청을 받아 일괄 지급하는 사업이라면 '대상'으로 칭하는 것에 큰 이의가 없다.

하지만 사회복지 프로그램이라는 것은 기획자의 의도가 있고, 그 의도에 맞는 사람을 신청받아 선정해야 하는 책무가 있으며, 이런저런 다양한 세부사업과 전략적 포지셔닝을 통해 의도한 바를 달성하고자 하는 시간흐름에 당사자는 적극적으로 참여해야 한다. 즉, 그러한 프로그램은 해당 인구집단에 당연히 적용되는 것이 아니고 '내가 그 프로그램에 참여하겠다'는 자발적이고 적극적인 의사표현에 기초한다. 그런 의미에서 볼 때 그 인구집단은 더 이상 '대상(Object)'이 아니고 '대상화(Objectification)'되어서도 곤란하다.

한편, 복지재단에 따라 '수혜대상자'라는 용어를 쓰기도 한다. 프로그램에 참여하는 것이 현재 상태(As-Is)에서 바람직한 상태(To-Be)로의 전이를 생각하면 뭔가 혜택을 받는 것으로 이해될 수 있다. 더군다나 외국의 사업계획서 신청양식을 보면 'Beneficiaries' 라고 쓰는 곳도 있는데 이 단어를 번역하여 '수혜대상자'라 하는 것도 무리가 아닌 듯싶다.

하지만 최근 사회복지 실천현장은 사회복지기관을 이용하는 사람들을 더 이상 서비스 대상자라고 부르지 않는다. '서비스 이용자(Service User)'라거나 논쟁적이라 하더라도 '서비스 고객(Service Customer)'이라고 부른다. 그런데 사업계획서에 해당 용어를 외국에서 그렇게 쓴다하여 굳이 우리도 그러한 용어를 무비판적으로 번역하여 쓸 이유는 없다.

2. 사업참여자

그렇다면 대안은 무엇일까? 이 사업에 참여하는 참여자로 간주해야 한다. 즉, 사업참여자라고 하는 것이 바람직하다. 흔히 연구에서도 인터뷰 대상을 피면접자(interviewee)라고 부르다가 2000년대부터 피면접자로 역할하는 아동, 노인, 장애인 등 사회취약계층의 당사자성을 강조하면서 연구에 적극적으로 참여하는 자라는 의미에서 연구참여자(Research Participants)라고 부르는 것처럼(김진우, 2008), 사회복지 프로그램 영역에서도 동일한 방식으로 사업참여자(Program Participants)라고 부르는 것이 시대정신에 부합하는 용어라고 볼 수 있다.

1) 사업참여자 종류

사업참여자는 크게 두 종류로 나뉠 수 있다.

첫째는 '핵심참여자(Main Participants, 핵참)'이다. 핵심참여자는 성과목표 달성에의 주인공으로서 성과목표 달성여부와 직결되는 사람을 말한다.

둘째는 '주변참여자(Sub Participants, 변참)'이다. 성과목표를 달성하는데 또는 핵심참여자가 실질적으로 변화하는데 매우 밀접하게 관여하게 되는 중요한 주변인을 말한다.

예를 들어 '조부모의 손자녀에 대한 양육기술향상 프로그램'에서 핵심참여자는 '조부모'이다. 그런데 이 때 손자녀 부모(조부모의 자녀)의 매개적 역할이 필요하다면 사업내용 중에 손자녀 부모에 대한 세부 프로그램이 운영될 수 있고, 이들에 대해서도 사업예산이 쓰일 수 있다. 이 때 손자녀 부모의 학습 및 역할은 매우 중요한 기능을 하게 된다. 하지만 이 모든 것의 초점은 조부모에게 있다. 즉, 손자녀의 부모에 대한 프로그램 진행과 관련하여 산출목표가 설정될 수 있지만 성과목표는 최종적으로 「조부모의 양육기술이 향상되었는지」의 여부이다.

예전에는 이 둘을 구분하지 않았다. 사업대상자로 핵심참여자만 적었던 것이다. 하지만 사업대상자가 아닌데도 사업내용에는 등장하고, 또 이들에게 예산이 쓰였다. 적어도 이 사업의 주연과 조연이 누구인지를 정확하게 밝히지 않았기 때문에 매우 혼동스러웠던 것이다.

이제 핵심참여자와 주변참여자를 구분하여 제시하게 되면 누가 핵심이고 성과목표 달성여부 측정대상이 누구인지, 그리고 성과목표 달성여부 측정대상이 아니라 하더라도 이 사업에 참여하여 최종적인 목표달성에 조력할 조연 역할을 누가 수행할 것인지를 알 수 있게 된다.

발달장애인 자녀의 자기주도역량강화 향상프로그램인 경우

이 프로그램에서 자녀의 변화를 최종적인 성과목표로 두고 다양한 사업을 펼쳐나가지만, 실무자의 견해로는 그러한 자녀의 어머니 또한 양육과정에서의 올바른 양육태도와 가치관, 양육기술이 필요하고 그러한 변화가 자녀의 성과달성에도 기여한다고 한다면 그 때 '발달장애인 자녀의 부모는 누구인가?'라는 궁금함에 봉착하게 된다. 왜냐하면 이때까지는 발달장애인 자녀만 사업참여자(종전의 사업대상자)로 진술되기 때문에 어머니의 역할에 대해서는 참여자 관련 내용에서 알 수가 없었다는 것이다.

그러나 핵심참여자와 주변참여자를 구분하게 되면 발달장애인 자녀의 변화를 최종적으로 도모하는 프로그램이기 때문에 그 자녀의 어머니는 조력자의 역할에 불과하지만 그러한 성과달성에 중요한 역할을 하게 되므로 어머니의 변화에 관련 예산을 투입하여 프로그램을 기획할 수 밖에 없다는 것을 사업참여자 진술에서 제시할 수 있게 되고 심사자로서도 전체 프로그램의 구성과 맥락에 대해 사업참여자 진술에서 미루어 짐작할 수 있게 되므로 보다 사업의 윤곽을 정확하게 이해할 수 있다는 장점을 가진다.

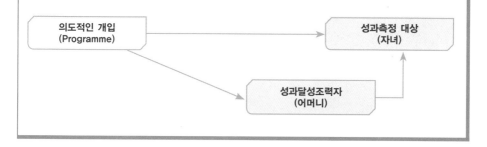

2) 참여자 선정기준

참여자 선정기준이 명확해야 한다. 흔히 저소득층, 국민기초생활수급자 우선의 사업을 많이 추진한다. 하지만 반드시 그래야 되는가? 우리는 공적부조 및 사회보험과 달리 사회서비스는 욕구에 대한 대응이다. 그런데 욕구보다도 소득기준이 앞서고 있다. 일부는 그럴 수 있지만 모두 그럴 수는 없다고 본다.

한편, 이 사업에 참여하고자 희망하는 자가 모집상한규모를 넘어서는 경우 누구에게 기회를 줄 것인지를 명확하게 해야 한다. 모집기준을 설정할 때 고려해야 할 요소들은 아래 예시와 같다.

욕구의 크기 우선인가, 저소득층 우선인가?

- 저소득층의 욕구가 큰 경우가 많지만 반드시 일치하지 않는다는 점을 유의
- 예) 도벽이 있는 아동에 대한 개입은 도벽성향의 심각성에 초점을 두어야 합니다.

변화의 가능성이 어느 정도 엿보여야 하는가, 변화의 가능성을 발굴하는 쪽이어야 하는가?

- 이는 기관의 미션과 비전과 연결됩니다. 남들이 돌아보지 않는 심각한 경우에 초점을 둘 것인지, 개입을 통해 성과를 보여줘서 사회적 환기를 통해 사업 확장을 의도하는 것인지를 판단하여야 합니다.

제도권에 있는가, 아니면 경계선급인가?

- 제도권이라 하더라도 정부지원의 사각지대는 있고 급여수준이 낮아서 이를 보충하는 개념인가, 아예 정부 지원 대상은 아니지만 현실에서 어려움을 겪고 있는 자들에 대한 대응인지 판단
- 예) 장애인 vs 장애인은 아니나 경계선급의 아동, 수용자 vs 수용자의 가족

자료 : 한국사회복지공동모금회(2017)

3) 참여자 모집방안

참여자는 프로그램 기획자의 마음대로 움직여 주지 않을 때가 많다. 제일 경계해야 할 것은 '종전에 내가 해 오던 방식대로 하면 되겠지'라는 생각이다. 가장 조심해야 할 것이 예전의 성공경험을 그대로 현재에 적용하는 것이라고 해도 과언이 아니다.

그렇기 때문에 오히려 중점을 두어야 할 것은 사업참여자가 겪는 어려움과 아픔, 살

아가는 현실에 대한 이해라고 볼 수 있다. 생각해야 할 것으로 ①지역사회 내에 어디에 잠재적인 사업참여자가 있는지, ②어떤 매력을 던져야 잠재적인 사업참여자가 실제 참여하겠는지, ③사업에 참여할 때 배려해야 할 부분은 무엇인지 등을 들 수 있다.

모집방안은 사업의 성격에 따라 공개적으로 널리 홍보해야 할 때도 있고 눈덩이방식(Snowballing)으로 비슷한 처지에 있는 분들을 소개받아 모집해야 할 때도 있다. 또 지역에 따라서도 달라지기도 한다. 서로간의 친밀감이 높은 지역사회와 익명성이 높은 지역사회에서의 접근방법이 달라질 수밖에 없다.

〈에피소드 1〉

영구임대아파트 내 지역주민 중 중년남성 10명이 참여하여 지역사회 내에서 자신들이 기여할 수 있는 역할을 찾고 이를 통해 자아존중감을 높이고 참여기반을 확대하는 프로그램에 대해 지원을 결정한 적이 있다. 실무자는 사업에 착수하여 중년남성 10명을 프로그램 참여자로 세웠지만 도통 결속력이 생기질 않았다. 기획되었던 세부사업을 하는 것마다 잘 모이질 않았던 것이다.

생각 끝에 나는 그 실무자에게 해당 지역의 야구구장에 가서 결속력도 다지고 어떤 사업을 할지 기획해 보라고 하였다. 논의 중에 나온 것이 지역방범순찰이었으나 실제 실행해 보니 지역주민들로부터 오히려 '무섭다'는 반응에 조기에 그만두어야 했고, 다른 사업에 대해서도 시큰둥하기는 마찬가지였다. 다시 아이디어를 낸 것이 계단 물청소였다.

신혼 시절 맞벌이였으나 다니던 직장을 그만두고 공무원 시험을 준비하던 나는 그냥 집에 있고 아내는 출근한 뒤에 벌어진 에피소드다. 매주 아파트 계단이 깨끗하게 젖어 있었다는 것을 무심결에 지나쳤는데 출근하지 않은 첫 토요일에 저 위층에서부터 내려오는 물소리가 들렸다. 5층에서 4층으로, 4층에서 3층으로, 이윽고 내가 살던 2층으로 내려오는 아주머니를 맞아 앞집에 사는 할머니가 나와서는 한 소리 하셨다. "아니〰 앞집에는 인기척이 나는데 코빼기도 안 보이네!! 도대체 요즘 젊은 것들이란... 쯧쯧쯧... "하면서 들으랍시고 큰 소리로 역정을 내신다.

청소가 다 끝나고 30분 뒤 용기를 내서 앞집 할머니를 찾았다. 평소에도 인사를 나누던 사이였지만 막상 그런 이야기를 듣고 난 뒤에 방문하는 마음이 불편했다. "딩동〰" 소리에 할머니가 문을 열어주시면서 먼저 말을 건넨다. "아이고〰 계셨네요?" 약간 당황해하면서도 일부러 놀라는 눈치다. 들어오라는 말에 문 앞 거실 입구에 걸터앉아 나즈막히 고백했다. "조금 전 제가 집에 있던 것 맞는데요.. 사실 제가 저번 주에 직장을 그만뒀는데 토요일에 할머니나 아주머니를 만나면 제가 실직자라는 게 알려질까 봐 부끄러워서 선뜻 청소하러 나서지를 못하였어요."라고 말씀드리고 문을 나서면서 바로 슈퍼에 달려가 빗자루 하나를 샀다.

참 시간은 빨리도 흘러 그 다음 주 토요일 아침 물소리가 쏴아〰 들린다. 5층, 4층, 3층 내려오면서 언제쯤 나가야 하나... 용기를 내고 하나 둘 셋을 외치면서 "날씨가 좋네요. 안녕하세요?"

하고 억지인사를 한다. 그런데 얼마 지나지 않아 할머니와 위아래층 아주머니와 그렇게 친해졌다.

하지만 1년이 지났을까... 그 계단청소를 청소용역업체에서 대행하게 되었다. 그런데 놀랍게도 주민들이 토요일 날 운동 삼아 하신다던 그 계단 물청소가 그렇게 힘들었다는 것을 나중에서야 알았다. 빠지자니 미안하고, 토요일에 시간맞춰서 집에서 대기하는 것도 힘들고, 그것도 매주.... 정말 누가 대신해 줬으면 했다는 것이다.

그렇게 그 중년남성들의 사업내용으로 제안한 계단물청소는 나의 과거 경험에서 출발한 것이었다. 영구임대아파트에서는 청소용역을 맡길 수도 없었기 때문에 중년남성들이 도맡아 계단 물청소를 하는 것을 모든 주민들이 고마워 했던 것이다.

다시 처음 이야기로 돌아가서, 사업실무자는 중년남성들이 참여할 수 있는 사업을 제시하면 모두 적극적으로 모일 것이라는 예상을 했지만 어쩌면 그 실무자는 중년남성들의 마음, 주민들의 필요, 서로를 바라보는 시선 등에 대한 실제 내막을 정확하게 꿰뚫어보지 못한 상태에서 막연히 좋은 사업을 하면 참여자는 저절로 모일 것이라는 낙관적 기대에 의지했던 것이다.

이제는 사업을 기획해 보려는 여러분들이 사업참여자를 끌어들일 수 있는 자신감의 근거를 물어볼 차례다.

<에피소드 2>

사업참여자를 적기에 모집하지 못해 고생했던 또 다른 사례는 40~50대 중도장애인의 자립생활을 지원하는 프로그램을 기획했던 모 복지관의 사업이다. 40~50대에 장애가 생기면 종전의 삶의 방식과 매우 다른 국면에서의 삶을 살아야 하기 때문에 이들에 대한 적절한 지원이 필요하다고 판단한 것이다. 먼저 경제적으로 장애로 인해 수입이 줄어들었다면 남은 생애동안 재정설계를 어떻게 해야 하는지 난감할 수 있고, 심리적으로도 전혀 생각지도 못한 장애를 어떻게 안고 살아가야 할지 막막할 수 있다. 또 만약 휠체어를 이용하게 된다면 집 안 구조도 문제다. 문턱이 있다면, 화장실에 접근이 어렵다면 일정 정도 개조가 불가피하게 된다. 이러한 어려움들을 경감시켜 다방면에서의 자립생활이 가능하도록 지원하는 프로그램이어서 시도해 볼 만한, 또 크게 사회복지 프로그램으로서 관심가져본 적이 별로 없다고 생각하여 사업계획서를 선정하여 지원하기로 하였다. 물론 지금으로부터 7년전의 이야기이지만.

사업담당 실무자는 복지관 홈페이지에 공고를 내고 복지관 이용자 분들로부터 Snowballing 방식으로 추천을 받기도 했다. 관내에 있는 장애관련 기관에게 협조공문도 보내놓은 상태고 소관 구청뿐만 아니라 이웃구청, 그리고 이웃 구의 각종 복지관에도 협조요청을 하였다. 그러나 현실은 참담

했다. 3월에 시작하여 5월이 되었는데도 참여자가 하나도 없다는 것이다. 자문교수를 하고 있던 나로서도 참 난감했다. 다행히 6월에 1명이 모집되었으나 이미 12월 마감을 고려하면 절반의 시간이 지나간 셈이다. 6월말부터 조바심이 난 나로서는 일단 장애가 생기면 찾아갈 법한 곳이 병원이라고 생각하여 국립재활원에 SOS를 요청하기로 하였다. 다행히 거기서 2명 추천을 받고, 또 재활병원으로 연락을 해 줘서 추가적으로 4명, 총 6명의 사업참여자를 모집할 수 있었다.

시간이 지나서 알고보니 중도장애인의 특성을 우리가 잘 몰랐던 것이었다. 장애가 발생하면 그 어려운 상황에 다른 사람의 도움, 그리고 전문가라는 사람을 만나는 것 자체가 당사자로서는 상당히 심리적으로 부담이 되고 또 자신의 장애에 대한 정체성이 흔들리는 상태에서 누구를 만나고 싶지도 않다는 것이다. 세월이 지나면 이미 경제적으로나 심리적으로, 그리고 생활면에서 다시금 어느 정도 균형상태를 찾아가고 있어서 굳이 복지관의 프로그램에 참여할 이유가 없었던 것이다. 이리저리 떼고 나니 남은 참여자 범위는 그리 넓지 않았던 것이다. 여기에는 나의 잘못도 기여했다. 초기 사업착수 전 사업계획서는 수정하여야 한다. 참여자 선정기준을 '장애가 발생한 지 2년 이내'라고 하여 스스로 참여자 범위를 좁혀 모집을 어렵게 한 것이다.

3. 사업참여자 그 너머

1) 문제의식

프로그램을 기획한다는 것은 반드시 장애인, 노인, 아동, 결혼이주여성 등 사회취약계층의 변화를 염두에 두어야하는 것일까? 일정한 시간과 인적 및 물적 자원을 쓴다는 것이 이 상황이 그대로 지속되면 안 된다는 것이지 반드시 사람의 변화를 꿈꿔야 하는 것일까?

예를 들어보자. 영국임대아파트에 거주하는 지역주민들의 네트워크를 구축하는 사업이 있다고 치자. 이러한 지역주민이 딱히 10명, 20명으로 국한될까? 아니면 10가정, 20가정으로 표현하면 보다 정확한 것인가? 마을 축제와 같이 공동의 목표와 일거리를 함께 갖추고 이루어나가는 과정에서, 먼저 온 주민들이 신규진입 주민들을 보듬고 감싸 안으면서 점차 지역주민의 관계 유대망은 넓어지고 두터워지는 건 아닐까? 그런 사업에서 사업참여자가 몇 명이라는 표현에 끼워 맞출 수 있는 것인가?

또 다른 예를 들어보자. 종합사회복지관에서 저소득계층에 대한 교육지원사업을 하고 있다고 하자. 일종의 무료 과외교사, 에둘러 이야기하면 교육봉사자를 모아서 학생들과 매칭해 준다. 교육복지투자우선사업이든, 교육지원센터 사업이건 간에 이러한 사업은 매우 보편화되어 있다. 뿐만 아니라 민간복지재단에서도 이러한 교육투자사업에는 돈을 아끼지 않는다. 그런데 살펴보면, 이러한 교육봉사자들이 투철한 사명의식을 가지고, 자신들이 잘 훈련받아서 배치되는 경우는 매우 드물다. 봉사자의 역량은 봉사자 스스로가 개발해야 하는 처지에 있다. 물론 봉사의 필요성이야 사업수행기관에서 이야기해 주겠지만, 꾸준히 지속되는 봉사라면 학생 즉, 청소년에 대한 이해도 필요하고, 가르치는 비법이나 교재에 대해서도 함께 교육봉사자들끼리 도움을 주고받을 수 있으면 좋겠다고 생각들 때도 있을 것이다. 이런 점에 착안하여 비영리기관에서 학습내용을 쉽게 이해할 수 있는 교재를 만들고, 그 단원마다 학생들이 어떠한 내용들을 어려워하고 어떻게 실수를 하는지, 또 그럴 때 어떻게 대응해야 하는지 등에 대한 내용을 담은 교육매뉴얼을 만드는 작업에 소요되는 재원을 신청하는 프로그램에서는 도대체 '사업참여자'라는 개념이 어떻게 적용될 수 있을까? 물론 이러한 매뉴얼을 만드는 것이 저소득계층에 대한 교육사업과 별개의 것이 아니라 그러한 교육복지 실천과정을 통해 도출될 수 있는 것이다. 하지만 그 때 관련되는 저소득계층의 학생들이 사업참여자라고 보기는 어렵고, 또 성과목표 설정 및 달성여부를 체크하는 대상이 될 수도 없다. 그러므로 이런 내용은 기존 배분사업 신청내용 및 체계와는 전혀 맞지 않게 된다. 만약 심사자가 전체적인 사업체계의 일관성 - 사업참여자-평가틀 간의 결절로 인해 -문제 때문에 낮은 점수를 준다면 과연 납득할 수 있을 것인가?

2) '사업참여자'라는 포맷이 어려운 사업들

이렇듯, '사업참여자'가 적용되기 어려운 구조의 사업을 기획하고자 할 때는 사업참여자를 반드시 적어야 하는 기존의 작성 포맷에 의하면 매우 혼란스럽게 되고 작성자는 자신의 사업형태가 주어진 사업계획서 틀에서 벗어나 있음을 알게 된다. 매뉴얼을 작성하여 배포하겠다는 사업에 사업참여자가 특정되기 어렵고, 다년도에 걸쳐 새로운 지표를 개발하는 사업 또한 사업참여자가 있기 어렵다. 지역주민의 네트워크를 구축하는 것이라든지 사례관리체계를 구축하는 것은 매우 어려우면서도 반드시 필요한 사업임에도 불구하고 이 사업의 성격을 감안해 볼 때 사업참여자를 설정하는 것은 억지스러워 보인다. 아래는 이와 관련된 사례를 제시한 것이다.

〈에피소드 1〉

교육지원봉사자 학생지도 매뉴얼 마련 · 보급 /
소년원 출소 이후 자립홈 거주 청소년 자립역량강화 매뉴얼 마련 · 보급

통상 교육복지관련기관에서나 종합사회복지관에서 저소득층 가정의 중고등학교 학생들에게 교육봉사자를 모집하여 이들을 연결시켜 주는 사업을 많이 한다. 또 기업복지재단에서도 유사사업에 공을 들이고 있다. 그런데 〈드림터치포올〉이라는 비영리단체에서는 교육봉사자에게 과외비 성격의 돈을 지원하지도 않으면서 우수한 교육봉사자를 모집하는 것으로 유명하다. 그것은 그만큼 교육봉사자의 성장과 발전에도 단체가 심혈을 기울이기 때문이다. 즉, 교육봉사자에게 자신의 강의패턴을 이해하고 단점을 보완할 수 있도록 워크숍을 개최하고, 개개 교육봉사자의 애로를 해소하기 위해 각별하게 상담해 나가고, 청소년에 대한 이해를 통해 단순히 영어나 수학의 지식을 전달하는 것이 아니라 청소년에 대한 멘토 역할을 할 수 있도록 다양한 지원을 아끼지 않는다. 그렇게 교육봉사자가 든든하게 무장해야 그것을 기반으로 저소득층 자녀에게 좋은 가르침을 줄 수 있다고 믿기 때문이다.

이 기관에서 나에게 자문을 요청해 왔다. 여러 복지관과 교육복지관련기관에서 자기 단체에게 문의가 온다는 것이다. 어떻게 하면 좋은 교육봉사자를 모집할 수 있냐고, 또 〈드림터치포올〉이 하고 있는 교육봉사자에 대한 교육내용이 있으면 자기들에게 주면 자기들이 모은 교육봉사자에게 줘서 도움이 되게 하고 싶다고. 하지만 〈드림터치포올〉에서는 교육교재를 단일화하여 전달해 줄 수 있는 내용이 없었던 것이다.

그러던 차에 내가 여기저기에서 매뉴얼 정리와 관련된 강의를 하는 것을 들었다는 것이다. '이렇게 저렇게 해야 한다' 라는 내용뿐만 아니라 '이렇게 해서 이렇게 실패했다', '저렇게 했더니 이런 부작용이 나타났다' 는 이야기도 함께 실어야 참고할 수 있는 내용이 보다 풍성하게 독자들

에게 다가올 것이라는 것. 그런데 그렇게 하자니 이때까지의 경험을 총망라해서 집대성해야 하는데 그 과정이 간단하지 않고 비용 또한 많이 들어서 이번에 자금제공자(Doner) 측이 제시하는 공모사업에 사업을 기획해 보겠다는 것이었다.

하지만 이어진 난감한 질문은 "그렇게 되면 사업참여자가 누가 되나?"는 것이었다. 사실 그러한 매뉴얼을 만드는 작업에서는 사업참여자를 설정하기가 어렵다. 물론 매뉴얼을 만들면서 계속 적용해보고 수정보완해 나가는 작업과정에서 참여하게 되는 청소년, 그리고 교육봉사자가 있겠지만 이 사업은 '청소년이나 교육봉사자의 변화 그 자체를 기획하는 것은 아니'라는 것이다. 그렇기 때문에 성과목표 또한 청소년이나 교육봉사자의 변화로 제시할 수 없는 사업인 것이다.

이후 나는 진지하게 고민할 수밖에 없었다. '사업참여자가 사업을 기획할 때마다 반드시 있어야 하는가?'

이와 비슷하게 〈세상을 품은 아이들〉이라는 청소년지원단체가 있다. 부천에서 활동하는데 소년원 출소 이후 다시 가정으로 돌아가기 힘든 청소년들이 함께 공동체 생활을 하면서 자립할 수 있도록, 다시금 재범의 길로 접어들지 않도록 지원하는 기관이다. 이들 또한 자신들의 사업모형에 공감하는 많은 청소년단체들이 어떻게 그런 사업을 수행해야 하는지에 대한 노하우를 알려달라고 하는 요청이 많아 청소년 자립역량강화 매뉴얼을 만드는 작업에 착수하게 되었다. 여기에서도 마찬가지로 다양한 사례와, 최근 변화하는 법규 추세를 반영하면서, 경험에서 우러나오는 지혜가 자칫 편협하고 편파적인 내용으로 구성되지 않도록 기울여야 하는 노력이 상당해서 여러 복지재단으로부터 재정지원을 받고자 하지만 정작 사업계획서를 쓸 때에는 위와 같은 어려움에 봉착하지 않을 수 없다는 것이다.

〈에피소드 2〉

지역주민의 자주적 참여 활성화 도모 프로그램 / 효율적 사례관리 시스템 구축

지역축제 등을 통해 지역주민들이 이런 저런 행사와 모임에 스스로 적극적으로 참여하고 자신들이 가진 어려움들을 자주적으로 해결해 갈 수 있는 능력을 도모하기 위해 다양한 프로그램을 기획하는 경우도 딱히 사업참여자를 확정하기 어려운 경우다. 장애인, 어르신, 아동, 다문화가정 등 특정한 대상이 아니라 전체 지역주민의 참여를 전제로 한다면 되도록 많은 주민이, 그리고 가급적 많은 문제해결 경험을 갖도록 하는 프로그램인 경우 이에 참여하는 주민도 다양할뿐만 아니라 그 숫자도 10명, 20명의 수준을 넘어선다.

또 다른 예로서는 각 복지관에서 사례관리사업을 하고 있는데 최근 서울시에서 추진하는 찾동사업에서 복지관이 어떻게 사례관리사업을 수행해야 하는지에 대한 모델을 나름대로 정립해 보고 싶다고 한다면? 그러한 사례관리체계를 구축하기 위해서는 사업추진 과정에서의 각종 시행착오와 효과적인 사례개입방법, 그리고 각 관련 주체들간의 역할과 책임을 명확하게 할 필요가 있다. 또 그

사업내용을 어떻게 기록하고 공유할 것인지에 대한 내용 또한 중요한데 그러한 내용을 도출하는데 기여한 사람이 사업참여자인 것은 아니다. 여러 이해관계자가 조력하여 무생물이라고 볼 수 있는 '사례관리체계를 구축' 하는 것이 성과목표로 제시될 수 있다.

3) 대안이 뭘까?

(1) 사람이 변화하는 사업이라는 암묵적 합의에 대한 도전

흔히 프로그램이라는 것은 일정한 인적·재정적 자원을 투입하여 시간흐름 속에서 사업에 참여하는 사람들의 변화를 이끌어내는 것으로 이해한다. 이는 지난 20여 년간 지탱해 온 공동모금회 양식에서도 적나라하게 나타난다. '1인당 서비스 단가'라는 것이 그 예에 해당한다. 총 예산에 대해 「사업대상」의 수를 나눈 개념이다. 즉, 전체 예산이 몇 명의 변화를 기획하고 있으며 그들 개개인에게 쓰인 돈의 규모가 평균적으로 얼마인지를 살펴보는 것이다. 이는 전형적으로 사람을 변화시키는 사업으로서의 프로그램이어야 함을 암묵적으로 제시하고 있다. 만일 위에서 제시한 바와 같이 사업 참여자로 딱히 내세우기 힘든 사업의 경우에는 이러한 기술영역에서는 억지로라도 적어낼 수밖에 없었다. 매뉴얼을 만드는 작업에서는 매뉴얼을 만드는데 모의 적용해 보는 사람들의 수를 적어내는 것이다. 그래서 그러한 사람들에게 일정한 세부프로그램을 적용하면서 종국적으로 매뉴얼을 만들었다고 하는 것이다. 하지만 이 경우에도 이러한 억지스러운 사업참여자 기술은 이후 성과목표 달성여부를 점검할 때 문제가 생긴다. 정작 이 프로그램에서의 성과는 좋은 정보를 담고 있는 매뉴얼이 만들어지는지가 핵심인데, 당사자의 의미있는 변화를 성과라고 보면 성과달성여부 점검대상과 실제 성과는 달라지는 기괴함이 연출될 수밖에 없다. 그러므로 이제는 프로그램을 시행한다는 것이 사람이 변화하는 사업이라는 것을 의미한다는 사고의 패러다임을 타파할 필요가 있다고 본다.

(2) 사업참여자 기술 방식 변화

현재 공동모금회 사업계획서 신청양식에서는 핵심참여자와 주변참여자를 구분하고 있는데 대안으로 제시될 수 있는 방안은 핵심참여자를 반드시 기재하지 않고 주변참여자만 기재하도록 하는 것이다. 주변참여자란 앞서 설명한 바대로 성과달성에 기여하는 사람을 말한다. 그러므로 매뉴얼 작성이 성과라면 그 성과가 잘 달성될 수 있도록 조력하는 사람은 사업참여자이되, 핵심참여자는 아닌 것이다. 매뉴얼이 현장의 목소리를 잘 반영하고, 현장의 생리를 충분히 고려한 내용이 되려면 현장에서 적용되는 많은 세부과정들을 거치게 될텐데 그 과정에서 실제 그 매뉴얼을 적용받는 당사자, 그리고 그 매뉴얼을 작성하는데 기여하는 사람들이 주변참여자로 기술될 필요가 있다는 것이다. 이런 대안은 지표개발사업이나 지역주민 네트워크 구축사업에서도 동일한 원리로 적용할 수 있을 것으로 본다.

4. 기존 판 바꾸기

1) 문제의식

사업대상자를 사업참여자로 그 패러다임을 바꾸는 것은 종전에 문제의식없이 써왔던 관행을 바꾸는 획기적 사건이자, 실천현장에서의 서비스 제공과정에 대한 비판적 재검토에 기초한 것이라고 볼 수 있다. 아울러 위에서 제시한 대안은 앞으로의 사업계획서 양식을 둘러싼 담론논의과정에서 매우 중요하게 다루어질 필요가 있다.

그런에 여기에 그치지 않고 조금 더 깊이 생각해보면 여전히 "내가 판을 벌릴 테니 너는 참여하는 게 어떻겠니?"라는 사업기획자 중심적 관점에 기초해 있다는 것을 알 수 있다. 즉, 내가 아젠다를 세팅하고 구성하여 준비하는 주체인 반면, 사업참여자는 그 판에 참여하는 정도이지, 그 판을 세팅하는 주체로 등장할 여지를 제공하지는 않는다. 나아가 프로그램의 기획도, 그 프로그램 집행에 대한 평가도 모두 비영리단체의 직원 몫이다.

2) 대안모색

프로그램을 기획할 때 비영리단체의 직원이라 하더라도 그 프로그램이 필요한지, 필요하다면 어떤 방향으로 기획되어야 하는지를 구상함에 있어 사업참여자의 의견을 구하고 이를 반영해야 한다. 그런 의미에서 기획과정에서 어느 정도 사업참여자의 의견이 반영될 수 있는 여지는 있지만, 여전히 프로그램 기획과 평가 전반의 헤게모니는 직원에게 있다.

이를 해소하기 위해서는 지역복지사업의 경우 다음과 같은 방법을 고려해 볼 필요가 있다.

첫째, 어떤 프로그램을 기획할지를 사업담당자가 직원회의를 통해 최종결정하지 않고 해당 기관 내의 사업파트별로 관련 주민들과의 간담회를 통해 욕구를 확인하고 주민들이 주체가 되어서 사업의 갈래와 대강의 내용 및 방향을 설정하도록 권한을 부여하는 것이다. 그렇게 제안된 내용에 기초하여 사업담당자가 이를 프로그램화시키는 작업을 수행하고 최종적으로 사업계획안 수준으로 발전시켜 완성하는 것이다. 이 방법을 특징은 주민들이 이니셔티브를 쥐고 자신들에게 필요한 사업이 무엇인지를 고민하게 하고, 이를 직원이 적극 반영하도록 노력한다는 점에서 기존 방식에 비해 차별성을 갖는다.

둘째, 아젠다 설정단계에서 주민들이 아이디어를 구체화해서 이를 단체나 기관에게 제안한다기 보다는 주민-직원협의체에서 공동으로 브레인스토밍을 하여 사업 주제를 함께 다듬어 나가는 방식이다. 이는 전자의 방식이 주민의 제안단계에서의 아이디어로서는 이를 프로그램화 하기에 필요한 질적 전환을 이루기 어려운 경우에 이러한 어려움을 해소하고자 함께 논의하는 방안을 모색해 보는 것이다. 그러나 이 방식은 함께 논의하는 과정에서 주민들이 직원들에게 의존하거나, 직원들이 주도할 경우 주민이 가져야 할 주도성, 헤게모니가 사라질 수 있다는 단점이 있다. 이 방식은 직원들이 회의를 진행하면서 주민들의 아이디어를 구체화하도록 조력하거나, 제안된 내용이 프로그램으로 전환되는 것이 가능한지에 대한 판단을 통해 즉각 대안적 아이디어로 옮겨가도록 해서 낭비를 최소화하도록 하는데 그 목적이 있으므로 정보와 경험이 많다는 이유로 주민들의 아이디어 제출에 앞서 의견을 제시하지 않도록 조심해야 한다.

셋째, 직원들이 사업의 아이디어를 내되, 주민들이 이를 수정·보완하는 방식이다. 주민들이 수정보완하면 부차적 역할, 사후적 역할에 그치는 것이 아니냐는 비판이 있을 수 있지만 수정보완단계에서는 얼마든지 직원들의 아이디어가 전면 개편될 수 있음을 허용해야 한다. 즉, 주민들은 직원들의 아이디어에 매몰되지 않으면서도 추진사업 아이디어 발상에 직원들이 촉매제 역할을 해주기 때문에 그러한 아이디어와 주민들의 경험이 어우러져 또 다른 발전적 대안을 모색하도록 해야 할 것이다.

제6장

어떻게 변화시키고자 하는가?
– 사업내용과 네트워크 구축 –

사업참여자의 현재 상태(As Is)에서 지향하고자 하는 단계나 수준(To Be)으로의 변화를 이끌어내기 위해 무엇을 해야 할 것인지를 결정하는 것은 프로그램 기획에서 제일 중요한 핵심이라고 볼 수 있다. 그런 의미에서 공동모금회 배분신청서 양식에서 제일 먼저 요구하게 된 것이 제목 그 다음으로 사업내용과 네트워크 구축이다. 거두절미하고 실무자가 '무엇을 하고 싶은지'를 자신있게 적어보라는 것이며, 심사 또한 여기에 제일 큰 방점을 두겠다는 뜻이다.

본 장에서는 이러한 사업내용을 기술함에 있어 과거 이를 요약정리하도록 요구하는 표 작성에 치중했다면 이제는 자유롭게 사업내용을 기술하도록 하는 방식으로 전환했음을 보여주고 있다. 아울러 네트워크 구축이라는 것이 단순히 협업을 가져가는 여러 기관을 나열하는 것이 아니라 사업의 진행과정에서 사업수행기관과 네트워크기관간의 구체적인 역할과 일하는 방식을 획정하는 것임을 강조하고 있다.

1. 어떤 세부사업들을 펼쳐나갈 것인가?

1) 사업내용의 성격

'나는 어떤 내용의 사업을 수행함으로써 의도하는 변화가 일어나도록 할 것인가'라는 고민에 아무리 충분히 시간을 할애해도 아깝지 않다. 사업계획 작성에서 가장 중요한 비중을 차지하는 핵심이기 때문이다. 실무자가 목도한 이 현실에 변화를 가져오고 싶다는 강렬한 열망이 구체적인 결과로 나타나게 하기 위해서는 내가 어떤 컨텐츠로 어떻게 개입해야 할 것인지를 구상하고 결정해야 한다.

하지만 내가 왜 이 사업을 기획하는지에 대해 명확하게 대답할 수 있다면 내가 무엇을 해야 하는지는 연역적으로 자연스럽게 도출된다. 여기서 한 걸음 더 나아가 '무엇을 변화시킬 것인지'에 대해 명확히 한 후 해야 하는 작업은 '어떻게 현 상태(As-Is)를 목표 지점(To-Be)으로 변화시킬 것인가'에 대한 고민이다. 물론 그 고민은 프로그램 기획단계에서 자연발생적으로 함께 고민되어지지 않을 수 없다. 다만, 이 단계에서는 보다 정교하고 체계적으로 사업을 수행하기 위해서 각종 세부사업의 얼개를 구상하기 위해 고민의 깊이를 더하게 된다.

이와 함께 고민해야 하는 것이 네트워크를 어떻게 구축하는지에 대한 것이다. 즉, 사업내용이라는 것이 내가 지향하는 바를 이루기 위한 구체적인 컨텐츠가 무엇인지에 대한 것이라면 그러한 컨텐츠를 구현해 내는 중요한 방법 중 하나는 네트워크 구축이다. 설사 기획하는 사업의 종국적인 목적이 네트워크 구축이 아니라 할지라도 '독불장군은 없다'라는 관점에서 보면 고안한 사업을 자기 기관만의 힘으로 수행하기 보다는 사업 수행에 도움을 얻어야 할 기관들과 연대하여 사업을 어떻게 수행해 나갈 것인지에 대한 고민이 수반될 필요가 있다.

2) 실제 사업내용

실제 사업내용은 각 프로그램의 종류만큼 다양하다. 그렇기 때문에 '이렇게 기획된 내용의 사업이 좋다, 훌륭하다'라고 이야기할 수 있는 객관적 근거는 없다. 그러므로 비슷할 수는 있어도 동일한 내용의 프로그램이 기획되는 것은 거의 불가능하다. 그러나 그 사업의 구체적인 내용이 무엇이든지간에 매력적일 필요가 있다. 문제는 그 매력의 수준을 판단하는 주체는 사업신청기관이 아니라 자금제공기관이라는 점이다.

돈을 주는 입장에서는 제공되는 사업자금을 통해 소정의 성과가 나기를 기대한다. 그러한 기대는 사업참여자의 실질적인 변화, 비영리기관의 역량강화 등 복지재단의 설립목적, 사업방향에서 연유된다. 나아가 그러한 자금제공기관은 또 그들에게 자금을 제공하는 원천에 대해 책임을 져야 한다. 즉, 공동모금회는 기부한 일반국민과 기업에 대해서, 기업복지재단은 출연한 기업에 대해서, 종교복지재단은 여기에 기부한 신도들에게 자신이 사용한 재원이 의미있는 결과로 전환되었음을 보여주기를 기대받고 있다. 그러므로 매력적인 사업내용을 구상하고 이를 표현하는 것은 매우 중요하며 여러 관련되는 기관들이 관심가질 수밖에 없는 핵심포인트라고 할 수 있다.

최근 공동모금회나 민간복지재단에서는 구상한 사업내용을 자유롭게 표현하도록 허용하는 추세로 변하고 있다. 과거에는 일목요연하게 작성하도록 한다는 취지로 도표를 제시하고 이의 빈칸을 채워넣는 것으로 사업내용의 얼개를 이해했다. 사업내용을 체계적으로 갖추는데 있어 사용어휘나 표현을 매우 절제하도록 요구함으로써 한눈에 사업내용을 파악하게 하는 장점에 주목했기 때문이다. 그러나 이는 '프로크메테우스의 침대'와 같이 사업담당자가 표 안에 자기 생각을 맞출 수밖에 없고 그렇게 하다보면 창의력이 표 안의 공간 범위 내로 제한될 수밖에 없는 한계를 지닌다. 그렇기 때문에 최근에는 창의력에 보다 방점을 두어 도표를 삭제하는 대신 구상한 사업을 그 내용과 성격에 맞게 표현하도록 독려하고 있다.

2. 사업내용에 대한 다양한 기술방식

1) 종전의 공동모금회 양식

2017년까지의 공동모금회 사업내용 작성양식은 아래 표와 같다. 사업내용이라 할 수 있는 활동(수행방법)이 어떤 성과목표를 위해서 작동하며 그것의 시행시기, 소요되는 인력, 참여인원과 몇 회를 수행하는지를 적도록 되어 있다.

표 5 2017년 이전 공동모금회 사업내용 작성양식

성과목표	프로그램명	활동 (수행방법)	시행 시기	수행 인력	참여 인원	시행 횟수 시간
1	A	a1 a2 a3 a4				
	B	b1 b2 b3				
2	C	c1 c2 c3				
	D	d1 d2 d3 d4				

여기에는 크게 세 가지 문제가 내재되어 있다.

첫째, 특정 세부프로그램은 몇 가지 활동(수행방법)으로 구성되는데 이것이 지향하는 성과목표가 직선적으로 연결되어 있다. 하지만 반드시 그러라는 법은 없다. 예를 들면, A라는 프로그램이 성과목표1에 연결되지만 성과목표2에도 직간접적으로 영향을 미칠 수 있다면 이 표는 논리성을 갖지 못한다.

둘째, 특정한 프로그램에 따른 활동(수행방법)내용을 적다보면 시행시기나 시행횟수와 시간을 적지 않을 수 없다. 그렇다면 오른쪽 4칸의 공간이 활동(수행방법)을 풍성하게 적는 것을 방해한다. 이중으로 적어야 할 때도 있다. 대부분 활동(수행방법)의 내용이 많아 길게 늘어지는 경우가 많아 공간의 효율적 사용 측면에서도 권장할 방법이 못된다.

셋째, 표는 사업을 창의적으로 구상하고 이를 표현하는데 걸림돌이 될 수 있다. 사업내용을 가장 호소력있게 가장 정확하게 표현하는 방법은 얼마든지 많다. 그림을 그려도 되고, 표로 제시해도 된다. 어차피 특정한 활동(수행방법)이 꼭 어떤 한가지의 성과목표를 위해 작동하는 것이 아니라는 것을 받아들인다면 이 표를 쓸 의의는 더욱 더 줄어들게 된다.

2) 삼성 「작은 나눔 큰사랑」

삼성 작은나눔 큰사랑의 기획매뉴얼에 따른 세부프로그램 구조도는 이러한 문제의식에 기반하여 보다 창의적으로 기술하도록 한 것으로 평가된다.

이 세부프로그램 구조도는 프로그램이 특정한 성과목표 1개를 위해서만 작동한다는 선형적 사고방식이 갖는 경직성을 깼다는 측면에서는 매우 바람직하다. 아울러 그러한 세부활동을 하는데 어떤 전문성이 필요하며 어떤 외부적 지원이 필요한지를 프로그램 기획자가 작성과정에서 스스로 고민해 볼 수 있는 기회를 가진다는 측면에서도 매우 긍정적이다.

하지만 관련있을 법한 상호관련성을 모두 표현하면 너무 복잡하여 직관력이 떨어지고 이렇게 변화되더라도 세부활동을 적을 수 있는 공간은 절대적으로 부족하여 창의적인 사업내용을 표현하는 데는 여전히 한계를 지닌다고 볼 수 있다.

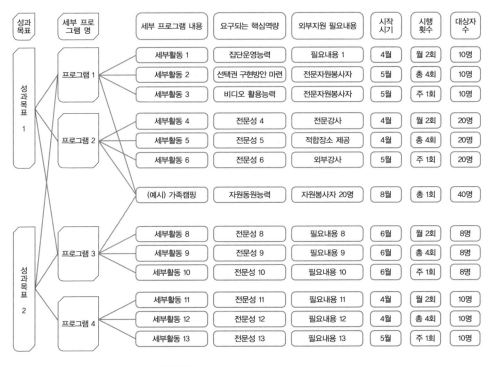

성과 목표	세부 프로 그램 명	세부 프로그램 내용	요구되는 핵심역량	외부지원 필요내용	시작 시기	시행 횟수	대상자 수
성과목표 1	프로그램 1	세부활동 1	집단운영능력	필요내용 1	4월	월 2회	10명
		세부활동 2	선택권 구현방안 마련	전문자원봉사자	5월	총 4회	10명
		세부활동 3	비디오 활용능력	전문자원봉사자	5월	주 1회	10명
	프로그램 2	세부활동 4	전문성 4	전문강사	4월	월 2회	20명
		세부활동 5	전문성 5	적합장소 제공	4월	총 4회	20명
		세부활동 6	전문성 6	외부강사	5월	주 1회	20명
		(예시) 가족캠핑	자원동원능력	자원봉사자 20명	8월	총 1회	40명
성과목표 2	프로그램 3	세부활동 8	전문성 8	필요내용 8	6월	월 2회	8명
		세부활동 9	전문성 9	필요내용 9	6월	총 4회	8명
		세부활동 10	전문성 10	필요내용 10	6월	주 1회	8명
	프로그램 4	세부활동 11	전문성 11	필요내용 11	4월	월 2회	10명
		세부활동 12	전문성 12	필요내용 12	4월	총 4회	10명
		세부활동 13	전문성 13	필요내용 13	5월	주 1회	10명

그림 5 세부 프로그램 구조도[14]

3) 사단법인 아쇼카 한국(Ashoka Korea)

사단법인 아쇼카한국에서는 미국본사에서 쓰는 양식을 그대로 번역하여 사용하는데 아래 표와 같이 서술형 질문만 존재하고 어떠한 양식도 주어지지 않는다.

---

14) 그림 내의 선은 성과목표가 배타적으로 소관 프로그램에만 적용되는 것이 아니고 다른 성과목표를 달성하는데 주력하는 프로그램과도 연결될 수 있음을 보여주기 위해서 작성된 것이다.

표 6 아쇼카 펠로쉽 지원서15)

문제 의식	• 후보자님께서 해결하고자 하시는 사회 문제는 무엇입니까? 이 문제는 어느 정도로 심각합니까? • 이 문제는 왜 발생하며, 왜 해결되지 않고 지속되고 있습니까? 2~3가지 핵심 요소를 언급해주십시오. • 이 문제를 해결하기 위해 한국에서는 (후보자님 이외에) 그 동안 어떤 노력들이 있었습니까? 후보자님께서 보시기에 그러한 접근 방식들이 가지는 강점과 약점은 무엇입니까?
아이디어	• 앞서 서술한 문제를 해결하기 위한 후보자님의 새로운 아이디어나 접근방식은 무엇입니까? • 후보자님께서 제시하시는 해결책의 가장 혁신적인 측면은 무엇입니까?
전략	• 후보자님께서 궁극적으로 변화시키고자 하시는 목표 대상은 무엇이며, 그 규모는 어느 정도입니까? (예: 지역 사회, 특정업계 종사자 등) 그러한 변화를 만들어내기 위한 후보자님의 구체적인 전략은 무엇입니까?) • 향후 1년차 목표, 3년차 목표, 5년차 목표는 무엇입니까? • 후보자님께서는 위의 목표를 이루기 위해 어떤 기관ㆍ개인과 협력하고 계십니까? 어떤 방법으로 보다 많은 사람들이 사회문제의 해결에 참여하는 체인지메이커가 되도록 이끄셨습니까? 후보자님의 성공을 방해하는 가장 큰 장애물은 무엇입니까? 어떻게 그 장애물을 극복하실 계획이십니까?
임팩트	• 후보자님의 아이디어가 전 사회적으로 확산되고 관련 분야 전체의 패턴을 바꾸는데 성공한다면, 한국 사회는 구체적으로 어떻게 달라지겠습니까? 만약 국제적인 변화를 추구하고 계시다면, 다른 나라의 모습이 어떻게 달라질 지도 서술하여 주십시오. 후보자님께서 그러한 변화를 달성할 때까지 어느 정도 시간이 걸릴 것이라고 예상하십니까? 후보자님의 성과와 임팩트를 파악하기 위해 어떠한 양적ㆍ질적 지표들을 사용하고 계십니까? • 현재까지 후보자님의 혁신은 어떠한 변화와 사회적 임팩트들을 낳았습니까?
필요자원	• 올해 후보자님 단체의 예산은 얼마입니까? 지난 몇 년간 예산 규모가 어떻게 변화해왔습니까? • 어떤 식으로 필요한 재정을 마련하고 계십니까? 향후 후보자님의 아이디어와 조직의 성장에 필요한 재정 자원을 어떻게 마련하실 계획이십니까? • 후보자님의 비전을 이루기 위해 필요한 비재무적 자원에는 어떤 것들이 있습니까? 이를 어떻게 마련실 계획이십니까? • 아쇼카는 영리기업을 운영하는 펠로우 후보의 경우 그 목적과 동기가 이윤 창출이 아닌 사회 문제의 해결임을 분명히 하기 위한 여러 절차를 가지고 있습니다. 예를 들어, 영리 기업을 운영하는 펠로우는 향후 10년 간 적절한 보수를 제외한 수익금 전액을 사회적 임팩트의 확대에 재투자 하도록 권유합니다.

자료 : www.koreaashoka.org

---

15) 지원서 전체 내용 중 개인 관련 정보를 제외하고 재구성

물론 동 재단에서는 기관에 대한 지원이 아니라 한 인물에 대한 지원이라는 점에서 차이가 있지만 그것이 양식의 차이를 가져오는 것은 아니라는 점, 그리고 많은 외국의 경우를 살펴보면 대부분 특정한 양식보다는 핵심적인 질문을 던지고 이에 대해 답하게 함으로써 관련 정보를 수집하려는 경향이라는 점이 돋보이며 차별성으로 간주된다.

4) 공동모금회

공동모금회는 2018년 수행사업에 대한 배분신청 사업계획서부터 아래의 양식으로 바꾸었다. 이는 사업내용을 제한된 공간안에 적도록 하는 것이 기술자의 자유로운 내용구성에 방해가 되어 오히려 창의력을 발휘하는데 제약을 가져온다는 문제의식에서 였다.

사업 내용 및 사업 집행 전략

• 아래 내용을 모두 포괄하되, 자유롭게 (질문순서에 상관없이) 표현해 주시기 바랍니다.

  – 전체 사업을 몇 개의 세부 사업으로 분류한다면 어떻게 구성될 수 있습니까?
  – 사업을 어떻게 추진할 것인지에 대하여 세부 사업별 시행방법, 시행 시기 및 횟수, 사업 진행 일정 등 구체적인 정보를 담아서 기술해 주시기 바랍니다.

---

5) 아산나눔재단

공동모금회와 비슷한 맥락으로 사업내용을 기술함에 있어서 사업담당자의 창의력을 중시하는 민간복지재단으로서는 아산나눔재단을 들 수 있다. 아산사회복지재단에 비해 상대적으로 젊은 조직인 아산나눔재단에서는 타 복지재단의 사업형태를 벤치마킹하기 보다는 벤처기부(Venture Philanthropy)라는 새로운 접근방식에 기초하여 사업 틀을 제시하고 있다(상세내용 13장 참조). 이 재단의 사업신청서 중 사업내용을 적는 것은 목차만 있고 아무런 틀이 없다. 물론 공동모금회도 적어야 할 대강의 내용에 대해 안내를 해 준 것에 불과하고, 그 서술에서는 제한이 없다는 점에서 지향방향이 아산나눔재단과 유사하다고 볼 수 있다.

6) 소결

사업내용을 어떻게 적을 지와 관련하여 각 사업내용이 갖는 고유한 정체성과 이의 서술방식을 어떻게 해야 한다고 교과서적으로 이야기하는데는 한계가 있다. 오히려 사업내용을 독자들에게, 심사자에게 효과적으로 설득력있게 전달할 수 있는 방법은 사업계획서의 종류만큼 다양할 수 있다. 그런 의미에서 최근에는 사업내용을 주어진 틀에 맞게 잘 표현하라고 요구하기 보다는 다양한 방법을 빌어 마음껏 그 내용을 표현해 보라고 요구하는 쪽으로 변화하고 있는 추세이다.

또 프로그램을 기획하다 보면 담아내야 할 내용들을 모두 사업신청기관이 소화하기 어려울 때는 연계·협력해야 할 기관들과의 네트워크를 구축하는 것이 매우 중요한데 아래에서는 과거 네트워크 구축이라고 하면서도 형식에 머물러 있었던 관행을 비판하면서 새로운 네트워크 표현방법을 제시하고 있다.

3. 사업추진 네트워크

1) 연계 · 협력의 필요성

사업을 수행함에 있어 극히 예외적인 경우를 제외하고는 지역사회 내 유관기관들과 연계 · 협력을 하는 것이 필요하다. 종합사회복지관에서 재가장애인에게 영양교육사업을 한다고 하면서도 장애인거주시설 내 영양사 또는 보건소 영영사와 아무런 연계 협력 없이 대학의 전문성만 빌어서 사업을 수행한다는 것은 한계를 지닐 수밖에 없다.

대학교의 관련 학과가 기여할 수 있는 방법도 크지만 기관들간의 파트너십 정신은 결코 간과되어서는 안 된다. 특히 사업의 아이디어는 좋은데 사업수행기관이 보유하고 있는 전문성이 부족한 경우에는 함께 사업을 수행하는 방식을 강구하는 것이 필요하다.

어떤 성격의 네트워크를 구축하는 것이 필요한지는 해당 사업의 성격과 내용에 따라 달라진다. 하지만 자신이 구축하고 싶은 네트워크가 어떤 성격을 가져야 하는지에 대해 고민할 때에 아래의 질문을 스스로 던져봄으로써 아이디어를 구체화할 수 있다.

표 7 네트워크 구축에의 점검 질문

고민해야 할 질문들	판단
o 이 사업에 도움이 될 수 있는 기관의 후보리스트는? – 그 중에서 집중적으로 도움을 받을 수 있는 곳은?	
o 그 기관은 우리 기관을 위하여 어떤 역할을 해야 하는가? – 그 역할을 하는 과정에서 우리 기관은 어떤 역할을 수행해야 하는가?	
o 밀착된 네트워크가 나을까, 느슨한 네트워크가 나을까?	
o 네트워크 기관이 원하는 것은 무엇일까? – 우리는 그것을 어떻게 충족시켜 줄 수 있을까?	

2) 연계 · 협력방안 제시방법

유관기관과 네트워크를 구축하는 것은 단지 사업수행기관과 그림에서 선을 긋는 것으로, 협약식을 체결하는 것으로 충분한 것은 아니다. 이제까지의 관행을 담은 아래 표 내용을 살펴보면 연계 · 협력하겠다는 기관이 어디인지는 알겠지만 그들 기관과 왜 연계협력을 해야 하며, 어떤 역할분담체계로 협력을 하겠다는 것인지 알기가 어렵다. 이렇듯 구체적이지 않은 네트워크 구축은 실제 필요한 그 단계에서 생각지도 못한 다양한 어려움에 직면하거나 양해각서(MOU)만 체결하고 아무런 진전이 없어 신청단계에서의 강한 의지가 사업실행단계에서 모두 무너지고 마는 경우가 적지 않다.

표 8 구체성이 떨어지는 네트워크 구축표현

연번	자원명	내용
1	행복구정신건강증진센터	이용자 의뢰 및 심리상담, 정신건강 관련 네트워크 구성을 통한 통합적 사례관리 서비스 제공
2	행복구청 복지정책과 희망복지팀	
3	각 동 주민센터 통합복지팀	
4	서울심리지원북부센터	
5	헬로스마일 행복구성인심리상담센터	

그러므로 네트워크를 구축하는 것의 의미가 보다 구체적으로 제시되고 사업신청기관으로 하여금 관련 내용을 작성하도록, 또 작성과정에서 충분히 고민하도록 유도하는 것이 필요하다. 이런 관점에서 볼 때 네트워크가 구축되었다는 것은 사업을 수행함에 있어서 내가 할 일이 무엇이고, 협력기관이 해야 할 일이 무엇인지, 그러한 순환적 관계를 어떻게 이루어나갈 것인지를 명확하게 보여주는 것을 의미한다고 볼 수 있다. 네트워크 구축과 관련된 예시는 아래 표와 같다.

표 9 상호 역할 구분이 명확한 네트워크 구축 표현

사업내용	사업수행기관	협력기관 (예: 장애인거주시설)	비 고
재가장애인에 대한 영양교육사업	협약서 체결	협약서 체결	상호공통
	대상자 발굴 협조요청		
		대상자 발굴 · 의뢰	
		대상자에 대한 정보제공	지속적
	의뢰된 대상자에게 서비스제공		
	자문요청	사업수행에의 자문	순차적
	중간모니터링	중간모니터링 공동수행	동시간 진행

사업내용	사업수행기관	협력기관 (예: 장애인거주시설)	비 고
손자녀 양육 조부모 양육기술향상	협약서 체결	협약서 체결	상호공통
	사업 취지 및 내용 설명	사업 취지 및 내용 이해	이해증진 도모
	K 세부프로그램 공동진행(主)	K 세부프로그램 공동진행(補助)	
경증 조현병환자 지역사회 지원망 구축	협약서 체결	협약서 체결	상호공통
		자체 프로그램 종결자 의뢰	이해증진 도모
	프로그램 참여자로 편성		
		대상자 정보 계속 제공	
	프로그램 진행 및 협력기관 의뢰필요자 재의뢰		상태악화
		전체 서비스 이력확인 및 재개입	
	잔여자에 대한 프로그램 계속		

제7장

어디에 초점을 맞추고 어디까지 변화시킬 것인가?

　본 장에서는 흔히 산출목표와 성과목표로 나누어 설정하는데 있어 이 둘의 의미와 정체성은 무엇인지, 사회복지 실천현장에서는 어떻게 이들이 혼용되어 사용되고 있는지를 보여주고 있다. 특히 성과목표를 설정하는데 고려해야 할 요소들을 설명하고 성과목표로 제시될 수 있는 다양한 차원들을 보여주고 있다. 덧붙여 양적으로만 표현된 성과목표만 인정하려는 추세는 변화될 필요가 있고 이는 평가설계와 맞물려 있음을 알려주고 있다.

1. 목표설정의 맥락

이제까지 우리가 살펴본 것은 내가 왜 이 프로그램을 기획해야 하는지, 그렇게 나의 생각을 이끌어가는 문제의식에 기초해서 사업참여자를 결정하고 변화를 지향하는 어떤 내용의 사업을 추진해야 하는지에 대한 것이었다. 결국 프로그램을 기획한다는 것은 어떤 내용 및 방법적 틀을 사용하여 기획자의 의도를 실현시키겠다는 것을 의미한다. 즉, 프로그램을 기획한다는 것 자체가 지향점, 목표 등의 개념을 내포하고 있는 것이다.

〈에피소드 1〉

예를 들어, 중학생이 자신이 거주하는 인근지역에 주차되어 있는 자전거를 아무런 거리낌없이 타고 다니다가 아무 곳에나 버리고 가는 행태가 만연한데도 불구하고 그 어떤 기관에서도 이에 대한 문제의식을 가지고 있지 않고 대책도 세우지 않고 있는데 A복지관에서 이러한 청소년의 마비된 양심에 경종을 울리고 자전거 무단사용이 일어나지 않도록 하려는 프로그램을 기획하기로 결심했다면 이미 무엇을 바꾸어야 하는지가 결정되어 있다. 즉, 자전거 도난사건이 적어지는 것이다. 중학생에 의한 자전거 무단사용 건수가 줄어드는 것을 목표로 하는 것이다.

물론 사업구상 단계에서 생각되어진 문제의식에 따라 목표가 어느 정도 설정될 수 있다 하더라도 위에서 보는 바와 같이 어떤 것을 목표로 내세워야 하는지가 획일적으로 결정되는 것은 아니다. 그렇기 때문에 별도로 목표설정에 대한 고민이 필요하다. 아래에서는 이러한 목표설정을 어떻게 할 것인지 안내해 준다.

2. 목표란?

목표는 흔히 "사업수행을 통해 달성하거나 변화시키고자 하는 바를 어느 정도까지 달성 또는 변화시킬 것인지를 적시한 것"을 의미한다. 아동의 도벽을 감소시킨다거나, 사업참여자의 자아존중감을 향상시킨다든가, 청소년의 진로성숙도를 제고시킨다는 등의 이야기를 말한다. 목표라는 말이 갖는 뉘앙스는 대부분 사업참여자의 종국적인 변화를 이야기한다. "학교 밖 청소년의 자살충동을 10%p 감소시킨다"라고 진술되듯이, 사업참여자에 대해 인적·물적 자원과 시간비용을 투여하여 성취하고자 하는 바를 말하는 것이다.

이렇듯 목표진술의 구성요소로는 '누구에 대하여(To whom), 무엇을 통해(Means, Methods), 무엇을(What), 얼마만큼(How much)'이라고 할 수 있다. 예를 든다면, "자살충동 감소 프로그램에서 사회복지사와 심리치료사가 협동으로 주 1회 집단프로그램을 4개월 동안 운영하여 참여 청소년의 자살충동 정도의 평균을 낮춘다."라고 진술될 수 있다.

하지만 목표라고 할 때 이 목표가 반드시 성과목표와 등치되는 것은 아니다. 목표를 분류하는 방법은 매우 다양하다. 그러나 여기에서는 흔히 자금제공기관이 요구하는 산출목표와 성과목표로 대별하여 간단하게 설명하고자 한다.

3. 산출목표

산출목표는 성과목표 달성에 기여하는데 필요한 수단적 성격의 목표를 말한다. 산출목표는 성과목표 달성에 전제나 기초가 되지만 성과목표 그 자체는 아니다. 그런 의미에서 성과목표를 적어야 할 곳에 산출목표를 적게 되면 제3자나 심사자는 작성자가 이 양자를 혼돈하고 있다고 생각하게 된다. 물론 이 양자가 명확하게 구분되지 않는 것도 있다. 이는 아래 '목표설정을 둘러싼 다양한 쟁점'에서 살펴보도록 하고 여기에서는 산출목표로 설정될 수 있는 3가지를 설명하고자 한다.

1) 활동(Activities)에서 기재한 사업내용을 실제로 수행한 것

논리모델에 따르면 프로그램 담당자는 투입요소를 기반으로 다양한 활동을 해 나가면서 성과목표 달성에 한 걸음씩 다가가기 위해 노력한다. 그 때 활동으로 기재한 것은 앞으로 어떤 내용을 하겠다는 것이고, 그러한 계획이 실제 실행될 때 이를 산출이라고 부를 수 있다. 예를 들어, A 프로그램을 주 2회 실시하겠다는 것이 전체 사업내용 중 활동(Activities)에 해당하지만, 실제 프로그램을 실시한 이후에는 산출이 된다. 계획된 사업의 대부분은 예기치 못한 환경적 변화나 감당하기 어려운 내부사정이 생기지 않는 한 그대로 집행되는 경우가 많다. 물론 기획단계에서 활동내용을 과도하게 설정하는 경우에도 이를 달성하게 어렵게 될 수 있다. 그런 점에서 볼 때 활동(Activities)이 집행되고 나면 이들은 산출로 전환되며 이 중에서 중요하게 고려되고 점검되어야할 항목들은 목표로 설정될 수 있을텐데 이를 산출목표라고 부른다. 하지만 이러한 성격의 산출목표는 달성가능하며 집행적 성격을 띠기 때문에 흔히 주요한 산출목표로 간주되지 않는다.

2) 활동(Activities) 결과, 프로그램 공급자(기획자)가 마음대로 하기는 어렵지만 실제 성과목표를 달성하는데 반드시 필요한 목표치인 경우

두 번째로는 활동이 단순히 산출로 전환되는 것이 아니라 프로그램 담당자가 상당한 주의와 노력을 기울여야 하지만 그렇다고 쉽게 또는 단순히 달성될 수 있는 성격이 아닌 것이 있다. 더군다나 그렇게 사항이 성과목표 달성에 징검다리 역할을 할 만큼 사업진행과정에서 주요하게 다루어져야 할 경우 이를 산출목표로 설정할 수 있다. 예를 들어 A프로그램의 출석유지율을 90% 이상 유지한다는 목표는 공급자가 임의로 조작할 수 없고 참석자가 꾸준히 A프로그램에 출석해야 가능한 것이다. 출석률이 낮으면 출석한 사람이 아무리 A프로그램으로 인해 긍정적인 변화가 있었다 하더라도 이는 참여인원의 일부에 불과한 것이므로 의미가 반감되고 이로 인해 성과목표를 충분히 달성했다고 보기 어렵기 때문에 출석유지율은 매우 중요한 산출목표로서 다루어질 수 있다.

3) 최종적인 성과목표 달성을 위한 중간목표로 설정되는 경우

마지막으로 제시될 수 있는 것은 성과목표는 아니지만 성과목표를 달성하기 위한 중간목표적 성격을 가지는 경우이다. 예를 들어 프로그램의 내용이 '매뉴얼을 작성하여 이에 기초해서 교육을 실시한 다음 소기의 성과를 달성하겠다'라는 프레임에 기초해 있다고 하자. 이를 위해서는 가장 기초적으로 매뉴얼이 만들어져야 한다. 매뉴얼에 어떤 내용을 어떠한 절차를 거쳐 만들 것인지에 대해서는 사업내용에서 상세히 설명되어질 것이다. 하지만 매뉴얼 작성이 종국적인 목표는 아니다. 즉, 성과목표는 아닌 셈이다. 즉, 성과는 매뉴얼을 통해 교육받은 사업참여자가 교육내용에 대한 이해도가 높아진다든지, 실제 문제해결능력이 향상된다든지 하는 것으로 설정될 것이다. 이 때 매뉴얼 작성을 최종적인 성과목표가 아니라 산출목표로 제시될 수 있다.

4. 성과목표란?

성과목표란 인적·물적 노력과 시간을 조직·투여하여 최종적으로 달성하고자 하는 목표를 말한다. 기존의 연구들을 살펴보면 목표를 정의하는 내용이나, 목표유형이 세부적으로 다르고 성과목표에 대한 진술도 다소 차이가 있음을 알 수 있다.

1) 성과목표 설정의 다차원성

'어떤 성과목표를 설정할 것인가'는 전적으로 그 사업이 지향하는 가치와 대상, 사업

내용과 밀접하게 관련되어 있다. 그러므로 '목표설정은 이래야 한다, 저래야 한다'고 말하는 것은 매우 위험하다. 이를 감안하면서 여기에서 작성자가 목표를 설정하는데 따른 막연함을 덜어줄 목적으로 성과목표의 다양한 유형을 소개하면 아래와 같다[16].

표 10 성과목표에 대한 다양한 이해

저자	목표 정의 키워드	목표기술 원칙	목표 유형	성과목표
김상곤 · 최승희 · 안정선 (2012)	구체적인 대상의 변화와 문제 해결	구체적, 측정가능, 성취가능, 결과지향, 시간제한	성과목표 산출목표 과정목표	'어떻게' 와 '무엇을'
이봉주 · 김기덕(2014)	변화시키려고 하는 상황이나 문제에 대한 특정한 기준	조직목표와의 연관성, 활동지향성, 구체성과 기준지향성, 상황지향성	하위목표 영향목표 성취목표 활동목표 이용자목표	프로그램 참여자의 태도, 지식, 기술, 행동의 구체적인 변화
이민홍 · 정병오(2012)	궁극적인 지향점, 클라이언트에게 나타날 바람직한 결과	SMART Specific/Measurable/Achievable/Result-oriented/Time-bounded	과정목표 성과목표	달성해야 할 결과
양점도 외(2009)	설정된 목적을 근거로 보다 세분화	구체적, 단기적인 방향의식, 관찰가능한 경과, 목적 세분화	성과목표 과정목표	클라이언트에게 예상되는 행동, 지식, 태도, 조건의 변화
Kettner, Moroney, Martin(1999)	달성해야 할 결과, 결과가 달성되도록 하는 방법	명료성, 시간적 기준, 변화의 표적, 산출물 및 결과물, 특정의 기분	결과목표 과정목표	(결과목표)표적집단에 대하여 개인의 어떠한 효과가 기대되는지

물론 사업내용에 따라 구체적인 성과목표는 달라지기 때문에 여기서 예시로 설명하는 것을 반드시 따라야 할 이유는 없다. 또 그 사업내용에 맞는 성과목표를 설정함에 있어 사회복지 척도집을 보면서 성과목표를 측정할 적합한 성과지표를 찾을 수 있다.

---

16) 아래 표는 김상곤 · 최승희 · 안정선(2012) 「사회복지 프로그램 개발과 평가」의 내용을 참조하여 재구성하였음.

그러나 성과목표를 설정하는 것이 익숙하지 않은 사회복지 실무자들에게는 어떤 것이 성과목표로 설정될 수 있는지를 참고할 수만 있어도 큰 도움이 된다. 그런 취지에서 표를 설명하자면 다음과 같다.

먼저 내적 기능향상이다. 장애아동을 키우는 부모들에게서 흔히 볼 수 있는 것이 우울감이며 자신에 대한 부정적 인식이다. 사회적모델(Social Model of Disablity)에서 장애가 사회적 책임이라고 이야기하고 우리 사회도 사회적 모델의 패러다임을 따른다고 하지만 여전히 자신의 자녀에 대해 부모가 책임져야 하는 사회구조에서 살아간다. 그만큼 짊어져야 하는 삶의 무게 때문에 우울해지기도 하고 자기 자식이지만 소통의 어려움 때문에 끝도 없는 전쟁같은 삶을 살아야 할 경우 이런 삶의 주인공이 된 자신이 싫어지는 것이다. 그럴 경우 자신이 겪어내고 이겨내야 하는 삶의 질곡 때문에 자녀 양육에 소홀해질 수 있고 또 극단적인 선택을 할 수 있다. 이런 면을 포착한 실무자들이 장애부모들의 우울감 감소 또는 자아존중감 향상을 도모하는 프로그램을 기획할 수 있다. 그러나 다른 한편으로는 이러한 프로그램이 측정가능한 성과지표를 미리 염두에 두고 설정한다거나, 일종의 유행처럼 내적 기능향상에 초점을 두는 경우도 없지 않았다. 또 이럴 경우 사회적 측면을 간과하여 내적 기능향상이 갖는 의의가 충분한지에 대한 비판도 받을 수 있다.

둘째는 인식개선이다. 사람이 변화하는데 제일 먼저 그리고 또 그 근간이 인식의 변화다. 성역할에 대한 인식변화, 남녀 데이트 과정에서의 상대 성 존중, 사회복지의 중요성 및 역할에 대한 인식변화 등을 도모하는 프로그램이 여기에 해당한다고 볼 수 있다.

셋째는 태도의 변화이다. 인식만 변하는 것으로 만족하지 못하고 실제 사람에게서 나타나는 태도상의 변화까지 목표지점 내에서 포섭하는 것을 말한다.

넷째는 행동의 변화이다. 사안에 따라서는 태도와 행동이 명확하게 구분되지 않는 경우도 있겠으나 공격행동, 도전적 행동 등은 잘 이해되거나 태도상의 변화뿐만 아니라 실제 그러한 행동의 빈도나 강도가 감소되어야 의미가 있다. 이는 인식의 변화에서의 연장선에서 인식변화가 실제 행동상의, 가시적인 성과로서의 변화를 측정하는 것을 말한다.

다섯째는 지역사회의 변화이다. 위에서 설명한 네 가지는 개인적 차원에서의 성과를 의미하지만 지역사회 차원에서도 성과가 설정될 수 있다. 먼저 사회적 인식의 변화이다. 사회적 인식은 앞서 설명한 개인적 차원에서의 인식변화의 집적일 수 있고 별도로 제시될 수도 있다. 이러한 사회적 인식의 변화는 제도변화를 추구하는데 필요한 긍정적인 여론을 이끌어내는 동력이 될 수도 있고 또 불필요한, 오해에 기반한 반대를 최소화할 수 있다는 점에서 매우 중요하다. 여기에는 지역주민들의 응집력을 높이거나 네트워크를 강화하는 것, 시스템을 구축하는 것 등이 포함될 수 있다.

표 11 성과목표 설정의 다차원성

분류	초 점	예 시	비 고
개인 차원	내적기능 향상	– 자아존중감 향상 – 우울 감소 등	척도 사용
	인 식	– 차별에 대한 인식 – 요양보호사의 전문성 인식 – 제도적 환경변화에 대한 사회복지관의 인식17) – 인식에 대한 다양한 질적 연구18)	척도 사용 인터뷰 실시
	태 도	– 성역할 태도변화 – 어머니의 양육태도 등	척도 사용
	행 동	– 아동의 공격행동 변화 – 문제행동 변화 – 사회적 행동변화 – 건강행동 변화 – 노인의 운동행동 변화 등	척도 사용
사회 차원	사회적 인식	– 지역사회 인식변화	
	지역사회	– 지역주민의 응집력 – 네트워크 강화 – 지역사회빈곤율 변화	과정평가 척도사용 네트워크분석

자료: 김상곤 · 최승희 · 안정선(2012)

---

17) 조미형. 2011. "제도적 환경변화에 대한 사회복지관의 인식과 대응에 관한 연구". 『한국사회복지행정학』. 13(1). 103–132. 동 논문에서 인식을 파악하기 위해 사회복지관의 관리자 1000여명에 대해 설문조사 실시
18) 김주현. 2015. "한국 고령자의 연령차별 경험과 노년기 인식 질적 연구". 『한국인구학』. 38(1). 69–104.

2) 성과목표 설정에서 주의할 점

(1) 목표 진술내용에는 사업참여자와 사업내용이 함축되어 있다.

성과목표를 표현하려면 반드시 필요한 것이 사업참여자가 누구이며 또 시행하고자 하는 사업내용이 무엇인지에 대한 것이다. 즉, 성과는 사업참여자에게 나타나야하는 변화 내용과 목표이며 그러한 변화를 가져오게 하는 수단이 사업내용이라고 볼 수 있다. 그러므로 목표 진술내용에는 사업참여자와 사업내용이 함축적으로 표현될 수 밖에 없다.

(2) SMART하게 성과목표를 설정하라

성과목표를 설정할 때 고려해야 할 요소 5가지의 약어로 SMART를 제시한다. SMART란 목표는 Specific(구체적으로), Measurable(측정가능하고), Achievable(성취 가능한 것으로) 설정되어야 하며, Result-Oriented(결과 지향적이고), Time-Bounded (시간제약적)인 속성을 띤다(표갑수·이재완·유옥현·이화정·김현진, 2016).

하지만 이 모든 것의 최정점에는 '최종적인 결과로서 측정 가능해야 한다(Measurable)' 는 것으로 수렴된다. 즉, 구체적이지 않으면 달성여부를 측정하기 어렵고, 성취 가능 한 목표가 아니면 달성할 수가 없으며, 최종적인 결과가 아니면 중간단계에서의 달성 치를 측정하게 되고 시간제한은 어떤 프로그램이든지간에 사업기간이 설정되어 있고 아울러 사업기간 외의 의미있는 성과는 평가결과보고서에 담을 수 없기 때문이다.

3) 목표설정을 둘러싼 다양한 관점[19]

(1) 어디가 최종적인 결과치인가?

각 성과는 단계적으로 나타나는데 어디를 최종적인 결과로 설정해야 하는지 애매한 경우가 있다. 이는 더군다나 내용상으로는 중간단계의 성과이지만 시간제약성 때문에 불가피하게 최종적인 결과로 내세우는 경우도 있다.

> 예) 취업에 필요한 요리기술을 습득한다 → 한식조리자격증을 취득한다 → 요식업에 취업한다

한편, 어디까지를 목표로 설정할 것인지가 늘 논란이 된다. 진로성숙도를 몇 % 향상시켜야 유의미한 사업이 되는 것인지, 우울감을 몇 % 떨어뜨려야 효과가 있다고 판단할 수 있는 것인지에 대한 논란은 여전히 있을 수 있다. 이 경우 학문적으로 어느 정도의 변화를 유의미하다고 보는지를 참여집단의 크기를 고려하여 판단할 수밖에 없다. 또 다년도 사업인 경우 설정한 목표치까지 달성했다 하더라도 차년도, 차차년도에도 그만큼의 수치변화를 가져올 수 있는지도 의문이다. 예를 들어 진로성숙도를 10%p 향상시켰다 하더라도 2년차, 3년차에도 그런 큰 수치가 나올 수 있는지, 또 그 정도의 변화크기가 있어야 유의미한 것인지도 논란이 될 수 있다.

(2) 산출목표인가, 성과목표인가?

사회복지 실무자들이 흔히 겪는 어려움은 설정하고자 하는 목표가 산출목표인지, 성과목표인지 자신이 없다는 것이다. 그럴 수밖에 없는 것이 이 두 가지에 대한 절대적인 구분 기준이 있지 않기 때문이다. 하지만 사업계획서를 검토해 본 경험에 비추어 볼 때 매우 흥미로운 것은 성과목표를 산출목표로 적는 것은 매우 드물지만 산출목표를 성과목표로 간주하는 경우가 많다는 것이다. 성과목표로 출석률을 일정 정도 유지

---

19) 아래 내용 중 일부는 『2018년 배분사업안내』에서 발췌한 것이다.

하겠다, 몇 명이 참석하여 프로그램을 완주하겠다 등의 내용으로 제시하는 것이다. 이러한 경향은 성과목표와 산출목표를 단순히 혼동하는데서 비롯될 수도 있지만, 실무자 입장에서 이러한 과정 자체가 사업참여자에게 매우 유익한 경험을 하게 해 준다, 좋은 결과를 가져올 수 있다 등의 암묵적 기대가 있기 때문에 그 자체로서 의미가 있다고 판단하고, 이를 성과목표로 보는 것이다. 즉, 쉽지 않은 사업수행과정을 충실히 해내는 것만 해도 의미있고 또 사업참여자들에게 좋은 환경을 제공해 주는 것이기 때문에 더 이상의 뭔가를 바라는 것은 욕심이며 그것의 영향이 어떻게 나타나는지를 측정하기도 쉽지 않다는 것이다. 그 결과 성과목표로 제시될 수 있는 것에 대해서는 생략하고 산출목표를 성과목표로 대치하는 것의 불가피성을 오히려 설득하려는 경우도 있다.

이러한 사례의 애로를 이해못하는 바는 아니다. 하지만 무엇을 성과로 제시할 것이냐의 문제와 그 성과를 어떻게 보여주느냐의 문제는 차원이 다르다. 그렇기 때문에 인적 · 물적자원의 조직화 및 그에 따른 추진내용이 어떤 푯대를 향해 나아가는지는 분명히 설계되어야 한다. 또 그것의 달성 여부와 정도를 어떻게 가시적으로 보여줄 것인지도 간과해서는 곤란하다. 실무자가 판단하기에 평가가 어렵다고 해서 산출목표를 성과목표로 대체하는 것은 바람직하지 않다. 평가 틀 설계와 관련해서는 제3부에서 보다 자세하게 다루고자 한다. 아래는 공동모금회에서 예시하고 있는 사업목표 설정방법을 소개하고 있다.

〈사업예시〉

o 중학생 10명에 대한 진로성숙도를 향상시키는 프로그램에서 사업담당자는 직업탐색, 진로탐색 등 다양한 세부프로그램을 기획하지만 이에 덧붙여 '학생에 대한 부모의 이해도 증진이 진로 성숙도에 영향을 미친다'는 점에 착안하여 부모에 대한 세부프로그램도 기획하였다고 하자.

o 이 때 핵심참여자는 중학생 10명이며, 그 중학생의 부모는 주변참여자로 간주될 수 있다.

o 그런데 자녀에 대한 부모의 이해도 증진이 산출목표인지, 성과목표인지 궁금해진다.
  – 최종적인 성과목표는 진로성숙도 향상이기 때문에 부모의 이해도 증진은 최종적인 성과목표로 보기는 어렵다. 진로성숙도 향상에 기여하는 중간목표(매개목표)이기 때문이다.
  – 그렇다고 하여 부모의 이해도향상은 통상 이야기하는 세부프로그램 시행횟수, 참여율이나 탈락률과는 다소 차원을 달리하는 것처럼 보이기 때문에 이들과 동급의 산출목표로 간주하기도 어색하다.

만약 부모의 자녀에 대한 이해도 증진을 산출목표로 간주하면 아래와 같다.

표 12 산출목표와 성과목표 간 연결

세부사업내용	산출목표
1. 자기이해와 진로주체성 향상	1-1. 자기 이해와 진로주체성 프로그램 총 10회기 진행
	1-2. 동 프로그램 탈락률 5% 미만
2. 진로탐색 및 진로계획 설계	2-1. 자신의 주도적 활동에 따른 탐색활동 15회기 진행
	2-2. 진로계획 수립하기
3. 부모의 자녀 이해 증진	3-1. 개별상담 5회기 및 집단프로그램 5회기 진행
	3-2. 부모의 자녀에 대한 이해도 증진(10%p 증가)

성과목표
참여 학생의 진로성숙도를 향상시킨다.

만약 부모의 자녀에 대한 이해도 증진을 하위성과목표로 간주하면 아래와 같다.

표 13 산출목표, 하위 성과목표 및 최종 성과목표간 연결

세부사업내용	산출목표
1. 자기이해와 진로주체성 향상	1-1. 자기 이해와 진로주체성 프로그램 총 10회기 진행
	1-2. 동 프로그램 탈락률 5% 미만
2. 진로탐색 및 진로계획 설계	2-1. 자신의 주도적 활동에 따른 탐색활동 15회기 진행
	2-2. 진로계획 수립하기
3. 부모의 자녀 이해 증진	3-1. 개별상담 5회기 및 집단프로그램 5회기 진행
	3-2. 동 프로그램 참여율 90이상 유지

⇩

최종 성과목표	하위성과목표
참여 학생의 진로성숙도를 향상시킨다.	1. 참여학생의 진로주체성을 향상시킨다.
	2. 참여학생의 진로 및 직업탐색 능력을 향상시킨다.
	3. 부모의 자녀에 대한 이해를 증진시킨다.

(3) 반드시 양적으로 측정 가능해야 하는가?

우리나라 자금제공기관들은 지금까지 삼성복지재단과 공동모금회가 주도했던 패러다임, 즉 논리모델에 기반한 성과목표 제시와 이의 달성여부를 측정해야 하는 지식 기반하에서는 양적으로 측정되지 않는 목표설정이나 평가방법은 아예 인정을 하지 않거나 양적 목표 달성 정도와 그 의미를 보완적으로 보여주는 차원에서 질적인 목표설정과 평가방법을 인정해 왔다. 그런 이유로 사회복지 실천현장에서 프로그램을 기획할 때 양적으로 측정되지 않는 것은 아예 기획을 포기하거나 이를 인정해 주는 몇몇 복지재단에만 사업을 신청하는 사례가 많았다.

하지만 생각해보면 모든 사업의 성과가 측정가능하지 않을뿐만 아니라 성과를 양적

으로만 제시가능한 것이 옳고 바람직하다고 생각하는 학문적 풍토 또한 최근에 와서는 많은 도전을 받고 있다(김인숙, 2007). 오히려 최근 들어서는 성과측정방법의 다양성을 인정하는 추세이다. 성과의 의미를 질적으로 드러내는 방법을 덧붙이기도 하고 양적 측정이 어려운 분야가 있을 수밖에 없음을 이해하는 폭이 훨씬 넓어졌다. 예를 들어, 발달장애인의 변화를 도모하는 다양한 사업의 경우 이들에 대한 설문조사가 쉽지는 않다는 것을 이해하고 질적인 접근에 대한 가능성을 보다 넓게 열어두고 있다. 아울러 종전에는 이들의 변화 여부와 정도를 부모나 실무자가 대신 평가하기도 했는데, 이렇게 되면 발달장애인들이 주체적인 삶의 주인공이 되지 못하고 그림자 역할만 하도록 제한하는 결과를 초래하게 된다. 이에 당사자가 참여하는 가운데 질적으로 평가하는 방식의 발전을 도모하는 추세가 점차 확대되고 있다. (정성욱·장연진, 2013)

제8장

혁신성과 사회적 영향력
(Social Impact)

　사회복지 프로그램은 인적 · 물적 재원을 투입하여 소기의 목표와 성과를 거두기 위한 종합적인 노력을 체계적으로 구성한 것이다. 목표와 성과는 당사자의 변화나 변화의 토대를 마련하는데 있다. 그러나 그 프로그램이 얼마나 매력적인지, 지원할만한 가치가 있는 것인지에 대한 판단은 자금제공기관의 몫이다. 자금제공기관 또한 현장의 요구나 사회적 흐름에 둔감할 수 없지만 그렇다고 하여 전혀 새로울 것이 없는 프로그램을 위해 재원을 배분할 이유는 없다. 이 대목에서 주목받고 있는 개념이 혁신성이다. 단순히 사각지대만 바라보는 것이 아니라 지향가치, 사업수행방법, 대상 및 영역에서의 변화를 도모하는 것이다. 뿐만 아니라 프로그램이 사업참여자의 의미있는 변화를 지향하는 차원을 넘어 우리 사회에 울림이 있는 영향력을 어떻게 발휘하게 할 것인지, 그로 인해 사회적 변화를 촉진시킬 수 있을 것인지에 대한 사회적 관심이 점차 높아지고 있다.

자금제공기관은 왜 끊임없이 혁신성을 강조할까? 공동모금회나 민간복지재단에서 쓰는 표현이나 중점을 두는 상대적 비중은 달라도 사각지대 해소, 도약의 기회제공, 취약계층 지원 등의 언저리에서 지원의 이유나 선발의 우선순위를 두고 있다. 하지만 최근에는 혁신성을 강조하고 있다. 일종의 유행이라고 볼 수도 있지만 이제까지는 '새로운 것', '종전 프로그램과 차별성을 지니는 것'으로 강조하였는데 '언제까지 새로운 것만 찾을 것이냐?'라는 응수도 만만치 않다. 그런 의미에서 지향가치, 대상영역, 수행방법 등에서의 차별성을 포섭하는 개념으로서의 혁신성을 강조하고 있다. 뿐만 아니라 자금제공기관 사업방식에서도 혁신은 일어나고 있다. 종전에 1~2천만원 프로그램 집행재원을 지원하여 사업참여자의 의미있는 변화에 중심축을 두었던 패러다임에서 이제 타 기관, 지역사회 나아가 국가 전체적으로 울림이 있는, 유의미한 영향력을 끼칠 수 있는 프로그램을 발굴하고 이를 지원하고자 하는 패러다임으로 이동하고 있다. 자금제공기관으로서 제공한 자금이 사회적으로 파급효과를 가질 수 있도록 하는 프로그램을 선정하여 사업을 수행할 뿐만 아니라 사업수행기관 자체도 성장하여 더 큰 규모의 사업을 수행할 수 있는 역량을 키울 수 있는 지원도 아끼지 않는 지원방식을 점차 확대해 나가고 있다. 사회적 영향력(Social Impact)라는 이름으로.

1. 혁신(革新)이 뭘까?

혁신이란 HRD 용어사전에 따르면 "기술의 진보 및 개혁이 경제에 도입되어 생기는 경제구조의 변화로 신상품의 생산, 신생산방법의 도입, 신시장의 개척, 신자원의 획득 및 이용, 그리고 신조직 달성 등에 의하여 생산요소를 신결합하는 것"을 의미한다고 한다. 원불교대사전에서는 혁신을 "묵은 조직이나 제도·풍습·방식 등을 바꾸어 새롭게 하는 일, 종교에 있어서 시대에 맞지 않거나 잘못된 교리나 제도 등을 시대에 맞게 뜯어고쳐 새롭게 개혁하는 것"이라고 정의하고 있다.

혁신이라는 단어는 영어의 이노베이션(Innovation)에 대응될 수 있다. 이노베이션3

은 안에서부터(In) 바깥으로 새롭게 하는(Nova) 것의 정신이나 내용을 말한다. 그렇다면 겉모양만 바꾸는 것은 혁신이 될 수 없다. 보이지 않는 속에서부터 보이는 바깥까지 새롭게 변화시키는 것을 의미한다. 그러한 변화의 양상이 기술진보에 있건, 생산방법이나 신시장을 개척하는 것이건 간에 핵심의제는 「근본적인 변화」에 있다. 즉, 본질을 건드려서 - 조직의 역량이 변화하고, 일하는 방식이 변화하는 것 등 - 과거와는 다른 면모를 보일 필요가 있다. 지금보다 조금 나아지는 것은 개선이라고 하지, 혁신이라고 하지 않는다.

2. 혁신(革新)의 구성요소

사회복지 실천현장에서의 혁신은 도대체 무엇을 의미하는가? 그것은 이제까지 보지 못했던 곳에 눈을 돌리는 것, 이제까지 해 오던 방식에서 탈피해서 새로운 대안적 방법을 모색하는 것, 여기저기 흩어져 있던 것을 하나로 묶어내는 것 등을 혁신이라고 볼 수 있다. 대상 및 영역에서의 변화, 지향가치의 변화, 수행방법에서의 변화를 꿈꾸는 것이 핵심적인 혁신이라고 볼 수 있다. 사회복지 분야에서 그 예를 든다면 다음과 같다.

표 14 아산나눔재단 『파트너십 온』 프로그램에서의 혁신성

분야	사업내용	수행기관
지향가치	o 시각장애인이 '본다'는 개념을 재해석 (Another way of Seeing)	우리들의 눈
수행방법	o 왕따, 따돌림 청소년에 대한 다학제적인 접근 - 의사, 심리치료사, 사회복지사, 교사의 팀워크 어프로치	행복한 청소년
	o 미혼 청소년에 대한 거주공간을 제공하고 학습기회를 하나의 서비스 공급자가 제공하여 이 양자간의 분절에 따른 애로 해소	자오나학교
	o 탈북 청소년들의 취업애로를 해소하기 위한 직업사관학교 운영	해솔직업사관학교

대상 및 영역	o 재소자 가족에 대한 심리정서적 지원 등 다양한 지원체계 구축
	  - 범죄자 가족 또한 범죄자의 연장이라는 시각을 끊어내고
	  사회복지영역에서 아무도 관심가지지 않았던 대상에 집중
		아동복지실천회 세움

물론 지향가치, 수행방법, 대상 및 영역이라는 3가지 중에 2가지 이상의 혁신을 이루는 사업도 존재한다. 지향가치의 혁신을 통해서 수행방법까지 혁신성을 내포하는 경우도 있고, 대부분의 사회복지기관들이 접근하지 않는 대상에 대해 그들에 맞는 새로운 수행방법을 적용하는 경우도 있다. 물론 이 3가지 모두를 내포하고 있는 사업을 기획할 수도 있을 것이다.

3. 혁신(革新)이 요구되는 이유

그렇다면 이런 혁신의 개념이 사회복지 프로그램을 기획하고 공모하는데 왜 중요한 개념으로 등장하는 걸까? 왜 혁신성을 갖추어야 한다고 하는 것일까? 그것은 적합한 사회복지기관을 찾는 민간복지재단의 입장을 알면 쉽게 이해할 수 있다.

재단으로서는 지원한 기관에서 사용하는 자원이 소기의 의도에 맞게, 그 성과를 내는데 적합하게 사용되기를 원한다. 그렇기 때문에 적당히 재원을 배분하기 보다는 엄격한 선정과정을 거쳐 진정성과 실력, 그리고 이를 추진하고자 하는 의지를 가진 기관을 선발하고자 원한다. 이 때 자금지원을 신청한 기관에서 제안한 사업내용이 종전에 이미 의미있다고 밝혀진, 또는 별 효과가 없는 것으로 판명되었거나 그 사업을 바라보는 사회적 시각이 변화되어 올드패션이 된 경우에는 재단에서 재차(민간복지재단의 입장에서는 '중복적으로') 그 사업에 지원할 매력을 못 느끼게 된다.

그러므로 기존의 타성에 젖어서, 아이디어 고갈을 해소하지 못하고 영혼없이 기존 사업을 벤치마킹할 경우 재정적인 지원을 받기는 어려워진다.

4. 혁신을 요구하는 입장에 대한 비판

물론 그렇다고 매번 '새로운 사업을 찾는 것이 옳은가'라는 비판이 있을 수 있다. 당장 사업참여자에게 필요한 것이라면 이를 수행할 재원을 지원해야 하지 않느냐고 생각할 수도 있다. 재정적 지원을 뒷받침해주어야 한다. 그러나 재단의 입장에서는 지원할 배타적 명분과 실익이 없어 보인다. 이미 일종의 시범운영을 거쳐 검증을 거친 사업들이 여러 기관들에 이미 벤치마킹되고 보편화되어 가는 과정에 있는데 굳이 그 사업에 다시 투자할 이유는 없는 것이다. 오히려 그러한 사업이 전국적으로 시행될 필요가 있다면 정부가 나서야 한다. 백번 양보해서 그러한 개별 사업에 대해 정부가 일일이 나서기 어렵다면 공동모금회가 필요한 재원을 제공하는 것을 검토해 볼 수 있을 것이다. 자금제공기관 중에서는 공동모금회가 가장 공공성을 강하게 띠고 있으니 사업내용이 일부 보편화되었더라도 그 사업을 수행할 재원조차 없는 경우 혁신성의 기준은 충족하지 못하지만 사업에 참여하는 당사자의 의미있는 변화를 꾀할 수 있다는 입장에서 지원할 명분은 충분히 있다. 논의가 여기까지 오게 되면 결국 공동모금회가 어떤 역할을 감당해야 하는지에 대한 이야기로 이어진다.

공동모금회는 「사회복지공동모금회법」 제4조에 의해 설립된 특수법인이다. 과거 국민들의 불우이웃성금에 기초한 사회복지사업기금을 정부조직에서 임의로 사용한다는 비판에 따라 민간이 모금한 돈을 민간의 책임하에 필요한 부문에 사용한다는 원칙하에 배분사업을 진행해 오고 있다. 그런 공동모금회에게 우리 사회가 기대하는 부분이 있다.

첫째, 사회복지 실천현장이 변화하는 시대적 흐름에 따라 공통적으로 활용할 수 있는 내용들을 생산하는 것이다. 학대에 관련한 지표를 생성하기도 하고, 빈곤을 퇴치하기 위한 지역사회의 전방위적 노력이 어떻게 작동되어야 하는지를 밝히는 사업에도 재원을 투자하는 게 여기에 해당한다.

둘째는, 다른 민간복지재단과 마찬가지로 잘 짜여진 사업, 프로그램에 지원하는 것이다. 그러한 프로그램 시행을 통해 값진 경험을 도출해 내고 사업참여자의 의미있는 변화를 이끌어내는 게 여기에 해당한다.

셋째는, 시대적 화두를 제시하지도, 의미있는 프로그램을 기획하는데도 서툴지만 일정 정도의 사업비가 필요한 사회복지시설에 지원하는 것이다. 지원을 받는데 필요한 경쟁에서의 우위를 점하기 어려운 소규모시설이나 프로그램을 기획하는 시대적 흐름이나 정보를 접하기 어려운 농어촌지역의 경우 별도의 리그(League)로 봐줘야 하는 것이 아닌가라는 지적도 있다.

이러한 역할을 공동모금회가 담당하면서도 장기적으로는 정부와 공동모금회 그리고 민간복지재단이 서로 모여서 역할분담에 합의하는 것이 필요하다고 본다. 즉, 정부는 전국적으로 또는 해당 지방자치단체 내에서 공통적으로 수행해야 하는 사업에 대한 지원을 담당하고, 민간복지재단에서는 끊임없이 창의적이고 혁신적인 아이디어와 사업방법을 고안하고 이를 실험하면서 새로운 사회적 변화를 수용하려고 노력하는 사회복지 실천현장을 견인하는 역할을 담당하는 것이 필요하다. 이들의 중간에 위치해 있는 공동모금회는 민간복지재단에서 일차적으로 검증된 사업 아이템을 이어서 지속적으로 지원하고, 이중에서 정부가 국가사업으로 담당해야 할 부분들을 별도로 정리하는 역할이 필요하다.

5. 사회적 영향력의 의미와 필요성

혁신을 이야기하다 보면 우리는 이런 의문을 제기할 수 있다.

"발달장애인 10명에게, 다문화가정 10가정에게, 어르신 15명에게 어떤 프로그램 사업을 수행해서 그들에게 의미있는 변화라고 하는 성과를 달성하면 뭐할 것인가? 그런다고 사회가 변하는가? 물론 그들 10명, 15명이 처한 삶의 조건을 개선시키고 겪고 있는 어려움을 경감시키는 것의 중요성을 폄하하고자 하는 것은 아니다. 그렇다고 그런 프로그램을 10개, 100개 수행한다고 우리 사회의 틀이 바뀌겠는가? 그런 속도로 변화가 확산될 수는 있는가?"

어떤 프로그램을 시행해서 얻게 되는 시사점이 당해 기관, 사업에 참여한 당사자에게 그친다면 우리 사회의 발전은 더디거나 세월의 흐름 속에 그러한 긍정적인 성과조차도 그 빛을 잃을수도 있다. 그렇기 때문에 재단들은 고민하게 된다.

"과연 어떻게 재원을 지원해야 의미있게 사용되고 우리 사회에 울림을 줄 것인가?"

사회적 영향력(Social Impact)이라는 개념은 그러한 문제의식에서 태동되었다. 사회적 영향력이란 "개인, 가족, 지역공동체 그리고 조직, 사회와 시스템에 의해 이루어지는 특별한 행동과 행태상의 변화 덕분에 경제적, 사회적, 문화적, 환경적 그리고 정치적 조건들에서 의미있는 변화"를 말한다(McKinsey&Company, 2010: 2).

이러한 사회적 영향력의 목적은 그들이 염두에 두는 사람들에 대한 프로그램의 가치를 제고시키는데 기여하는 바를 찾는데 있다. 산출(Outputs)을 강조하는 하는 것은 이미 시행한 과거지향적 사고에 기초한 것이지만, 사회적 영향력을 고민하게 되면 전향적으로 사고하게 된다. 이러한 사회적 영향력을 측정하다보면 미래에 어떻게 프로그램을 더 발전시킬 수 있을 것인지에 대해 초점을 맞추게 되는 것이다.

6. 사회적 영향력의 활용 예

사회적 영향력(Social Impact)을 프로그램 기획에 있어 중요하게 고려하도록 하는 자금제공자기관은 많지 않다. 우리나라에서 이 개념을 가장 먼저 도입한 기관 중 하나는 아산나눔재단에서 2015년 처음 우리나라에서 선을 보인 『파트너십 온』 사업에서이다. 『파트너십 온』 사업은 벤처기부(Venture Philanthropy) 방식에 입각하여 혁신성에 기반한 청소년 사업에 대해서 3년 동안 6억의 재원을 지원하고 이와는 별도로 법률자문, 필요한 교육 및 컨설팅에 소요되는 비용을 별도로 지원하는 비재정적 지원의 틀을 가지고 있다. 비영리 기관 및 단체는 이러한 지원을 받는 대신 세 가지를 요구받는데 '사회적 영향력', '책무성' 및 '재정안정성'에 대한 노력과 그에 따른 성과에 대한 책임을 지게 된다. 사회적 영향력은 벤처기부에 따른 지원의 댓가로 반드시 성취해야 할 과제인 것이다.

이러한 파트너십 온 사업에서의 사회적 영향력은 "성공적인 사업수행 결과, 지역사회 나아가 우리 사회 전반에 미치는 긍정적인 파장과 울림"이라고 정의하고 있다. 이에 따라 비영리 기관 및 단체들은 수행사업의 내용이나 일하는 방식이 타 기관으로 확산되거나, 법·제도의 변화를 초래하거나 사회인식의 변화를 통해 사회에 긍정적인 영향을 끼치는 것을 말한다. 아산나눔재단에서는 이러한 결과를 거두기 위해 필요한 부가적인 지원을 아끼지 않는데 그 내용으로는 리더십 강화가 될 수도 있고, 모금역량을 제고시키거나 영향력의 외연을 넓히기 위한 네트워크 구축 지원이 될 수도 있다. 결국 사회적 영향력은 '사업의 성공적인 결과가 사업참여자에게 좋은 영향을 끼치는 것에 머무르지 않고 우리 사회에 미치는 긍정적인 파장'을 의미한다. 즉, 성과와 분리된 무언가가 아니라 성과가 성취되고 나면 자연스럽게 이어질 사회에 대한 긍정적인 영향을 말한다고 볼 수 있다.

이러한 사회적 영향력은 2017년 공동모금회가 그동안 사용해 오던 배분신청서 양식을 대폭적으로 개편하면서 시대적 흐름을 반영하여 성과확산형 사업에서는 사업수행에 따른 사회적 영향력으로 무엇을 제시할 수 있을 것인지를 묻기에 이르렀다. 그만큼 성과목표 달성만으로는 우리 사회의 변화 물꼬를 틀기에는 역부족임을 이해하고 동 개념을 처음 사회복지 실천현장에 제시하게 된 것이다(김진우 등, 2017).

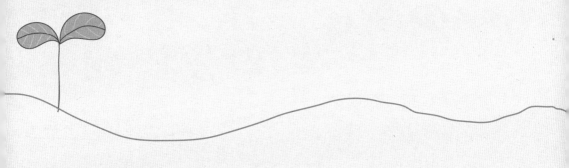

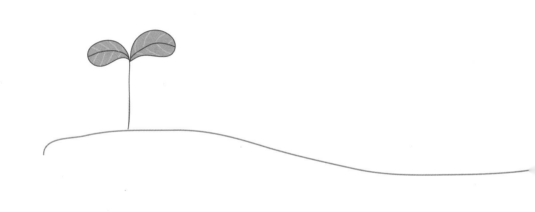

제3부   사회복지 프로그램 평가하기

제9장

프로그램 집행 단계별 주의사항

　대부분의 비영리기관에서는 수행사업에 소요되는 비용의 대부분을 외부에 의존한다. 자신들이 활발하게 모금활동을 벌이기도 하지만 이와 함께 운영법인으로부터의 전입금, 정부보조금, 외부공모사업으로부터의 자금조달 등을 통해 재원을 충당하는 경우가 대부분이다. 프로그램을 기획하는 것은 법인으로부터 도움을 받기 위해서, 법에서 정해졌다 하더라도 내부적으로 사업계획을 수립하고 이를 보고하도록 되어 있는 등 재원확보를 위해서 매우 필수적이다. 하지만 이런 경우에는 사업의 내용과 규모, 그리고 소요예산에 대해 간단하게 기술하는 것이 대부분이어서 여기에서 이야기하는 프로그램 기획과 다소 거리가 있다. 그러므로 인적, 물적 그리고 시간 자원을 활용하여 소기의 목적을 달성하려는 프로그램에 대한 내용은 주로 일반공모사업에 해당하기 때문에 여기에서는 공동모금회나 각종 복지재단과의 관계에서 기획한 프로그램의 집행과정에 대한 내용으로 국한하고자 한다.

1. 사업계획서 조정하기

사업계획서를 작성한 사람으로서 공모과정에서 최종 선정되었다고 연락받았을 때만큼 기쁘고 뿌듯할 때가 없다. 많은 경우 공모과정이 3-4개월에 이르기도 하는데, 그 긴 시간동안 서류심사, 면접심사 그리고 때로는 현장심사까지 다양한 형태의 심사를 거치는 동안 예산을 지원받기 위해 들여야 하는 노력이 만만찮다. 때로는 공모에 최종 선정될지도 불확실한데 들이는 노력이 아깝다는 생각, 떨어지면 어떻게 하나 하는 조바심이 나는 것이 사실이다.

이런 우여곡절을 거쳐 최종선정되고 나면 모든 과정이 끝났다고 생각되고, 어차피 예정된 금액을 지원받도록 확약받은 상태니 사업계획서를 다시 들여다 볼 엄두가 나지 않을 때가 많다. 마치 자신이 적은 학위논문을 다시 들여다보기 싫고 다른 사람이 보는 것에 대해서도 경기(驚氣)가 나는 것처럼. 하지만 어쩌면 프로그램 기획의 마지막 단계는 사업신청서 제출단계가 아니라 선정된 사업계획서를 실제로 착수하기 전에 최종 조정·보완해야 하는 단계이며 사업착수를 위해 가장 선행되어야 하는 과정에 해당한다. 이렇게 강조하는 이유는 그만큼 공모전에 선정되기 위해 작성하는 사업계획 내용이 부정확할 때가 많고 때로는 도저히 그대로 사업을 수행하기 어려울 정도로 사업수행물량이 너무 많은 경우도 있기 때문이다.

그런데 그러한 오류나 부정확성이 비슷한 패턴으로 여러 기관에서 나타나기도 한다. 왜 그럴까? 흔히 어떤 기관에서 제출한 사업계획서가 공모전에 최종선정되고 나면 타 기관에서 벤치마킹하기 위해 이를 보내달라고 한다. 물론 "걱정하지 마. 그대로 베끼지 않아. 어떻게 써야 선정되는지 그 틀만 참고할게"라는 멘트도 빼놓지 않는다. 하지만 최종선정된 사업계획서는 절대 내용이 완벽한 것이 아니다. 아니, 오류와 모순투성이거나 사업계획서로서의 질적 수준을 담보하지 못한 경우가 많다.

그러면 여러분들은 묻고 싶어진다. "그러면 왜 선정된 거야? 그런 사업계획이 뭐가 좋다고 선정한 거야? 교과서에서 이야기한 그런 방향과 원칙에 입각해서 적었는데 뭐가 문제야?"

틀린 이야기가 아니다. 하지만 이것 하나 명심해 두자. 어떤 기관에서의 사업계획서가 선정된 것은 결코 그 사업계획서가 완벽해서가 아니다. 다만, 상대적으로 타 기관의 사업계획 내용보다 뛰어나기 때문이다. 그렇기 때문에 그러한 사업계획서를 베끼거나 벤치마킹할 때는 일정한 거리두기가 필요한데, 불행하게도 많은 심사경험에서 느껴지는 것은 틀린 오류를 그러한 벤치마킹과정을 통해 복제·확산되고 있다는 것이다. 그러니 선정된 사업계획서가 전적으로 옳은 것이 아니며 이를 무비판적으로 참고해서는 안 된다.

자금제공기관에서는 선정된 사업계획서가 실제 집행되기 전에 자금제공기관-자문위원(있다면)-사업수행기관이 함께 모여서 그 내용을 책임지고 전면 수정해야 한다. 사업계획서 작성자는 자신이 작성한 내용에서의 오류가 무엇인지를 스스로 알기가 어렵고 사업물량이 과다한 경우 이후 불가피하게 조정할 수밖에 없다. 그렇게 되면 목표까지 수정하게 되는 연쇄반응이 불가피해지게 된다. 선정된 사업계획서는 사업착수 전에 전면적으로 수정·보완되어야 하는데 이 과정에서 던져야 할 질문은 다음과 같다.

- 주어진 인력과 공간으로 이 사업을 모두 수행할 수 있는가?

- 공모전에 선정되기 위해 무리하게 사업량을 기획한 것은 아닌가?

- 내 나름대로 현실변화를 꿈꾸면서 '하고 싶은' 내용을 담는 것이 아니라 '설정목표를 달성하는데 필요한' 사업으로 구성되어 있는가?

- 그렇게 사업내용을 조정하고 나서도 당초 제시한 제목이 사업내용을 정확히 반영한 문구인가?

- 예산은 사업을 추진하는데 빠짐없이 반영되어 있는가? 과하게 책정된 부분은 없는가?

2. 사업착수단계

기획된 내용과 과정에 따라 사업을 처음 착수할 때 고려해야 하는 것은 홍보전략 재검토, 사업참여자 모집, 사전평가 실시 등을 들 수 있다.

첫째, 홍보전략 재검토이다. 사업을 기획하는 과정에서는 담당자, 수퍼바이저, 중간 또는 최고관리자에 의해 내용이 마련·검토되어 진다. 기관에 따라서는 전체 직원들의 브레인스토밍을 거치는 경우도 있으나 사업에 직접 관여하지 않는 직원 대부분은 그 사업이 어떤 사업인지, 어떤 의도와 목표를 가지고 있는 것인지 자세히 알기 어렵다. 그렇기 때문에 우선 기관 내부에서부터 이 사업의 의도와 중요성에 대해 설득하는 작업이 필요하다. 이를 통해 기관 내부의 모든 직원들이 이 사업의 홍보대사가 될 필요가 있다. 그러려면 우선적으로 많은 직원들이 이 사업내용을 이해하도록 하는 작업이 중요하다. 그렇다고 이 과정을 사업계획서에 담을 수도 없다. 내부적인 절차이기 때문이다. 그러므로 대부분 사업담당자들은 이 과정을 소홀하게 다루는 경향이 있다. 예를 들어보자. 장애부모에 대한 사업을 추진하려고 할 때, 다른 부서에 있는 직원이 장애부모님들을 만날 때 이 사업에 대해 소개하고 이야기할 수 있다면? 반대로 장애부모님들이 얼핏 사업에 대해 알고 다른 부서 직원들에게 물어봤는데 잘 모른다고 한다면? 홍보가 잘 될 리 없고 처음부터 프로그램 진행이 삐거덕거릴 수도 있다. 그렇기 때문에 어느 정도는 전 직원이 본 사업에의 홍보대사가 되어야 한다.

이러한 내부공유과정을 거치고 나면 본격적으로 대외홍보활동이 이루어져야 하는데 사업계획 단계에서 깊이있게 고민하지 않았다면 이때라도 이미 적어놓은 홍보계획을 원점에서 재검토해 볼 필요가 있다. 일반적으로 기관에서 진술하고 있는 홍보방법으로는 '기관 홈페이지 게재', '현수막 설치', '기관 이용자 이메일 송부', '사업설명회 개최' 등을 들 수 있다. 그러나 사업참여자의 성격에 따라 특화될 수 있는 방법과 일반적인 방법을 구분하여 고려하는 것이 좋다. 전자와 관련해서는 기관 이용자 중에서

Noisy Maker를 통해 입소문을 타게 하는 방법, 이미 구축해 놓은 SNS망에서의 홍보, 구청(주민자치센터)과 협력관계 하에서의 홍보 등 다양하게 접근해 볼 수 있다. 이 때 생각해 볼 수 있는 것은 개별적으로 온라인에 친숙한 부류, 오프라인에서의 만남이 익숙한 부류, 오프라인이라 하더라도 정보소통은 집단적으로 온라인으로 공유하는 부류 등을 나누어서 각각 홍보전략을 수립·추진하는 것이 필요하다는 것이다.

둘째, 사업참여자 모집이다. 목표달성에 적합한 참여자들을 모집하는 것은 성공적인 사업추진의 절반에 해당한다고 해도 과언이 아니다. 사업의 의도를 충분히 이해하고 현실변화를 위해 기관과 함께 협력하겠다는 의지가 있는 사람이 참여하는 것이 필요하다. 이 때 고려되어야 할 것은 모집기준을 엄격하게 고집하면 참여자 모집이 쉽지 않고, 시간에 쫓기어 참여자 모집을 하고 나면 참여자의 몰입도나 중도탈락이 문제가 되기도 한다. 그렇기 때문에 참여모집전략의 시의성 있는 집행은 매우 중요하다.

셋째, 당초 기획된 것이라면 사전평가를 본격적인 프로그램 시작 전에 실시해야 한다. 그런데 종종 이를 놓치는 경우가 많다. 사업참여자가 모집되면 사업실무자는 본격적으로 프로그램을 진행하고 싶은 생각이 굴뚝같아지기 때문이다. 사업참여자 모집이 늦어진 경우에는 더욱더 그러하다. 그러다 보면 사전평가를 하지 않고 막바로 프로그램을 진행하게 되는 경우가 많다. 그런데 일단 개입의 효과성을 보려는 경우 이미 프로그램을 적용한 이후에는 사전-사후 비교가 어려워지게 되고 평가모형이 엉망이 되고 만다. 그렇게 되면 사후측정만으로 변화치를 보여주기 위해 평가틀을 모두 재설계해야 하는 지경에 이른다. 그런 불필요한 작업을 하지 않기 위해서는 사업착수단계에서는 늘 사전평가를 언제 해야 하는지에 대한 경계와 민감성을 늦추지 않아야 한다.

3. 사업집행단계

사업집행단계에서는 참여자의 지속적인 참여를 유도하는 것, 프로그램 과정에 대해 모니터링하는 것, 평가에 대비해서 자료를 축적하는 것, 재단과 자문위원과 지속적인 협력관계를 구축하는 것 등이 중요하다.

첫째, 참여자의 지속적인 참여를 유지하도록 모니터링하는 것이다. 그러기 위해서는 참여를 가로막는 요인이 있는지를 잘 살피고 참여가 매력적으로 느껴지도록 하는 것이 무엇인지를 파악해야 한다. 이를 통해 참여하게 되면 심리적으로, 교육적으로, 물질적으로 어떤 내용이든지 간에 도움이 된다는 것을 느낄 수 있는 매력적 요소, 인센티브를 제공하는 것이 필요하다. 만약 참여에 따른 부가적인 고민이 있거나 부담이 수반된다면 지속적으로 참여하기 어렵다. 예를 들어 참여할 때 가족구성원에 대한 돌봄에 공백이 생긴다면 프로그램에 몰입하기란 쉽지 않을 것이다. 또 집단을 운영할 때 함께 참여하는 사람들 간의 관계구성이 매끄럽지 못할 경우에도 이를 빨리 파악하여 관계를 재정리해 주어야 한다.

둘째, 프로그램 과정에 대한 모니터링의 중요성을 깨닫고 처음부터 어떻게 모니터링해 나갈지를 기획하는 것이 필요하다. 모니터링의 중요성은 우리의 기억의 한계와 착각에서 기인한다. 프로그램이 진행된지 얼마되지 않은 시점에는 실무자가 모든 내용을 기억할 수 있다고 자신만만해한다. 하지만 시간이 흐를수록 기억력의 한계와 새로운 정보입력으로 인해 과거정보에 대한 정확한 당시 느낌과 생각을 재생하기 어렵게 된다. 그러므로 그 때 그 때 그 과정에 대해 꼼꼼하게 기록하고, 한 달에 한 번은 그간의 기록들을 보면서 진행경과에 대해 어떻게 평가될 수 있는지를 부가적으로 기록할 필요가 있다. 이러한 시기를 놓치고 사업종료 시점에서 과정을 되돌아보면 별로 쓸 말이 없고 전반적인 느낌만 남아 있다. 막연한 생각이 평가의 정확한 기술적 내용을 대신하게 되고 만다. '해보니 좋더라', '해보니 만족하더라', '표정이 좋았다' 등 실질적인 정보를 담지 못하는, 언어의 유희에 가까운 내용으로 평가보고서 지면을 채우게 되는 것이다. 그렇기 때문에 진행과정에 대한 자세한 내용을 실제 기록하고, 그 기록들을 메타(Meta)적으로 평가하는 글들을 적기에 남겨놓는 것은 평가의 질을 높이는 중요한 초석이 된다.

셋째, 평가에 대비하여 자료를 축적하는 것이다. 사업을 시작하고 얼마 있지 않으면 흔히 중간평가보고서를 제출해야 한다. 실무자들은 자문할지 모른다. '사업 착수한지 얼마나 되었다고 평가보고서냐...' 틀린 말이 아닐 수 있다. 하지만 당초 사업계획서에서 수정된 사업계획서로의 조정, 사업착수 단계에서 고려해야 할 것들에 대한 평가이야기를 적다보면 아마 주어진 양식을 채우고도 남게 될 것이다. 이러한 자료축적은 단지 중간평가보고서 용으로 작성되고 대비된다는 의미에 그치는 것이 아니다. 오히려 최종적인 성과평가를 하기 위해서, 양적인 성과에 대한 보다 깊이있는 이해를 도모하는데도 필요하다. 'Garbage In, Garbage Out'의 격언은 양적평가에 국한하지 않는다.

넷째, 재단과 자문위원과의 지속적인 협력관계를 만드는 것이다. 실무자들은 재단이나 자문위원은 필요하면서도 때로는 간섭만 하는 성가신 존재로 여길 수 있다. 자신이 의도한대로 사업을 진행하고 있는데도 때로는 '콩 나라, 팥 나라' 하면서 관여하는 것처럼 느껴진다. 또 실제로 불필요하게, 부적절하게 사업진행에 간섭하는 경우도 없지 않다. 하지만 이 사업이 의미 없다면 자금을 지원한 재단입장에서도 그 지원성과에 대해 질책을 받을 것이며, 자문위원 또한 자신이 자문한 사업이 실패로 결과지어질 것이 자명한데 가만히 있는 것도 직무유기라 생각할 수 있다. 물론 불필요한 간섭과 관여는 배제되어야 한다. 내용에 대한 정확한 이해 없이 이리저리 난도질하는 자문위원의 실력도 때로는 비판의 도마 위에 올려 져야 한다. 기관을 파트너로 인정하지 않고 갑질을 하려는 행태는 집중토론이 필요한 대목이다. 하지만 어차피 기관이 사업을 수행하고 있는 동안에는 재단과 자문위원 그리고 기관은 한 배를 탄 운명공동체의 구성원들이다. 도전하다가 실패한다면 그 실패 또한 성공을 위한 여정이라고 볼 수 있다. 하지만 무지와 폐쇄성 때문에 좋지 않은 결과를 초래하는 것에 대해서는 그 모두가 책임져야 한다. 그런 의미에서 상생하는 관계를 형성하기 위한 노력은 사업을 성공적으로 이끄는데 밑거름이며 서로에게 책임지는 파트너로서의 역할을 정립하는데 각 이해당사자들이 보다 적극적으로 자신의 견해를 피력하는 것이 필요하다.

4. 사업마무리단계

사업마무리단계에서는 내부적으로 정리하는 것과 외부적으로 사업의 성과를 보여주는 것에 보다 신경을 써야 한다.

첫째, 내부적으로 정리하는 작업이다. 사업추진 상반기에는 하반기 사업진행에 차질을 주지 않기 위해 필요경비 외에는 가급적 예산을 소극적으로 집행하는 경우가 많다. 하지만 후반기에 접어들면 빠른 속도로 사업마무리단계에 접어들게 되므로 적절한 시기에 예산을 집행해야 하는 또 다른 의미에서의 숙제를 떠안게 된다. 그러므로 사업마무리단계에서는 예산 편성의 세부구분 간의 사용 형평성을 감안하여 적절한 속도로 예산집행이 마무리 되고 있는지를 균형있게 살피는 것이 매우 중요하다. 경우에 따라서는 마지막에 재단의 양해를 구하고 필요한 마무리를 위해 예산전용을 신청하여 가급적 잔액이 남지 않도록 하는 것이 좋다. 차년도 이월을 허용하는 재단의 경우에는 마지막에 예산이 남은 사유를 명확하게 하고, 남은 예산을 차년도에 어떤 부문에 어떻게 사용할 것인지에 대한 명확한 사유와 설명을 붙여 긴밀하게 협의해야 한다. 혹여 차년도에 사용하기 위해 당해년도 사업을 제대로 추진하지 않은 것은 아닌지 등에 대한 오해가 생길 수 있으므로 이월이 불가피해지면 가급적 빨리 서로 협의하여 양해를 구하는 것이 좋다.

예산뿐만 아니라 각 세부사업들이 소기의 성과를 거두기 위해 충분히 진행되었는지, 상하반기동안 부족한 부분을 메워야 하는 추가사업이 필요하지는 않은지 등을 살펴서 남은 기간동안 균형감각을 갖고 전체 사업을 조망하며 마무리하는 것이 필요하다.

둘째, 외부적으로 성과를 보여주는 것이다. 재단으로부터 예산을 지원받았다면 사업수행기관은 재단에 대해서, 그 재단은 자신들에게 자금을 지원한 원천에게 책임성 있는 결과를 보여주어야 한다. 그것은 성과(또는 사회적 영향력)로 대변된다. 그러므로 사업 마무리단계에서는 '성과를 보여주는데 충분한 자료를 확보하고 있거나 확보해 가고 있는가'라는 감각으로 각종 자료와 증거들을 수집해야 한다. 사업수행과 평가가 구분되어 이루어지지 않는다는 의미다. 만약 이 둘이 구분되어 진행되면 평가가 부실해질 우려가 있다. 사업이 다 진행되고 나면 평가를 대비할 어떤 조치를 취할 수 없기 때문이다.

제10장

평가 틀을 어떻게 설계할 것인가?

평가는 그 목적과 기준에 따라 다양하게 분류될 수 있는데, 여기에서는 양적평가와 질적평가, 과정평가와 성과평가의 조합에 따라 다양한 평가방법이 설계될 수 있다. 질적성과평가는 그동안 양적인 성과평가에 치우쳐진 편향성에 대한 반성에서 출발한다. 과정평가는 사업 수행 후 최종보고서에서 단순히 성과달성 여부와 정도에 대해서만 제시할 경우 사업진행과정에서의 중요한 맥락적 정보가 사라져버리는 한계를 극복하기 위해 중요하게 다루어질 필요가 있다.

한편, 평가 틀을 구상할 때 누가 평가를 할 것인지, 그러한 평가자가 어느 정도의 헤게모니를 쥘 것인지, 그리고 평가 범위와 시기에 대해서도 결정해야 한다. 그러나 근본적으로는 과연 프로그램을 기획할 때 사업신청기관에게 평가 틀을 수준있게 작성하도록 요구하는 것이 바람직한가에 대해서는 의문이다. 평가보다는 현장밀착적으로 기획하는데 보다 더 초점을 두게 하는 방안이 제시될 수 있다.

1. 들어가면서

프로그램을 기획·구성하는데 있어 평가설계만큼 중요한 것이 없다. 평가를 왜 그리고 어떻게 할 것인지를 살펴보면 자신이 의도하고 기획한 프로그램의 목적, 목표가 제대로 표현되었는지를 알 수 있기 때문이다. 즉, 처음에 기획이 다소 부정확하였다 하더라도 평가지표 설정, 평가방법 등을 모색하는 과정에서 보완할 기회를 가질 수 있게 된다. 아울러 평가를 하기 위해서 프로그램을 진행하다가도 어느 순간에서는 평가자가 되어야 하는 역할 변신도 필요하게 된다.

평가는 단순히 '의미가 있었다', '유의미한 변화를 가져왔다', '성공적이었다'라는 표현으로 그쳐서는 곤란하다. 오히려 어떤 내용들이 진행되었고 어떤 결과를 가져왔는지를 냉정하게 되돌아볼 수 있어야 한다. 여기서 구체적으로 고민해야 할 것은 평가방향, 평가범위, 평가방식이다.

프로그램 평가는 크게 두 가지로 나뉜다. 첫째는 산출목표와 성과목표가 실제 달성되었는지를 살펴보는 것이다. 실제로 계획한 횟수만큼 모든 것이 진행되었는지, 그리고 그러한 노력의 결과로서 서비스 이용자들이 얼마나 변화하였는지를 살펴보는 것이다. 산출(과정)목표는 프로그램 선정 이후 자문교수와의 협의과정에서 변화될 수도 있다. 결국 컨설팅 과정에서 끊임없이 산출목표 변경 또는 달성정도가 점검되므로 성과평가가 가장 중요하게 남는다.

둘째는 프로그램에 대한 과정평가이다. 이는 산출목표에 대한 달성도를 점검하는데 있지 않다. 오히려 프로그램의 진행과정에서 겪었던 다양한 시행착오와 난관들, 그러한 애로사항에 대해 실무자가 어떻게 타개방안을 제시했으며 그 방안을 추진함에 있어 당초 계획과 어떻게 프로그램 내용이 달라졌는지, 그 과정에서 시사받을 수 있는 함의가 무엇인지에 초점을 둔다.

물론 프로그램을 시행한 이후라면 실무자의 노력을 통해 그 내용이 '의미있었음'을 보여주는 것은 당연한 의무이다. 그러나 그것이 평가의 전부는 아니라는 의미다. 이 프로그램의 실시 결과 '보기 좋았더라'에 그치는 것이 아니라 이보다 더 좋은 프로그램을 개발하거나 이 프로그램을 응용하여 실제 자신의 기관에 적용하고 싶은 또 다른 실무자에게 의미있는 내용을 전달해 줄 수 있어야 한다. 그러므로 평가자는 평가를 통해 자기만족적인 결과를 도출하는 것이 아니라 프로그램 수행과정별로 자신의 경험과 노하우가 평가 내용에 포함시켜야 한다.

2. 평가의 의미 및 종류

1) 평가의 의의

평가란 '변화시키고자 하는 바가 사업 시행 전(前)·후(後) 얼마만큼 실제적으로 변화하였는지, 변화하지 않은 부분은 왜 그런지, 이러한 변화가 프로그램 시행에 어떤 의미를 던져주는지를 살펴보는 것'을 의미한다.

2) 평가의 종류

평가의 종류는 그 구분하는 기준에 따라 다양하게 제시될 수 있다. 논리모델에 따르면 사업이 진행되는 순서에 따라 「투입-활동-산출-성과」에 대해 각각 평가할 수 있다. 이러한 논리모델에서 성과 앞 단계까지를 사업의 진행과정이라고 보면 그것이 계획대로 잘 진행되었는지를 살펴보는 형성평가와 사업수행 결과 의도한 목표 달성 여부와 정도를 평가하는 결과평가로 구분하기도 한다.

- 투입평가: 사업에 투입된 자원의 종류와 양을 기대치와 비교하여 평가 (예산대비 지출액, 공간마련비율 등)

- 활동평가: 목표달성을 위해 실제 수행한 활동을 기대치와 비교하여 평가 (계획대비 프로그램 시행횟수 등)

- 산출평가: 산출목표에 대한 평가 (프로그램 수료율 등)

- 성과평가: 성과목표에 대한 평가 (취업역량강화 제고율, 자아존중감 향상률 등)

한편 평가 종류를 형평성과와 총괄평가로 나누기도 하는데(Scriven, 1967) 전자는 사업수행과정에서 중간중간에 평가해 봄으로써 이를 수정·변화하여 최종적으로 의도한 성과를 달성하기 위한 수단적 성격의 평가를 의미하고, 후자는 결과평가와 마찬가지로 사업수행결과에 대해 평가하는 것을 의미한다.

한편, 사업수행과정에서 각 진행단계에서 기획대비 실제 사업수행과정을 살펴보는 과정평가와 사업수행결과 의도한 성과목표를 달성하였는지의 여부를 살펴보는 성과평가로 구분 진행하는 경우도 많다. 과정평가에는 첫째, 계획에 따라 잘 진행되지 않은 것(예: 당초 3월에 사업참여자를 모집완료하기로 되어있었는데 4월에도 다 모집이 안 된 것, 현수막을 붙여놓으면 모집이 잘 될 것이라고 기대했는데 현수막을 보고 왔다는 사람은 거의 없을 때) 둘째, 계획할 때 미처 생각하지 못한 것(예: 초등학교 돌봄교실이 확대되었는데 이를 고려하지 않아 방과후 프로그램이 잘 진행되지 않은 경우) 셋째, 생각하지 않은 것들이 발생하는 것(예: 조류 AI, 지진 때문에 현지 방문이 어려워진 경우) 등을 포함할 수 있다. 과정평가에 임할 때 실무자는 '만약에 내가 이 사업을 처음부터 다시 시작한다면 어떻게 하겠다고 할 것인가?'라는 관점에서 이 사업을 벤치마킹하고 싶은 사람에게 소중한 이야기를 들려준다는 심정으로 관련 내용을 자세하고 가감없이 서술하고자 하는 태도를 견지해야 한다.

마지막으로, 평가방법의 차원에 따라 질적으로 평가할 것인지, 양적인 결과를 평가할 것인지에 따라 질적평가와 양적평가로 대별하기도 한다. 양적평가방법으로는 각종 설문조사와 실험설계가 가장 많이 쓰이고 질적평가방법으로는 면접(interview)과 참여관찰방법이 자주 쓰인다. 양적평가를 위해 활용되는 사회복지 분야의 척도에는 반포종합사회복지관과 서울대학교 실천사회복지연구회에서 펴낸 자아개념척도, 심리 및 정신건강 척도, 사회적 기능 척도, 가족 관련 척도, 사회적 관계망 척도, 조직 및 직무 관련 척도 등 6분야의 106개의 척도가 있다. 한편, 공동모금회에서 2017년에 발간할 예정인 사회복지 척도집도 참고할만하다. 나아가 이 척도들이 프로그램 성과측정을 위해 개발된 것이 아니기 때문에 필요에 따라서 기관내부의 논의와 자문교수의 자문을 거쳐 일부 수정한 척도를 새롭게 개발·적용하는 것도 일정 범위 내에서는 가능하다고 본다.

앞서 소개한 분류방법은 대부분 사업수행 종료 전(前) 단계에 대한 평가와 사업종료 후 성과에 대한 평가인 반면, 질적 및 양적 평가방법은 접근방식과 다루는 자료의 성격 차이에서 출발하므로 사업 종료 전이나 종료 후에 모두 사용할 수 있으며 이러한 평가방법을 조합하면 아래 표와 같이 표현될 수 있다.

표 15 평가방법 조합에 따른 예시

구분	과정평가	성과평가
양적평가	ㅇ 프로그램 계획 10회 대비 실제 9회 시행 　－ 프로그램 시행률 90%	ㅇ 자녀양육기술척도 사전사후 측정 　－ 0.8점 상승하여 유의미
질적평가	ㅇ 홍보계획을 실제 실시했을 때 왜 효과가 없었는지 분석 　－ 사업담당자는 사업 전체 진행과정에서 중요한 내용 또는 과정을 중점적으로 평가하는 계획 수립	ㅇ 자녀양육기술척도 상 상승한 점수가 의미하는 바가 무엇인지에 대해 인터뷰

양적과정평가는 산출목표를 양적으로 표현하는데 활용될 수 있으며, 양적성과평가는 일반적으로 척도를 통해, 설문지를 통해 자료를 수집하고 이를 양화(量化)하여 간

단하게 평가결과를 보여주는데 사용될 수 있다. 한편, 질적과정평가에서는 사업수행과정의 흐름이 어떻게 이어져 왔는지에 대한 풍부한 내용을 드러내는데 활용될 수 있으며 질적성과평가는 양화(量化)시키기 어려운 성과[20])에 대하여 또는 양적인 측정결과의 의미를 보다 풍성하게 드러내고자 할 때 사용될 수 있다.

3. 평가 주체: 누가 평가할 것인가?

"누가 평가할 것인가"라는 이슈는 사업참여자가 평가과정에서 어떤 역할을 하는가와 직결되어 있다. 흔히 사회복지기관에서 평가를 하게 되면 사업수행을 담당한 직원이, 또는 그 기관이 고용한 제3의 평가자가 당초 설정한 또는 사업수행취지에 맞게 평가 틀을 가지고 평가에 임하게 된다. 그럴 때 사업참여자는 평가대상에 불과하다.

만약 이러한 방식에 대해 비판한다면 어떤 대안이 있을 수 있을까? 먼저 협력적 평가방식에서는 사업참여자의 지속적인 협력에 기반하여 평가를 성공적으로 수행하는 것이다. 나아가 참여적 평가에서는 평가자가 사업참여자와 대등한 관계에서 상호협력을 모색한다. 최종적으로 평가과정을 사업참여자가 헤게모니를 쥐고 평가를 진행하는 역량강화기반 평가가 있다. 사업을 시행한 결과 그 사업이 성공적으로 진행되어 사업참여자의 변화를 이루었는지를 사업참여자인 당사자들이 가장 잘 알기 때문이다.

아래에서는 이러한 2가지 평가주체 설정방식에 대해 자세하게 설명하고자 한다. 이해를 돕기 위해 전통적인 방식은 기관 직원이나 리서치기관에서 자기 주도적으로 평가를 진행하는 방식을 의미한다.

---

20) 예를 들어 지적장애인 사회성 발달지원 프로그램의 경우 프로그램 시작 후 얼마나 빨리 프로그램 진행자와 첫 눈을 맞추는지, 장애당사자가 프로그램진행자에게 먼저 말을 거는데 걸리는 시간이 프로그램 진행횟수가 거듭됨에 따라 얼마나 단축되었는지 등을 관찰하는 것이다(비디오 녹화로 그 횟수나 시간을 측정할 수도 있다).

1) 협력적 평가(Collaborative Evaluation)[21]

(1) 왜 평가자를 고용하는가?

사업수행기관에서는 사업담당자가 평가를 시행하는 경우도 있지만 때로는 프로그램 효과성을 객관적으로 측정하고 자금이 제대로 잘 쓰였는지를 알아보기 위해 사업담당자가 아닌 제3자로 하여금 평가를 시행하게 하는 경우도 있다. 평가자를 고용하기로 하는 조직의 선택에는 여러 이유가 있다. 평가자는 프로그램 수행에서 하나 또는 그 이상의 결정적인 시점에 대해 기여하게 되는데, 프로그램이 처음 착수될 때라든가, 수정될 때 또는 확장될 때, 이해관계자들이 좀 더 많은 정보를 요구할 때, 성과가 기대에 못 미칠 때, 추가자금지원이 필요할 때 등이 이에 해당된다.

기관 책임자나 사업담당자는 평가대상 프로그램의 종류와 상관없이 아래 세 가지를 알기 원한다.

- 프로그램이 계획에 따라서 잘 진행되고 있는가? 왜 그런가?

- 프로그램은 바람직한 결과를 가져오고 있는가? 왜 그런가?

- 프로그램은 의도한 대로의 성과를 가져오고 있는가? 왜 그런가?

---

21) Donis-Keller, C., Meltzer, J. and Chmielewski, E. 2013. The Power of Collaborative Program Evaluation. A PCG Education White Paper의 내용을 일부 요약정리한 것이다.(위의 그림 제외)

(2) 협력적 평가의 이점

협력적 평가는 프로그램 담당자로 하여금 지속적으로 프로그램 개선에 몰입하도록 하는 돕는 평가모델이다. 이 모델의 특별한 혜택은 아래와 같다.

- 평가대상 프로그램의 뉘앙스를 반영하는 '소비자입맛에 맞춘' 평가 설계

- 평가목적과 프로그램 집행에서의 변화에 대해 유연하고 적응적인 평가 설계

- 연구결과에 대한 타당성 제고

- 평가의 지속성을 넘어 프로그램 목표를 향한 성과를 모니터링하는 프로그램 직원 능력 개발

- 잠재적인 비용 효율성(프로그램 평가에의 참여를 통한 직원들의 능력개발 및 지속적인 능력 향상은 그들 스스로 성과모니터링과정을 이끌어 나갈 수 있다는 점)

(3) 협력적 평가 실행

협력적 평가는 다양한 접근방법을 사용할 수 있지만 프로그램 담당자가 평가결과를 활용하고 프로그램 개선을 증진시키는 능력을 축적한다는 목표를 가지고 평가팀과 프로그램 지원간의 관계형성에 초점을 둔다.

협력적 평가는 1) Getting underway, 2) Full engagement, 3) Wrap up의 단계로 진행된다. 이 세 단계는 선형적으로 보일지 몰라도 사실은 매우 역동적이고 평가과정 동안 서로에 대해 지속적으로 영향을 미친다. 프로그램 담당자와 평가팀은 다음과 같은 핵심사항에 대하여 끊임없이 대화를 나누는 것이 필요하다.

- 프로그램과 평가에 대한 지식을 구축하는 것

- 평가와 관련한 성과와 프로그램에서의 발전에 대한 소통

- 평가를 통해 얻은 발견들과 제언들을 검토하는 것

- 의사결정에 필요한 핵심정보를 생산해 내고 프로그램 개선을 도모하는 평가질문과 평가도구를 재음미하는 것

① 1단계: Getting Underway

이 단계에서는 평가팀이 평가과정을 적절하게 설계하기 위해 프로그램을 담당하는 직원과 함께 해답을 찾아나가게 되는데 아래 질문에 대해 집중적으로 의견을 모으게 된다.

- 이 프로그램의 공식적인 목표는 무엇인가?

- 이러한 목표를 달성하는데 어떤 단계가 필요한가?(What steps are required ~)

- 평가를 통해 프로그램에 관한 어떠한 질문에 대해 답변하기를 원하나?

- 우리가 관심 있어 하는 성과를 측정하는 가장 좋은 방법은 무엇인가?

- 평가팀과 프로그램 담당자는 평가과정 동안 각각 어떤 역할을 수행해야 하나?

평가팀은 프로그램의 목적, 변화발전, 활동, 기능, 이해관계자 그리고 프로그램이 작동하는 맥락 등에 대해 이해하려고 노력해야 한다. 이는 관련 있는 프로그램 문서만 검토하는 것이 아니라 다양한 이해관계자들과의 대화를 통해 이루어진다. 이 단계의 목표는, 프로그램 직원과 함께 『프로그램 직원이 찾고 있는 바, 그리고 그의 결과물을 얻기 위해 무엇이 진행되어야 하는 것인가』에 대한 솔루션을 찾는 것이다.

논리모델은 프로그램 투입, 중간효과 및 장기성과를 보여 주는데 탁월한데 아래 질문을 함으로써 프로그램 집행단계에서의 통찰력을 얻을 수 있다.

- 의도된 바대로 프로그램이 집행되고 있는가?
- 다양한 이해관계자의 프로그램 만족 수준이 어느 정도인가?
- 현장에서의 프로그램 효과는 무엇인가?

이렇게 프로그램 직원과 평가자는 평가를 공동으로 설계하게 된다. 이것은 자료수집도구, 자료수집절차, 시기 등의 형태, 프로그램개선을 이끌어 내기 위한 형성적 데이터와 프로그램 임팩트를 설명하기 위해 수집될 총괄적 데이터를 어떻게 분석할 것인지, 언제 발견들을 보고할 것인지 등에 대한 계획 등을 결정하는 것을 포괄한다.

평가팀에 의해 제안된 자료수집절차(예를 들면 서베이, 포카스그룹, 관찰 체크리스트, 인터뷰, 문서) 그리고 분석방법(질적, 양적, 혼합)은 대답해야 할 질문, 평가범위, 주어진 시간/기술/관심도에 따라 자료수집에 프로그램 직원이 얼마나 도울 수 있는지, 평가예산이 어느 정도 되는지 등에 따라 다양해 질 수 있다.

협력적 평가에서 평가팀이 따로 꾸려지는 경우 프로그램 담당자가 모든 평가활동에 참여해야 하는 것은 아니다. 그러나 협력적 평가 설계를 발전시키는데는 실현가능성, 시간, 기술 및 관심을 바탕으로 각 단계에서 참여해야 할 역할을 명확히 하는 것도 필요하다. 왜냐하면 평가설계는 프로그램 담당자와 협의 하에 발전시켜야 하는데 여기에는 프로그램의 뉘앙스와 이해관계자의 관심을 반영하는 것이 요구된다.

② 2단계: Full Engagement

이 단계의 구성요소는 자료수집, 분석, 보고 그리고 평가결과의 활용 간의 끊임없는 순환사이클의 반복 속에 녹여져야 한다. 아울러 평가팀과 프로그램 담당자 사이에서는 아래 질문에 대한 합의를 이루어야 한다.

프로그램 담당자는 일상적인 프로그램 활동들에 지장을 초래하지 않는 범위 내에서 평가팀이 자료를 수집할 수 있도록 허용해야 하며 평가자가 정당한 범위 내에서 프로그램을 경험할 수 있도록 허락할 수 있다. 자료수집에 프로그램 담당자를 포함시키는 것은 평가 과정 및 결과 양자에 대한 이해를 구축하는데 도움이 되기 때문이다. 아울러 평가과정에 프로그램 담당자가 함께 포함됨으로써 평가과정에서의 내밀한 내용을 이해하게 되고 그 과정에서 역량을 강화할 수 있는 기회를 얻게 된다.

마찬가지로 데이터 분석에서도 협동적인 과정을 보여줄 수 있다. 수집된 자료를 분석함에 있어서 전문성은 평가자 몫이지만 그러한 전문성 또한 프로그램 담당자나 이해관계자와 공유할 때 더 큰 의미를 지니게 된다. 그러한 분석결과가 어떻게 활용될지에 대한 혜택은 프로그램 직원이 받게 되기 때문이다. 아울러 분석결과를 해석함에 있어서도 브레인스토밍을 협력적으로 할 때 설득력 있는 해석을 얻을 수 있다. 그 다음은 연구결과를 어떻게 보고서에 담을 것인가, 어떻게 호소력 있게 디스플레이하는 것에 관한 내용이다.

③ 3단계: Wrapping up

이 단계는 프로그램 담당자가 평가결과를 계속적으로 실제 업무수행에 활용하는 것과 관련되어 있다. 이 단계에서 던져지는 질문은 다음과 같다.

- 어떻게 하면 평가로부터 얻어진 결과를 최대한 활용할 것인가?

- 현재의 사업수행에 기초하여, 충실성을 더하기 위해서 어떤 조치가 취해져야 할까?

- 사업의 성공을 확대하고 지속시키기 위한 조건들을 어떻게 만들어 낼 수 있을까?

- 부가적인 질문으로서 '평가가 계속 진보하기 위해 무엇이 필요한가, 어떤 내적구조와 리더십이 계속되는 자료수집과 평가결과 활용을 지지할 수 있는가'

협력적 평가모델의 핵심은 프로그램 임팩트를 이해하고 의사결정을 알리기 위해서 뿐만 아니라 프로그램 집행과 그 성과를 개선시키기 위한 평가결과의 활용(Use of Evaluation Results)에 있다. 아울러 평가자는 프로그램 직원이 평가로부터 얻어진 제언을 실행하기 위한 계획을 발전시키도록 돕는 Data-Informed Action Planning을 만들 수 있다.

평가과정동안 함께 일함으로써 양측은 프로그램이 어떻게 작동하고 어떤 임팩트가 예측되는지에 대한 더 깊은 이해를 발전시킬 수 있다. 평가팀은 프로그램 개선의 효과성과 계속되는 프로그램 이행을 추적하고 모니터링하기 위한 자료수집도구 또는 평가틀을 어떻게 지속적으로 사용할 것인지에 대해 프로그램 담당자와 깊이 있는 대화와 논의를 하여야 한다.

2) 참여적 평가(Participatory Evaluation)[22]

(1) 참여적 평가란 무엇인가?

참여적 모니터링 및 평가는 전통적인 모니터링 및 평가 세팅 내에서 참여와 관련된 세부 기술을 사용하는 차원의 문제에 그치지 않고 누가 주도권을 가지고 평가에 참여

---

22) Zukoski and Luluguisen(2002)의 내용을 재구성.

하며 누가 평가결과를 학습하고 이로부터 혜택을 보는지에 대한 급진적인 사고전환에 기초해 있다.

참여적 평가는 평가를 발전시키는데 그리고 그것을 수행하는 모든 단계에 이해관계자가 적극적으로 개입하는 파트너십 접근을 의미한다. 평가에 가장 이해관계가 있는 자 - 파트너, 프로그램 수혜자, 자금제공자 및 핵심의사결정자 - 는 각자 맡은 바 역할을 적극적으로 수행한다. 참여는 관련 질문을 확인하는 것, 평가설계를 계획하는 것, 적절한 측정 및 자료수집방법을 선택하는 것, 데이터를 수집·분석하는 것, 발견들/결론/함의에 대해 합의된 의견을 모으는 것 그리고 결과를 배포하고 프로그램 수행을 개선하기 위한 액션플랜을 준비하는 것 등을 포함하여 평가절차 전반에 걸쳐 일어난다.

특히 사회소외계층이면서 프로그램 수혜자인 이해관계자의 관점, 목소리, 선호 및 결정에 귀 기울이는 모델로 간주될 수 있다.

(2) 왜 참여적 평가를 하는가?

전통적인 협력적 평가방법의 틀에서 벗어나 참여적 평가방법에 대해 관심을 가지고 이를 실현할 수 있는 방법을 찾는데는 그만한 이유가 있다. 첫째, 해당 기관의 상황과 처지에 맞는 평가가 이루어져야 한다는 것이다. 획일적이고 어느 기관에나 다 적용할 수 있는 평가 틀이라는 것이 반드시 평가를 시행하고자 하는 해당 기관에 적합하다고 보기 어렵다. 둘째, 프로그램 수행 수준을 보다 향상시키는 것이다. 참여적 평가방법은 평가를 통해 배운 교훈을 적용할 수 있는 결과로서의 지식을 생성해 내는데 보다 더 초점을 둔다. 셋째, 참여자의 역량강화에 초점이 있다. 평가과정의 처음부터 대등한 입장에서 프로그램 당당자를 포함한 이해관계자를 포함시켜 전체 과정에 참여하게 함으로써 배울 수 있게 하고 평가결과로 도출된 내용에 대한 책임의식을 갖게 만든다. 넷째, 조직의 학습과 성장을 도모할 수 있다는 점이다. 평가결과에 대한 것뿐만 아니라 평가과정을 학습과정으로 이해하는 것이다.

(3) 참여적 평가와 전통적 평가간의 차이점

표 16 참여적 평가와 전통적 평가간의 차이점

분류	참여적 평가	기 개발
누가 평가를 주도하는가?	지역주민, 프로젝트 직원, 다른 이해관계자	자금제공자, 프로그램 매니저
프로그램 성과지표를 누가 결정하는가?	지역사회그룹의 멤버, 프로젝트직원, 다른 이해관계자, 평가자	전문적인 평가인, 외부전문가
자료 수집·분석 및 최종보고서 준비 책임	평가자와 참여 이해관계자의 책임공유	전문적인 평가인, 외부전문가
지역평가자(Local Evaluator)의 역할	코치, 퍼실리테이터, 협상가, '비판적 친구'	전문가, 리더
언제 가장 유용한가?	프로그램 수행 애로 및 수혜에 따른 프로그램 효과에 대한 의문이 있을 때, 이해관계자의 성과에 대한 견해 및 프로그램에 대한 지식에 대한 정보가 필요할 때	객관적인 판단이 필요할 때, 전문가만이 제시할 수 있는 특화 된 정보가 필요할 때 프로그램 지표가 표준화되어 있을 때
그에 따른 댓가는?	시간 에너지 헌신 조정(Coordination), 훈련 및 기술개발 필요 잠재적 갈등도 있음	자문 및 전문가 비용 이해관계자만이 제시할 수 있는 비판적 정보 상실
혜택은?	Local Knowledge 핵심 정보제공자로부터 얻은 정보의 명증(Verification) 지역주민과 다른 이해관계자들 간의 관계, 기술 및 지식 축적	객관적인 판단 표준화된 지표 덕분에 다른 연구 결과와 비교 가능

4. 평가범위

평가의 범위는 일률적으로 말하기는 어려우나 모든 세부 프로그램의 내용을 평가할 수는 없다. 먼저 고려해야 할 것은 그 프로그램을 시행하는 목적과 목표가 무엇인지를 살펴보는 것이다. 왜 이 프로그램을 시작했는지에 대한 좌표설정이 유동적이면 자신의 분신과도 같은 프로그램 하나하나가 다 의미 있어 보이기 때문에 전체 흐름과 체계를 망각하기 쉽다. 그러므로 먼저 목표달성여부를 측정할 수 있는 대표적 평가방법을 미리 제시해 두고, 그 평가방법을 수행하기 위한 일련의 절차별 과제를 진행하는 과정에서 필요한 체크리스트를 만들어 놓는 것이 중요하다. 특히 평가범위를 획정할 때에는 프로그램을 진행하면서 어떤 변화의 내용과 흐름을 보여주어야 하는지 살펴야 하며 평가시기를 어떻게 둘 것인지도 프로그램의 내용뿐만 아니라 이를 둘러싼 환경적 요소까지 고려하여 신중하게 확정되어야 한다.

5. 평가시기 관련 주의점

프로그램 참여자를 모으고 첫 회기의 프로그램을 진행하기 전에 사전평가를 실시하는 것이 쉽지는 않다. 대상자 모집에 생각보다 많은 시간을 보내 빨리 프로그램을 진행해야 한다는 조급함이 있고, 뭔가 조사를 한다고 하면 참여자들이 이탈하지 않을까 걱정되기도 한다. 그런데 사전조사의 어의적 의미를 보더라도, 프로그램 회기가 진행되고나면 의미가 없어진다. 그럼에도 불구하고 일부 기관에서는 이러한 사전조사를 소홀히 하는 경우가 많다. 당초에 평가를 소홀히 한 탓일까, 바쁜 시기에 적절한 타이밍을 놓쳐서 일까, 아니면 평가의 틀을 갖추기 위해서 적어놓았지만 자신의 사고(思考) 체계에는 철저하게 입력되어 있지 않은 탓일까... 자신을 돌아볼 필요가 있다.

사업이 시작되고 나서 후반에 이르게 되면 이제 그동안 수집한 자료들을 잘 정리해서 평가 모드로 전환해야 한다. 입력·분석해야 하는 일에 익숙하지 않으면 자꾸 작업을 미루게 되는 반면, 평가보고서 제출일은 점점 임박해진다. 그러므로 시간을 적절하게 안배할 필요가 있다. 프로그램 종료는 사업종료일보다 일찍 이루어질 수 밖에 없다. 회고해야 할 시간이 필요하기 때문이다. 중언반복하면 '프로그램을 잘 수행하는 것은 절반의 성공밖에 안 된다'. 의미 있는 내용을 보고서에 많이 남기는 것이 중요한데 이는 깊은 성찰의 시간을 갖지 않으면 안 된다. 의미 없는 돌탑에 비슷한 돌을 얹히는 의미 없는 일을 반복하지는 말아야 하지 않는가.

6. 제언: 사업제안자가 평가 틀까지 제시해야 하나?

흔히 우리나라에서의 프로그램 공모를 통해 재원을 지원하는 공동모금회나 민간복지재단 모두는 비영리 기관 및 단체에게 성과목표를 설정하고 그러한 성과목표 달성 여부를 평가할 수 있는 평가 틀을 작성하도록 요구하고 있다. 어쩌면 비영리기관 및 단체에서 내가 변화시키고 싶은 부문에 대하여 어느 정도 변화를 꾀할 것인지 목표를 설정하는 것은 당연한 일이다. 자신이 목표를 설정했으니 그 목표달성을 위해 제한된 시간 내에 매우 조직적으로 인적 및 물적 자원을 사용해야 한다. 그리고 실제 그렇게 이들을 효율적으로 사용하여 소기의 성과를 달성했는지에 대한 평가가 이루어져야 하므로 이에 대한 내용을 요구하는 것은 어쩌면 당연한 이치다. 논리적으로 반박의 여지가 없어 보인다.

하지만 달리 생각해 보자. 프로그램을 제안해서 받는 재정적 지원을 통해 어느 정도 성과를 내야 하는지는 사업의 최종적인 윤곽에 의해 결정된다. 즉, 제안된 프로그램이 우수하여 선정되었다 하더라도 제9장에서 언급한 바와 같이 킥오프할 때까지 사업내용을 전반적으로 수정·보완할 것을 요구받는다. 그것은 자금제공기관의 입장에서 무리한 요구를 하는 것이 아니라, 오히려 비영리 기관 및 단체에서 공모전에서 살아남기 위해 제한된 자원으로 보다 많은 사업을 하겠다고 과시적으로 표현하거나 내용작성자가 의욕에 앞서 실제 감당하기 어려운 분량의 사업을 제시했기 때문이다. 이로인해 조정과정에서 사업내용의 성격과 분량이 일부 조정될 수밖에 없는 것이다. 그렇게 되면 당초 제시했던 성과목표는 당연히 수정되어야 한다. 만약 사업내용이 크게 바뀌었음에도 불구하고 성과목표가 수정될 필요가 없다면 당초 설정된 성과목표가 치밀하게 설계되지 않은 경우라고 봐야 한다.

여기에서 우리는 "과연 사업신청서를 적을 당시부터 성과목표를 제시해야 하는게 반드시 필요한 것인가?" 라는 질문을 던질 수 있다. 어차피 신청된 사업계획서와 조정된 사업계획서의 내용과 물량이 달라질 것이므로 차라리 조정한 후에 성과목표를 자금제공기관과 사업수행기관이 함께 작성하는 것이 낫지 않을까? 그만큼 사업수행기관들은 성과목표를 작성하는데 큰 어려움을 겪기 때문이고, 뿐만 아니라 어차피 성과관리라는 것은 애초에 목표설정부터 양자가 함께 의논하여 합의할 문제이지, 일방적으로 사업수행기관이 제시할 문제는 아니기 때문이다.

문제는 여기에 그치지 않는다. 이러한 성과목표 설정에 따라 이 성과목표가 사업수행을 통해 달성되었는지를 평가하는 틀 또한 사업수행기관이 사업신청 단계에서 사업계획서에 담아야 한다. 만약 성과목표가 달라진다면 이후 평가 틀은 대폭 수정할 수밖에 없다. 또 평가방법은 매우 전문적이고 사업의 내용과 성격에 따라 평가방법은 그에 맞게 정교하게 설계되어야 할 문제이지, 비영리 기관 및 단체에서 자신들의 지식 범위 내에서 완결성을 갖추기란 쉽지 않다. 그러므로 이는 지원결정이 이루어진 다음에 어떤 평가방법을 사용할 것인지, 어디에 평가의 초점을 둘 것인지를 자금제공기관(선정된 사업에 대해 컨설팅 역할을 수행하는 자문위원이 있다면 이를 포함)과 사업수행기관이 상의해서 결정할 문제라고 할 수 있다.

보다 넓게 바라보면 이는 자금제공기관과 사업수행기관간의 역할분담의 이슈라고 볼 수 있다. 즉, 자금제공기관은 사업신청기관이 갖고 있는 문제의식과 그에 따른 사업내용, 그 사업을 추진했을 때 사업에 참여했던 당사자들, 나아가 유사기관 그리고 우리 사회에 어떠한 긍정적인 효과를 가져올 것인지에 대해서 심사하고 이에 대해 재정지원을 할 것인지 말 것인지를 결정하면 된다. 이후에 그 사업의 목표를 어디까지 잡을 것인지, 그 목표 설정에 따라 어떻게 달성여부를 점검할 것인지는 이후에 상의해도 늦지 않다고 본다. 그럼에도 불구하고 자금제공기관은 목표설정과 평가방법에 대한 내용을 적도록 사업신청기관에게 요구하고 있는 것이 관례다. 제언컨대, 사업신청 단계에서는 사업내용과 문제의식이 보다 선명하게 드러나도록 하고, 그 사업의 기대되는 성과와 사회적 영향력에 대한 혜안과 기대에 대해 보다 깊이 있는 논의를 하고, 사업선정 후에는 일련의 성과관리 차원에서 상호협력적으로 관련 내용을 함께 마련하는 역할분담이 이루어지도록 관련 논의 되어야 할 것으로 본다.

제11장

과정평가

그 어느 프로그램이건 간에 아무런 시행착오 없이 처음부터 계획된 대로 진행되는 경우가 있을까? 모든 프로그램이 시행만 되면 설정한 목표와 성과는 반드시 달성되는 것일까? 무수히 많은 사업결과보고서가 매년 쏟아져 나오고 있지만 '계획대로 안되었다'거나 '성과달성이 미흡했다'고 고백하는 사례를 본 적이 거의 없다. 정말 자금제공기관이 사업신청기관을, 프로그램 기획의 성숙 정도를 보는 탁월한 눈이 있어서일까? 글쎄...

과정평가는 프로그램 진행과정에서 당초 계획 대비 실행이 어떠했는지를 둘러싼 다양한 정보를 담아내는데 그 목적이 있다. 사업수행과정에서의 아픔은 깨끗하게 도려낸 채 찬란한 성과만 강조하는 현재의 분위기는 바뀔 필요가 있다. 프로그램을 시행하면서 여러 변화와 도전에 대해 어떻게 대응했는지에 대한 고민과 노하우를 드러내는 것은 후배 사회복지사에게 중요한 정보를 제공해 준다는 측면에서 보다 중요하게 다루어져야 한다.

1. 과정평가란?

과정평가란 투입과 활동이 당초 계획에 따라 적절하게 진행되었는지를 평가하는 것을 말한다. 과정평가에서는 ① 어떠한 과정을 통해 사업이 진행되었는지, ② 당초 계획과 시행이 달라졌다면 그 이유가 무엇인지, ③ 주요 과정 별로 얻은 교훈이 무엇인지, ④ 다시 사업을 추진한다면 어떻게 할 것인지 등에 대해 가능한 한 자세하게 기록해야 한다.

2. 과정평가의 중요성

일반적으로 사업수행기관에서는 재원을 지원받아 소기의 성과를 달성하고 종료되는 것으로 결말지워진다. 이에 비해 그러한 성공적인 성과를 거두기까지의 과정에 대해서는 블랙박스로 처리되는 경우가 많다. 사실 따지고 보면 당초 계획했던 대로 집행되고 무난히, 어려움없이 성과를 달성하는 사업이 몇이나 될까? 그러한 우여곡절에서 겪는 시행착오가 값진 교훈이 아닐까? 그러므로 사업수행과정에 대한 상세한 기록과 비판적 검토를 통해 어떤 과정을 통해 본 사업을 수행했는지, 수행과정 중 값진 경험에서 얻은 교훈이 무엇인지 등을 상세하게 기록하는 것도 매우 중요하다. 사업수행기관은 앞만 보고 나아가는 것이 아니라 사업수행의 과정을 반추하면서 변화·발전을 모색해야 하고 아울러 타 기관이 벤치마킹하거나 교훈을 얻을 수 있는 교사 및 반면교사의 역할을 수행하기 위해서는 과정기록의 중요성이 결코 간과되어서는 안된다.

3. 과정평가에서의 평가대상

과정평가에서의 평가대상은 사업수행과정 전반이 된다. 제출한 사업계획서가 심사과정을 거쳐 재정지원이 약속된 경우에도 본격적으로 사업에 착수하기 전에 목표에서부터 평가에 이르기까지 사업계획의 일관성을 확보하고 제한된 기간내에 실제로 사업을 완료할 수 있는지에 대한 비판적 검토를 거쳐 최종적인 사업계획으로 수립된다.

과정평가는 이렇게 수립된 사업계획에서부터 출발한다. 즉, 사업계획에 기반하여 처음 사업에 착수하여 각종 홍보활동을 통해 사업참여자를 모집하고, 이들에게 적절한 활동들을 전개해 나가는 과정, 중간모니터링 및 이후 지속적인 사업수행, 그리고 마지막 성과평가에 이르는 전반적인 과정이 과정평가의 대상이 될 수 있다.

아래 표는 위의 설명과 달리 재정지원이 확정될 때부터 시작하여 사업계획의 수정·변화의 과정까지 모두 포괄하는 과정평가의 세부적인 내용을 보여주고 있다.

표 17 과정별 평가 시 고려해야 할 질문들

구분	시기	평가대상	구성인원
1	최종선정당시 ~ 최종 사업계획서 확정	사업계획서 자체	ㅇ 최종 확정된 사업계획서와 관련하여 　- 어떤 내용들이 달라졌는가? 　- 왜 달라졌는가? 　- 변화를 겪으면서 어떤 생각을 하게 되었는가? 　- 처음부터 다시 투자신청서를 적는다고 생각하면 어떤 부분을 가장 명심해야 할 것으로 생각되는가? 　(내년도 신청자에게 전해 줄 수 있는 교훈이 무엇인가?)

구분	시기	평가대상	구성인원
2	최종 사업계획서 ~ 사업종료	수업수행과정 전반 사업준비 ⇩ 〈인력채용, 공간마련 · 정비〉 ⇩ 홍보 ⇩ 대상자모집 ⇩ 세부사업진행 ⇩ 중간평가 ⇩ 사업계속 ⇩ 종결	○ 성공적인 사업수행의 비결이 무엇인지? – 사업이 질적으로 도약하게 된 전환점(turning point)을 상세하게 기술 ○ 당초 계획과 달리 각 단계에서 내용이 변화하게 된 것이 있다면 이의 배경, 변화과정 및 변화 내용이 무엇이었는지? – 내부적 요인인지, 환경적 충격인지? – 변화 요인이 발생했을 때 어떻게 대응했는지? – 대응과정의 우여곡절은? – 그 과정에서 어떤 생각을 하게 되었는가? – 어떤 시사점을 얻었는지?

※ 자료 : 아산나눔재단(2016) 파트너십온 사업 운영매뉴얼의 내용을 수정 · 보완함.

과정평가를 하면서 갖게 되는 질문이나 의문 중 하나가 "무엇을 기술해야 하는가?"라는 것이다. 위에서 언급한 바대로 각 사업진행단계별로 계획대비 실행의 차이를 기술하고 또 차이의 원인과 이에 대한 기관의 대응에 대해 상세하게 기술하여 이 사업을 실행할 때 어떠한 요인들이 발생했는지, 그러한 요인이 내부적인지, 외부적인지를 상세하게 기술함으로써 타 기관이 이 사업을 벤치마킹할 때 소중하게 활용될 수 있는 정보를 담아내는 것이 핵심이다.

그런데 계획대비 실행의 격차에 대해 좀 더 자세하게 살펴보면 아래와 같이 대별될 수 있다. 첫째, 단순히 계획대로 잘 진행되지 않은 것을 들 수 있다. 앞에서 설명하였지만 다시 예를 들면 당초 3월에 사업참여자를 모집완료하기로 되어있었는데 적절한 홍보수단을 마련하지 못해 4월에도 다 모집이 안 된 것, 현수막을 붙여놓으면 모집이 잘 될 것이라고 기대했는데 현수막을 보고 왔다는 사람은 거의 없을 때 등을 들 수 있다. 둘째는 사업수행기관이 갖고 있는 정보의 부족으로 계획 당시부터 충분히 고려해야 할 바를 생각하지 못한 것도 있다. 예를 들어, 정부방침에 따라 초등학교 돌봄교실이 이미 확대되었는데 이러한 정책방향에 대해 둔감하여 A 방과후 프로그램이 잘 진행되지 않은 경우 등이다. 셋째, 아무리 주변적 정황이나 상황에 대해 안테나를 세우고 정보를 수집한다 해도 불가항력적인 경우도 있다. 예를 들어, 조류 인플루엔자가 해당 지역에 확산되어 사람의 왕래가 어려워진다거나, 지진 때문에 현지 방문이 어려워진 경우 등을 들 수 있다.

계획대비 실행의 격차를 이야기할 때 외부적 요인과 내부적요인을 구분하는 것은 매우 중요하다. 만약 외부적 요인 때문이라면 타 기관 또한 그러한 요인을 통제할 여지가 크지 않다. 하지만 내부적 요인의 경우에는 벤치마킹을 하려는 기관의 사정이 사업수행기관과 다르기 때문에 오히려 격차를 발생시키지 않을 수 있다. 또 발생한다 하더라도 대처방법이 달라져야 하는 경우도 있다. 사업수행기관에서는 직원들간의 의사소통문제 때문에 사업이 삐거덕거리는 것도 벤치마킹 기관에서는 일어나지 않을 수 있고 후발주자 효과에 의해 충분히 예견하고 학습하는 경우 격차발생요인에 대해 효과적으로 대응할 수 있는 가능성도 커지게 된다. 바로 여기에서 사업수행기관이 자신에게는 차마 적기 힘든 사업수행과정상의 경험이라 하더라도 자세하기 기술하여 사업결과보고서에 담아내면 그만큼 후발주자들이 사업수행기관이 겪은 시행착오만큼은 줄이거나 건너뛸 수 있게 되므로 학습효과를 발휘할 수 있게 된다.

4. 평가방법

1) 1단계: 평가의 범위와 초점을 분명히 한다.

과정평가를 하겠다고 기획하여 '무엇을 기술해야 하는지'에 대한 내용을 명확하게 하고나면 "과연 모든 사업과정을 모두 평가해야 하느냐? 그렇게 평가하는 것이 가능한가?

또 필요한가?"라는 질문을 던지게 된다. 물론 여력이 있다면 과정평가를 통해 전체 과정 또는 전체 세부사업에서 유의미한 내용들을 최대한 많이 포착할 수 있으면 더할나위 없이 좋을 것이다. 그러나 사업하기도 바쁘고 일손이 부족한데 그러한 풍부한 기술 (Thick Description)을 하기란 외부평가 전문가를 동원하지 않는 한 쉽지 않다. 그러므로 먼저 평가의 초점은 분명하게 하면서도 차선책으로 평가범위를 정하지 않을 수 없다. 즉, 어느 단계의 어느 세부사업을 보다 풍부하게 기술할 것인지를 결정하는 것이다. 예를 들어 "이번 사업에서는 홍보 및 사업참여자 모집과정과 핵심사업인 B 프로그램의 진행과정에 대해 과정평가를 한다"고 설정하는 것이다.

2) 2단계: 무엇을 언제 기록할 것인지를 명확히 한다.

과정평가를 기획할 때 내가 언제 무엇을 기록할지를 제3자에게 제시할 정도로 명확하게 이해하고 있어야 한다. 설계한 대로 실제 평가한 내용의 기록이 축적되도록 해당 시기시기마다 필요한 내용을 기록해 놓는 것이 필요하다. 문제는 사업진행에 파묻히다 보면 평가 및 기록을 소홀히하기 쉽다는 것이다. 또 사업담당자가 당시에는 생생하게 기억하고 있는 것 때문에 '나중에도 기억나겠지...'하는 생각 때문에 적기를 놓치는 경우도 많다. 그러나 그 당시에는 생생하던 기억이 시간이 지날수록 기억의 선명도는 떨어지게 마련이며 급기야는 아예 정확한 기록마저 어렵게 된다는 것을 마음에 새길 필요가 있다.

3) 3단계: 매월 또는 2달에 한 번씩 진행한 사업을 기록한다.

먼저, 기록하기로 한 바에 대하여 정해진 기간 내에 상세하기 관련 내용을 기록해야 한다. 1달에 한 번 정도 월별 과정평가기록지를 작성 하는 것이 좋겠지만, 사업수행에 바쁘다면 2달에 한 번이라도 전반적인 내용을 정리해야 한다. 이 때 기본적으로 던져야 할 질문들은 아래와 같다.

1. 무엇이 진행되었고, 무엇이 진행되지 못하였나?

2. 성공적이었다고, 긍정적인 의미가 있다고 자평할 수 있는 것은? 그 근거는?

3. 무엇이 아쉬운가?

4. 다시 그 과정을 진행한다면 어떤 점을 어떻게 바꾸겠는가?

위의 내용에 대한 기록뿐만 아니라 때에 따라서는 사업참여자들의 경험이나 의견, 요구사항들에 대해 그때그때 정리할 필요가 있다.

4) 4단계: 기록된 내용을 시계열적으로 살펴 그 과정을 평가한다.

매달 또는 격월로 이루어진 평가를 통해 도출된 내용에 대해 이를 묶어서 기록된 내용의 전체적인 흐름을 고찰하여 사업분량이 어느 정도 진행되었는지, 어떤 과정을 거쳐 진행되었는지, 그렇게 진행되게 된 맥락이 무엇인지, 다시 진행한다면 어떤 부분들에 대해 좀 더 세심하게 배려할 것인지, 이 사업을 벤치마킹하려는 기관에게 해 줄 이야기가 무엇인지 등에 대한 메타적 분석을 하여 평가기록지에 기록해 두는 것이 필요하다.

이러한 과정을 통해 얻어진 결과물이 제대로 산출되기 위해서는 평가자(또는 사업 담당자)의 집중적이 노력이 필요하며 그 사업에 대해 자문하는 전문가의 도움이 절실하다. 사업추진과정에 대한 과정평가를 함에 있어서 평가관점의 일관성, 평가내용의 풍부성, 다양한 관점 포섭 필요성 등을 생각하면서 내용이 입체적으로 구성될 수 있도록 노력하고 있는지를 스스로 돌아보는 것이 필요하다. 이후 각 세부사업별로 평가에 따른 내용이 체계적으로 기술되고 이들의 전체 합으로서의 사업전반에 대한 과정평가의 최종결과물이 도출되게 된다. 이러한 과정평가는 모두 기록으로 정리될 필요가 있다. 하지만 월별 과정평가기록, 사업총괄 평가기록, 전체사업 과정평가 등에 대하여 자신이 수행하는 사업에 맞게 변형하여 사용할 수도 있을 것이다.

표 18 과정평가 수행과정에서 점검되어야 할 질문들

절차별 역할	주체별 담당		
	담당자	자문위원	기타
o 과정기록에 대한 논의 　- 평가관점이 일관되게 적용되는가? 　- 평가내용이 풍부하게 기술되어 있는가? 　- 다양한 이해관계자의 관점·견해가 잘 포섭되어 있는가? 　- 다양한 내용이 대조(Contrast)·비교(Compare)되어 잘 정리 　　되어 있는가? 　- 필요에 따라서는 이해하기 쉽게 표로 정리되어 있는가? 　- 누락된 바는 없는가? 　- 타 사업과 달리 우리 사업에서 꼭 지향해야 하거나 　　짚어야 하는 내용들이 잘 용해되어 있는가?	작성	검토	
o 월별(격월) 평가 　- 월별 진행상황에 대한 평가 　- 필요시 인터뷰 실시 　- 월별 과정평가기록지 참조	작성	검토	필요에 따라 사업참여자의 이야기 포함
o 개별 세부사업에 대한 과정평가 　- 월별 또는 격월로 작성된 내용을 취합하여 해당 세부 　　사업 내용에 대한 전체적인 과정평가 　- 총괄 과정평가서 참조	작성	검토	
o 사업내용에 대한 전체적인 과정평가 　- 단위사업 평가결과의 총합(전체 총괄평가 관점 및 　　내용 포함해야 함)	작성	컨설팅	
o (전체사업) 과정평가보고서 작성 　- 사업계획서 단계에서부터 평가단계에까지의 전체 과정 　- 성공적 사업수행의 맥락, 예상치 못한 상황, 그에 따른 　　기관의 대응, 진행과정에서 얻은 소중한 교훈 등을 체계 　　적으로 기술	작성	검토	

(**사업〈홍보사업 또는 대상자모집 등〉) 월별 과정평가 기록지[23]

1. 평가개요

과정평가 작성자		작성일자	2018. 4. 29
관련 성과목표			
평가방법	평가자	참여자/관찰장소	실시일자

2. 추진사업 주요내용

3. 추진사업에 대한 사업담당자의 평가

1. 무엇이 진행되었고, 무엇이 진행되지 못하였나?
2. 성공적이었다고, 긍정적인 의미가 있다고 자평할 수 있는 것은? 그 근거는?
3. 무엇이 아쉬운가?
4. 다시 그 과정을 진행한다면 어떤 점을 어떻게 바꾸겠는가?

4. 추진사업에 대한 사업참여자(청소년들)의 경험·의견·요구 등

〈질문을 통해 담아야 하는 내용〉
o 인터뷰를 위한 Tip에서의 관련 질문들을 해당 사업에 맞게 구성하여 진행
o 필요에 따라 추가적으로 해당 사업에서 중요한 내용들을 질문

5. 작성자의 평가 내용

---

23) 이는 특정 세부사업에서의 지난 한 달 동안 추진되었던 상황에 대한 평가기록을 의미. 예를 들어 청소년들에게 매력적인 공간을 꾸미는 세부사업과 관련하여, 당초 수립된 계획에 따라 전문가회의와 청소년들에 대한 FGI가 각각 열렸다면 그에 대한 내용을 여기에서 정리.

(**사업) 총괄 과정평가서[24]

1. 평가개요

과정평가 작성자		작성일자	2015. 11. 30
관련 성과목표			

평가방법	평가자	참여자/관찰장소	실시일자
프로그램 참여자 면접			
전문가 FGI			
참여관찰			

2. 과정평가 요약

3. 과정평가 결과

추진사업 사업담당자의 평가, 사업참여자(청소년들)의 사업수행과정에서 제기되었던 제반 의견 및 욕구 내용, 내부직원, 자원봉사자 등 다양한 이해관계자들의 의견을 종합적으로 정리

핵심은 월별 평가기록지를 종합하여 세부사업 내에서의 진행과정 및 주요내용을 정리 · 평가하는 것임.

---

24) 앞의 양식과 연속선상에서, A 세부사업이 완결되었을 때 해당 세부사업의 전반적인 진행과정에 대한 평가내용임. 만약
이 세부사업이 3달에 걸쳐 이루어졌다면 2달의 지난 평가결과의 내용과 마지막 한 달 동안의 추진내용을 모두 합하여
평가하는 내용에 해당.

전체사업 과정평가 보고서

1. 평가개요

과정평가 작성자			작성일자	2018. 12
관련세부 사업	평가방법	평가자	참여자/장소	실시일자

2. 과정평가 요약

각 사업추진 단계별로 주요 내용을 요약 정리. 다만, 단계별로 분절적인 내용으로 정리하기 보다는 선후단계의 영향관계 등에도 관심을 가지고 기술

3. 과정평가 결과[25]

1) 사업공간 재구성
2) 홍보
3) 대상자 모집
4) 세부사업1
5) 세부사업2
6) 세부사업3

---

25) 총괄과정평가서에서의 과정평가 결과는 해당 세부사업에 대한 평가인 반면, 본 양식에서의 과정평가 결과는 각각의 세부사업을 모은 사업전체에 대한 평가결과임. 세부사업에 대한 평가내용을 종합하고, 아울러 전체사업에 대한 전반적인 평가결과를 제시. 아울러 이때에는 전후 연결관계에서의 고찰이 보다 중요. 그렇지 않으면 분절적으로 보여서 상호 연결흐름을 매끄럽게 보여주기 어렵기 때문.

5. 평가시 유의사항

평가를 객관적으로 한다는 것은 쉽지 않다. 또 객관적으로 한다는 것이 무엇을 뜻하는지에 대해서도 생각이 다를 수 있다. 또 사회과학에서 "객관적 진리를 파악할 수 있느냐?"라는 질문에 대해서도 입장이 엇갈리며 이는 평가부문에 있어서도 유사하게 적용된다. 즉, 객관적인 진리는 없듯이 객관적인 평가도 없다고 볼 수 있다. 소기의 목표를 달성했는지, 달성했다면 어느 정도 달성했는지, 실제 달성했다고 볼 수 있는 근거가 있는지 등에 대해서 보는 입장에 따라서 달라질 수 있다.

하지만 그러한 입장 차이에도 불구하고 자의적이거나 임의적인 평가에 대해서는 어떤 입장이든 간에 이를 용납하기는 어렵다. 평가결과를 양화시키든, 질적인 스토리로 구성되든 간에 나름대로의 지켜야 할 원칙과 질서가 있고 최대한 이를 준수하기 위한 평가자 자신에 대한 성찰과 학습이 요구된다. 이런 맥락에서 평가에 임하는 사람들의 마음 속내를 어느 정도 이해하고 또 최대한 있었던 그대로의 모습을 드러내려고 노력한 결과를 왜곡하여 해석하거나 이를 기초로 후속적인 이익 또는 불이익이 수반되어서는 곤란하다.

1) 사업을 미화(美化)하려는 나 자신의 모습을 읽어라

누구든 자기가 수행한 사업이 잘못되기를 바라는 사람은 아무도 없다. 또 설사 잘못되었다 하더라도 그렇게 된 이유를 객관적으로 보기 어렵다. 아전인수(我田引水) - 인지상정(人之常情)이다. 하지만 그것이 바람직한 것은 아니다. 오히려 실패한 경험에서 소중한 보석이 발견된다. 내 실패가 다른 사람들에게 혜안을 가져다 줄 수 있으면 그것은 더 이상 실패가 아니다. 소중한 자원이 되고 교훈이 된다.

2) 기관 책임자의 이해가 필요하다

평가담당자가 아무리 솔직하려고 하여도 기관 책임자가 그러한 자세와 마인드를 이해하지 못하면 평가결과를 (아무리 일부라 하더라도) 실패라고 기술한 보고서가 마음 불편하기 짝이 없게 된다. 그러나 자신의 기관이, 수행한 사업이 아무런 문제가 없다, 귀책사유가 없다고 하는 자세 때문에 더 이상의 발전 또한 가로막게 된다는 것을, 또 가로막아 왔다는 과거 역사에 대해 솔직할 필요가 있다. 그러므로 사업결과에 대해 보다 솔직해 질 때 또 다른 발전의 출발선이 주어지게 된다.

3) 기관감독(평가)기관은 사업결과에 대해 색안경을 끼고 보지 말라

결국 평가에 대해 솔직했더니 돌아오는 것은 불이익이라고 한다면 더 이상 실패라는 부정적 결과를 드러내려고 하지 않을 것이다. 불이익은 대부분 기관감독(평가)기관에서 출발한다. 좁게는 사업자금을 배분한 공동모금회가, 넓게는 지도감독기관인 행정기관과 평가기관에서 사업수행결과에 대해 집착하게 되면, 또 그로 인해 부정적인 감독·평가결과가 도출된다면 현장에서부터 솔직해지려는 움직임을 가로막는 결과를 초래하게 된다.

자체 보고서의 내용이 부정적이라 하여 감독이나 평가까지 부정적일 이유는 없다. 오히려 얼마든지 감출 수 있었는데도 그러지 않은 용기를 높게 평가해야 한다. 그러한 사업결과를 기초로 어떻게 이후 사업에 그러한 내용을 반영했는지, 타 기관들에게는 어떻게 그러한 내용을 전파했는지가 오히려 감독 또는 평가의 대상이어야 한다.

제12장

성과평가(1): 개요 및 양적 성과평가

성과평가는 프로그램을 시행하고 나서 소기의 목표를 달성했는지를 살펴보는 것으로 평가의 핵심이라고 볼 수 있다. 이러한 성과평가는 평가 방법 및 자료에 따라 양적 성과평가와 질적 성과평가로 나뉜다. 양적인 평가에 있어서는 사회복지척도집에 제시되어 있는 척도 중 가장 적합한 것을 활용하는 것이 통례이다. 만약 자신의 프로그램의 성과를 기존의 척도로 측정할 수 없는 경우에는 문제가 생기는데 최대한 검증을 거쳐 자체 제작한 성과평가 도구를 활용할 수도 있을 것이다. 나아가 질적 성과평가방법으로 접근할 수 없는지에 대해서도 항상 열린 마음으로 판단할 수 있어야 한다.

1. 성과평가의 개념과 맥락

성과평가란 기 제시된 성과목표가 사업수행을 통해 실제로 어느 정도 달성되었는지, 그 성과의 의미가 무엇인지를 평가하는 것을 말한다. 의도한 성과의 달성여부와 정도를 측정하는데 있어 이 작업이 독자적으로 제시되고 이루어지기 보다는 이미 설정된 성과목표 및 사업수행과 밀접하게 연관되어 있음을 알 수 있다.

어쩌면 성과를 평가한다는 것은 앞서 기획된 내용에 기속되는 측면과 성과있음을 어떻게 드러낼 것인지에 대한 평가 틀과 관련해서는 상대적으로 그 구상과 구성이 자유로운 측면도 함께 내포하고 있다.

먼저 기속되는 측면을 살펴보면 이미 성과목표라는 것이 제시되어 있고 아울러 그러한 목표를 달성하기 위한 수단적 성격의 사업내용을 이미 추진하였고 평가 직전까지 추진하게 된다. 그러므로 무엇을 평가할 것인가는 앞선 내용들을 설계할 때 이미 결정되어 있는 부분이라고 할 수 있다. 물론 사업을 추진하다가 목표가 수정·변화되거나 이를 달성하기 위한 사업내용이 달라진 경우 당초 설계된 평가틀이 연동되어 변화될 수밖에 없다. 하지만 그렇다 하더라도 성과목표 설정에서 성과평가 틀이 자유로울 수 없는 것은 마찬가지다.

다소 자유로운 측면을 살펴보자면, 그러한 성과목표를 염두에 두고 성과있음을 어떻게 드러낼 것인가라는 질문에 대하여 답할 수 있는 방법이 유일하게 존재하는 것은 아니다. 일종의 조작적 정의가 필요할 때도 있다. 예를 들어 발달장애부모의 자녀에 대한 양육기술을 향상시키는 프로그램을 실시한 후 평가한다고 할 때 성과목표는 양육기술을 향상시키는 것이 될테고, 평가지표는 양육기술 향상도를 보게 되며, 사용하는 측정도구는 양육기술척도가 될 것이다. 이렇게 성과목표를 측정하는 도구가 명확하게 제시되어 있는 경우에는 큰 어려움이 없지만 성과목표에 직접적으로 맞닿아 있는 측정도구가 없는 경우에는 지향하는 성과목표의 달성여부를 측정할 수 있는 지표를 조작적으로 정의할 수밖에 없다. 또 그러한 사용할 수 있는 기존의 척도가 없다면 최대한 자의성을 배제하면서 평가자가 측정도구를 만들 수밖에 없다. 이렇게 만드는 측정도구에 대해 모두가 긍정적으로 생각하는 것은 아니다. 때로는 해당 기관에서 만든 측정도구를 인정하지 않는 자금제공기관의 자문위원들도 많다. 하지만 모두가 인정할 수 있는 측정도구를 몇 개월만에 만든다는 것은 불가능한 일이다. 그렇다고 평가를 하지 않을 순 없지 않은가. 그러므로 차선책으로라도 조작적 정의와 그에 맞는 측정도구를 만들 수밖에 없는 불가피성을 인정해야 한다.

2. 성과평가의 종류

성과평가의 종류는 크게 2가지로 대별될 수 있는데 성과평가를 위해 어떤 접근방법을 사용하는가에 따라 양적 성과평가와 질적 성과평가로 나뉠 수 있다.

우선 양적 성과평가는 성과평가의 결과를 구체적인 수치로 나타내는 것을 말한다. 주로 척도를 사용하여 사업 시행 전후를 비교하거나 시행에 따른 만족도 또는 주관적인 변화 정도로 나타낸다. 예를 들어, 자녀양육기술척도를 통해 자녀양육기술증진프로그램을 시행하기 전후를 측정하여 그 변화치가 의미있는지를 살펴보는 것, 또는 시행 후에 자신의 자녀양육기술이 얼마나 증진했는지를 4점 척도(매우 그렇다, 그렇다, 그렇지 않다, 전혀 그렇지 않다) 또는 5점 척도(매우 그렇다, 그렇다, 보통이다, 그렇지 않다, 전혀 그렇지 않다)로 나타낼 수 있다. 이러한 양적 성과평가는 제3자로 하여금 그 프로그램 시행이 효과적인지, 그 효과가 어느 정도인지를 객관적이고 쉽게 알 수 있게 해준다.

또 다른 접근은 질적 성과평가이다. 질적 성과평가가 필요하게 되는 경우는 크게 3가지로 대별될 수 있다. 첫째는 사업참여자가 설문조사나 실험에 참여하기 어려운 경우이다. 즉, 양적 측정방법을 적용되기 어려운 경우를 말한다. 예를 들어, 발달장애인의 역량강화를 위한 사업에서 실제 역량강화가 되었는지에 대한 설문을 당사자가 이해하고 대답하기가 쉽지 않다. 그렇다고 사업담당자나 자원봉사자, 부모가 임의로 대답하는 것도 장애인복지에서의 당사자주의 이념에 비추어볼 때 바람직하다고 볼 수 없다. 물론 설문지를 이해하기 쉽게 수정해서 제시할 수 있으나 아무리 쉽게 변형시킨다 하더라도 소통이 어려운 발달장애인의 경우에는 한계를 지닐 수밖에 없다. 그러므로 참여과정을 통해 초점을 명확하게 한 관찰을 통해 역량강화의 모습을 기술할 수밖에 없다.

둘째는 양적인 변화를 보여주기 어려운 경우이다. 초중학생의 진로성숙도 향상을 도모하는 프로그램에서 자신이 아직까지 진로를 결정하거나 윤곽을 잡지 못한 경우 즉, 프로그램 종료 후에도 여전히 변화과정에 있는 경우 양적 척도로서는 의미있는 변화를 포착하기 어렵다. 그러나 자신은 예전에 아무 생각 없이 살던 지점에서는 떠나서 이제는 내가 무엇을 하고 살아야 하는지 매우 복잡한 심경에 쌓여있다는 자체가 이미 변화가 일어난 것인데, 실제 진로성숙도 측정에서는 그러한 과정적 변화까지 포착하기 어렵고, 그러한 이유 때문에 질적인 접근이 오히려 강점을 가진다.

셋째는 양적 성과평가를 통해 보여지는 수치의 변화가 무엇을 의미하는지, 그 수치의 변화가 담고 있는 내용이 무엇인지를 보여주는 경우이다. 예를 든다면, 자녀양육기술척도 변화가 0.8이고 그것이 의미있는 변화라고 판단하더라도 실제 무엇이 변화하였는지를 숫자 0.8을 통해 알기 어렵다. 즉, 뭔가 양육기술이 변화하였는데 실제 아이를 양육하면서 어떤 스킬이 생활상에서 나타났는지는 사업참여자의 이야기를 듣거나 실제 양육의 현장을 관찰해야만 알 수 있다. 그럴 경우 인터뷰나 참여관찰을 통해 그 내용을 포착할 수 있게 된다.

3. 양적 성과평가 작성방법

1) 양적 성과평가 작성양식

최근 사업계획서 작성양식이 복지재단마다 차이가 크고 공동모금회가 『2018년 배분사업안내』를 통해 새로운 양식을 선보임에 따라 많은 부분에 변화를 가져왔다. 그러나 양적 성과평가를 작성하는 양식은 크게 변화하지 않았다. 흔히 '평가방법'이라는 목차로 제시된 아래 표를 대신하여 보다 개선된 표 양식을 제시하기가 마땅치 않다는 것을 의미한다. 물론 공동모금회에서는 양적 성과평가 작성 표 양식에서 제시된 '성과지표'를 작성하려고 하다보면 질적인 성과평가를 작성하기가 애매해 지는 부분이 있어 질적 성과평가 작성 표를 별도로 제시하고 사업의 성격에 따라 양자 중 택일하여 하나를 사용할 수 있게 하고 있다. 아래에서는 질적 성과평가와 대별한다는 측면에서 제목을 양적 성과평가방법이라고 하였다.

표를 작성하려면, 우선 이미 제시된 성과목표에 대하여 이를 조작적으로 측정할 수 있는 성과지표를 설정해야 한다. 그리고 그러한 성과지표를 측정할 수 있는 자료수집방법이 무엇이고, 그러한 자료들을 누구에게서 받을 수 있는지, 그리고 언제 자료를 수집할 것인지에 대한 세부내용을 명확하게 결정하여야 한다.

표 19 양적 성과평가방법

성과목표	평가방법			
	성과지표	자료원	자료수집시기	자료수집방법

2) 세부 내용 설명

(1) 성과지표

성과지표는 성과목표의 내용에서부터 도출되는데 이는 여러 척도집을 검색해서 가장 적절한 것을 찾거나 적절한 지표를 자체적으로 설정할 수 있다. 지역아동센터 이용아동에 대한 교육기능향상을 도모하는 사업인 경우, 성과지표로 '학교숙제 완성횟수 증가율'를 설정할 수 있을 것이다. 이렇게 성과지표가 제시될 때에는 이미 증가율을 측정하는데 필요한 분모 및 분자의 내용이 사전에 결정되어야 한다.

즉, 분모는 학교숙제를 부여받은 횟수, 분자는 학교숙제를 완성한 횟수로 하고 이에 따라 학교숙제 완성횟수 증가율은 [(학교숙제를 완성한 횟수/학교숙제를 부여받은 횟수)×100] - (초기값)이 된다. 만약 초기값이 50%이고 학교숙제완성 빈도율이 70%라면 증가율은 20%p가 된다.

이렇듯 자료를 측정할 구체적인 방법과 조작된 개념과 정의가 없이는 제시된 성과지표는 빛 좋은 개살구가 되고 만다. 흔히 지원신청기관에 대한 면접에서 성과지표가 어떻게 측정될 것인지를 물어보면 대답을 못하거나 전혀 자료의 성격에 맞지 않는 대답을 제시할 때가 있다. 이런 경우에는 평가틀을 제대로 이해한 것인지 의문을 갖게 되고 자연스럽게 해당 부문에 대한 점수는 낮을 수밖에 없다.

물론 아무리 조작적 정의를 구체적으로 한다 해도 좀 더 세부적으로 따지고 들어가다 보면 부정확한 모습이 보이기도 한다. 위의 사례를 다시 살펴보면 학교숙제를 어디까지 볼 것인지 즉, 알림장에 기재된 사항으로 집에서 의무적으로 해야 하는 것을 모두 망라하는 것인지, 교과과정에 국한해야 하는지, 1일치를 한꺼번에 묶어서 학교숙제 1회로 봐야 하는지, 개별과목을 개별적으로 계산해야 하는지 등등 조작화해야 하는 것이 한 둘이 아니다. 또 그렇게 세부적으로 한다 하더라도 그것을 계산하기 위해 하나하나 따져야 할 것이 너무 많으면 주객전도라는 비난에서 자유로울 수 없다. 그러므로 평가의 용이성과 평가결과로부터 얻을 수 있는 함의를 저울질해서 적정하게 조작화하는 것이 필요하다.

아울러 성과지표는 이후 구체화해야 하는 자료원, 자료수집시기, 자료수집방법과 연결되어 있어 전체적으로 각 항목들이 상호 유기적으로 체계화될 때까지 다듬어야 한다. 이러한 성과지표가 측정하기 어려운 것으로 제시되어서는 곤란하다. 예를 들어 성과지표를 '친밀감 향상'이라고 제시한다면 이 친밀감을 객관적으로 측정하기는 어렵다. 흔히 기관에서는 이를 보호자 상담일지, 관찰일지 등으로 측정하겠다고 하지만 단순히 '프로그램 진행과정에서 살펴보니 친밀감이 향상되었다' 정도의 평가에 그치는 경우도 없지 않다.

(2) 자료수집방법

자료수집방법에는 '누가' 수집할 것인가와 '무엇을 통해' '언제까지의' 자료를 수집할 것인가가 포함된다.

먼저 '누가' 수집할 것인가에서 중요한 점은 사업담당자가 할 것인지, 제3자가 할 것인가가 결정되어야 한다. 사업담당자가 이 사업을 제일 잘 알지만 응답자가 왜곡된 응답을 할 수 있는 가능성을 배제하기 어렵다는 한계를 지니고 있는 반면, 제3자가 평가하는 경우는 공정하게 자료를 수집할 수 있는 장점이 있는 반면 사업의 맥락을 모르는 상태에서 자료를 수집할 때 깊이 있게 내용을 끄집어내기 어렵다. 한편, '무엇을 통해' 자료를 수집할 것인가에서 중요한 점은 두 가지이다. 먼저 각종 척도집에서 제시되어 있는 척도 중 어느 하나를 쓰려고 할 때 그 척도명을 여기에서 제시해야 한다. 물론 성과지표에 따라서는 척도명이 성과지표와 거의 비슷한 경우가 있다. 예를 들어 자아존중감 향상률이 성과지표이며, 이때 자료수집방법에 자아존중감 척도를 사용한다고 기재하는 것이다. 두 번째는 설문지로 자료를 수집할 경우 이를 배포해서 응답자가 자기 스스로 응답하게 할 것인지(자기기입식 설문조사), 질문지를 하나하나 읽어주고 설명해 주면 응답자가 이야기한 것을 적을 것인지(대면식 설문조사)를 결정해야 한다.

마지막으로는 어느 기간 동안의 자료를 대상으로 할 것인가를 결정해야 한다는 것이다. 예를 들어 학교숙제 완성빈도 증가율에서 학교숙제 수행횟수를 어느 기간 동안에 학교에서 내 준 숙제를 대상으로 할 것인지, 또 숙제의 범위가 무엇인지를 획정해야 한다.

그러나 자료수집방법으로 많이 나열되지만 초점없이 기재되는 경우에는 성과지표 달성여부를 측정할 수 없는 자료임을 실제 평가단계에서 알게 된다. '프로그램 일지, 개별 체크리스트, 보호자 상담, 사례회의록, 관찰일지, 공연' 등이 흔히 제시되는 자료수집방법인데 이러한 것들이 통상 사업수행기관에서 사업을 집행할 때 기록해야 하는 것으로 생각하고 있는 항목들이어서 통례대로 기재하는데 그치고 성과목표 달성여부 및 성과지표 관련내용으로 기재되지 않는다면 기재된 내용으로 성과목표 달성을 주장할 수 있는 근거로 활용하기 어렵게 되고 만다.

(3) 자료원(資料源)

자료원은 성과지표를 통해 의미있는 내용을 응답하는 사람 또는 장소를 말한다. 예를 들어, 손자녀를 양육하는 조부모를 대상으로 한 프로그램이었다면 자녀양육기술척도에 대해 대답을 하게 되는 조부모가 자료원이 된다. 자료원 작성과 관련된 흔한 오해는 자료원을 자료를 수집하는 주체로 기재하는 것이다. 즉, 직원 중에 누가 설문조사를 하는지를 기재하는 것이다. 그러나 자료원이라는 것은 자료의 원천이 어디에서 나오는지에 대한 것이므로 사업참여자가 되는 것이 대부분이다.

(4) 자료수집시기

자료수집시기는 언제 자료를 수집할 것인가에 관한 것이다. 이 때 가장 중요한 것은 사전 사후에 모두 측정할 것인지, 사후에만 측정할 것인지를 결정하는 것이다. 만약 초기값 설정을 위해 사전에 검사를 한다면 사업을 본격적으로 시행하기 전에 사업참여자에게 반드시 사전검사를 실시하는 것이 필요하다. 사업을 하다보면 사전검사 없이 바로 프로그램을 시행해서 초기값을 잡아내지 못하는 경우가 많기 때문이다. 하지만 사전 측정을 하지 않은 경우에는 사후에 질문 문항에서 어느 정도 변화했는지에 대한 내용을 제시하여 그 변화 정도를 답하게 하는 방법으로 측정하여야 할 것이다.

양적 성과평가 사례 1

아동의 정서발달과 지역문화홍보를 위한 노인 세대의 사회참여 프로그램

평가방법

성과목표	평가방법			
	성과지표	자료원	자료수집시기	자료수집방법
노인세대의 정서적·사회적 고립감 감소	정서적·사회적 고립감 사전·사후 대비 20% 감소	프로그램 참여노인	프로그램 시작전 프로그램 종료후	정서적·사회적 고립감 척도 설문조사

평가실시

프로그램에 참여하기 이전과 참여 후의 정서적·사회적 고립 지수를 비교하기 위해 대응표본 t검증(Paired Samples Statistics)을 실시

평가결과

사전값 15.5점에서 사후값 11.6점으로 3.9점 감소하였으며 이의 백분율값은 사전값 대비 25.2%의 감소율에 해당하며 통계적으로도 유의미했음(p<0.05)

게이트키퍼 노인 양성과 자살 위험군 노인 정서 지원을 위한 사업

평가방법

성과목표	평가방법			
	성과지표	자료원	자료수집시기	자료수집방법
노인 자살 관련 지식과 상담기술 습득을 통한 역량강화	역량강화 향상	프로그램 참여노인	프로그램 시작 전 프로그램 종료 후	역량강화 척도 설문조사

평가실시

프로그램에 참여하기 이전과 참여 후의 역량강화 점수를 비교하기 위해 대응표본 t검증(Paired Samples Statistics)을 실시

평가결과

참여자 총 21명을 개인 내적 역량강화 척도(Bolton&Brookings)를 가지고 평가한 결과, 프로그램 참여전과 후의 차이로 0점 이하는 2명, 1-10점은 11명, 20점은 4명, 20점 이상은 2명이었음. 사전 평균은 81.5점이었고, 사후평균은 90.35로 전체적으로 8.85점 향상되었고 t검증 결과 통계적으로 유의미한 것으로 나타남(t=2.7, p<0.05)

제13장

성과평가(2): 질적 성과평가

    질적 성과평가는 최근까지 인정하지 않는 추세였다가 삼성복지재단의 작은나눔 큰 사랑 프로그램 지원사업에서 질적인 평가의 중요성이 강조된 이래 2018년 공동모금회의 배분사업에서 양적인 성과평가와 질적인 성과평가 중 프로그램 내용에 따라 적합한 것을 선택할 수 있도록 함으로써 명실공히 프로그램 평가에서 질적인 접근이 가능하게 되었다.

    그러나 실제 프로그램을 진행하면서, 또 진행하고 나서 질적평가를 위해 인터뷰나 참여관찰을 통해 자료를 정리하다 보면 많은 어려움에 봉착하게 된다. 또 정리된 내용이 성과를 평가하기에 적합한, 질적 수준이 높은 내용으로 구성되어야 하는데 자칫 초점을 분명하게 하지 않으면, 프로그램 진행과정에서 성실하게 자료를 수집하지 않으면 양적 성과평가를 선호하는 진영의 공격에서 자유로울 수 없다. 그러므로 질적평가를 위해 세부적으로 고민해야 할 것이 무엇인지, 어떤 방법과 관점으로 접근해야 하는지를 평소 몸에 익히는 것은 아무리 강조해도 지나침이 없다.

1. 질적평가와 질적연구

질적평가란 기획된 프로그램을 집행함으로써 나타나는 인간과 사회현상을 자연주의적이고 해석적 접근을 통해 이를 이해하고 규명하려는 질적조사방법을 사용하여 평가하는 것을 말한다. 이러한 질적평가가 질적연구와 어떻게 다른가? 최근 우리 학문사회가 양적인 연구에 치우친 것에 대한 반성으로 사회복지를 포함한 다양한 분야에서의 질적연구가 활발하게 진행되고 있다. 그런데 질적평가가 이러한 질적연구와 다른 것인지, 아니면 질적연구의 한 부분인지, 유사한 것은 무엇이고 무엇이 다른지 등에 대한 궁금증은 여전히 남아 있다.

질적연구나 질적평가가 모두 질적인 방법을 동원하여 질적인 정보를 얻어낸다는 측면에서는 유사한 측면이 많지만 질적평가는 질적연구라는 큰 바구니 내에 담겨있는 한 분야라고 이야기한다. 그러나 Shaw(1999)는 아래 4가지 차이점에 대해 주목하고 있는 것이 눈에 띈다.

첫째는 강조점이 다르다는 것이다. 질적연구는 장기간에 걸쳐 이론적인 이슈에 대해 초점을 두는 반면, 질적평가는 상대적으로 단기간에 대해 실용적인 문제점에 대한 접근이라는 점에서 다소 차이가 있다.

둘째는 최종목적물이 다르다는 것이다. 질적연구는 종국적으로 연구하고자 하는 바에 대한 풍부한 기술(Description)을 통해 독자들에게 사회현상이 경험되고 구성되어지는 내용을 전달하고자 하는데 반해, 질적평가는 그러한 내용을 있는 그대로 드러내는데 종국적인 목적이 있는 게 아니라 이를 통해서 무엇을 어떻게 해야 하는지에 대해 최종적인 관심이 있다.

셋째는 특별한 지적 전통(Intellectual tradition)에 얽매이는지의 여부이다. 질적연구의 경우에는 전기적 접근(Biography), 현상학적 접근(Phenomenology), 내러티브 접근(Narratives), 문화기술적 접근(Ethnography), 사례접근(Case Study) 등 연구하는 절차와 내용이 기초하는 지적 전통이 무엇인지가 매우 중요한데 반해, 질적평가의 경우에는 그러한 특별한 지적 전통에 얽매이지 않는다.

넷째는 모든 질적평가방법이 연구에 기초(Research-Based)하지는 않는다는 것이다. 프로그램 시행결과를 평가하면서 질적연구가 가져야 하는 엄격성을 질적평가에 똑같이 적용하면 유의미한 내용을 추출·발견하기 보다는 오히려 더 많은 맥락적 정보가 사라질 수 있다고 주장한다. 또 자연스럽게 일어나는 사회현상 및 인간행동에 대한 관찰과 인터뷰에 기초하는 질적연구와 달리 질적평가는 인간의 의도된 개입이 선행되고 그 개입의 결과가 어떻게 나타났는지에 대한 평가적 요소를 담고 있기 때문에 개입에 따른 인과적 관계, 연역적 관계가 질적연구에 비해서는 훨씬 더 그 의도성이 담겨져 있다는 측면에서 상이하다고 볼 수 있다. 이를 정리하면 아래 그림과 같다.

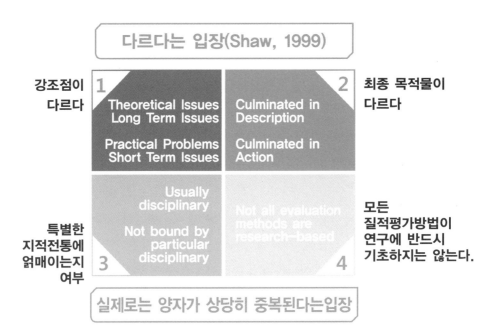

그림 6 질적연구와 질적평가의 차이점

위에서 살펴본 바처럼 질적연구와 질적평가를 동일시하기는 어려운 다양한 측면이 있다. 하지만 실제 연구나 평가에서는 이러한 구분이 갖는 상대적인 측면 때문에 다소 그 경계가 흐려진다고 해도 과언이 아니다. 정책집행연구의 경우 통상 질적평가가 짧은 기간에 이루어진다는 통념과 달리 장기간에 걸쳐서 어떻게 인간 및 사회에 영향을 미치는지를 살펴봐야 할 경우도 있다 한다. 또 프로그램에 참여한 당사자들의 경험과 인식을 드러내기 위해 현상학적인 방법을 써야 하는지, 내러티브로 방향을 잡아야 하는지에 대한 고민은 늘 평가과정의 바로 곁에서 따라다닌다. 그런 의미에서 이 양자는 절대적인 차이를 가지고 있다기 보다는 상대적으로 각자가 두는 무게중심이 다른 것이며 얼마든지 타 영역의 특징과 장점들을 차용할 준비가 되어 있다고 보는 것이 타당하다.

2. 질적인 접근을 왜 할까?

1) 양적평가의 함정

양적평가가 우리나라에서 선호되는 것은 질적인 접근을 소홀히하는 학문적 풍토와 무관하다 할 수 없겠지만 그 외에도 양적인 결과가 보여주는 선명성과 그로 인한 설득력과 매우 밀접하게 관련되어 있다. 양적인 결과는 사람들의 직관적인 이해를 도와 변명이나 오해의 소지를 좁히기 때문이다. 프로그램 개입을 통해 설문조사한 평균점수가 유의미하게 낮아졌다면 개입효과가 있다고 충분히 주장할 수 있는 것이다. 이를 보여주는 순간, 프로그램 수행자는 자신이 최선을 다했음을 증명할 수 있으며, 기관의 입장에서도 자신의 조직이 지향하는 미션과 비전에 맞게 사업을 수행하여 조직의 존재이유, 이 사업을 자기가 계속해야 함을 주장할 수 있는 근거가 된다. 한편, 자금제공기관 입장에서는 자신의 돈이 헛되이 쓰이지 않았고 유의미한 변화를 이끌냈다는 점에서 조금이나마 이 사회에 개선하는데 도움이 되었을 것이라는 자부심을 가질 수 있게 만든다.

하지만 양적인 결과가 늘 이렇게 관련된 이해관계자들에게 정확한 정보를 제공하는 것일까? 반드시 그렇지는 않다. 예를 들어보자. 가정폭력을 감소시키는 프로그램을 진행하여 과거 월 평균 3.5회 행사하던 가정폭력을 프로그램 개입 이후에 월 평균 1.2회로 드라마틱하게 그 횟수가 줄여 프로그램 개입의 효과성을 입증한 프로그램이 있다고 하자. 이러한 결과는 사업수행자나 그가 속한 기관으로서는 훌륭한 업적으로 기록될 수 있다. 또 자금제공기관 또한 이 프로그램을 유형화하여 다른 기관에게도 보급하고 싶은 마음이 들 것이다. 그런데 이 프로그램을 마치고 그동안 참여했던 가정폭력의 피해자들이 모여서 뒷풀이 겸 식사를 하는 자리에서 평가결과를 보여줬더니 뭔가 이상한 기류가 흐르는 것을 감지했다면? 왠지 그 결과를 믿지 못하겠다는 표정이기도 하고, '숫자는 숫자일뿐...'이라는 냉소까지 섞여있다면? '이게 뭘 의미하지....??' 하는 마음으로 그 식사가 끝난 뒤에 조용히 인터뷰를 해 봤더니 프로그램 진행자는 충격적인 사실을 알게 되었다.

네에.. 물론 남편은 저에게 더 이상 그렇게 자주 저의 뺨을 때리거나 발로 저의 얼굴을 짓밟지는 않았어요. 확실히 그 횟수는 줄어들었죠. 물리적인 폭력이나 언어적인 폭력은 줄어들었지만 남편은 저를 아예 상대하려 하지 않았지요. 말을 건네는 횟수도 완전히 줄어들고, 때로는 쳐다보는 눈빛이 섬뜩하기까지 하답니다. 또 한 달에 한 번쯤은 프로그램에 참여하기 전보다 훨씬 높은 강도의 폭력이 진행되었어요. 오랜만에 손을 대다 보니까 더 쎄게, 더 오래 동안 폭력을 행사하더라구요. 때리는 빈도만 줄어들었지, 제가 남편으로부터 받는 가정폭력으로 인한 고통은 더 늘어나면 늘어났지 줄어든 것은 아니라는...

과연 숫자가 설문조사에의 응답자가 말하고 싶은 내용을 모두 담고 있는 것일까? 3.5회가 1.2회로 바뀌었을 때 '1.2회'가 의미하는 바를 정확하게 이해하고 관련된 맥락적 정보를 담아내지 못한다면 프로그램 진행자나 제3의 독자들은 왜곡된 정보를 얻게 되며, 바로 이것이 질적인 접근이 요구되는 지점이라고 할 수 있다.

2) 양적 성과의 의미 드러내기

양적인 성과평가에 따른 결과는 간단한 수치로 나타난다. 예를 들어 자녀양육기술 척도에서 사전 사후 검사결과 변화치가 0.8로 나타났고 이는 유의미한 변화정도를 나타내는 것으로 해석되면 수행한 사업이 의미있었다고 평가내릴 수 있다. 하지만 수행 사업이 '성공적이었다, 유의미한 변화가 있었다'라고 하더라도 '도대체 무엇이 어떻게 변화되었는가?'라는 질문에 대해서는 대답하기가 곤란하다. 즉, 0.8점의 의미가 무엇인가라는 질문에 대해서는 속수무책인 셈이다.

0.8점은 당사자의 삶에서 어떤 변화가 일어났다는 것인데, 그 변화가 어떤 변화인지는 모른다는 것이다. 아울러 15년 전 동일한 사업을 수행하여 동일한 변화치를 기록했다 하더라도 그 때의 변화내용과 지금의 변화내용은 시대적, 환경적 차이로 인해 다를 수 밖에 없다. 자녀양육환경도 변했고 자녀들이 쓰는 말투, 사용하는 컴퓨터 프로그램, 관계 맺는 양상이 똑같지 않기 때문이다. 즉, 점수는 같아도 점수가 의미하는 바는 다르다는 점이다. 또 이 사업에 참여한 사람 또한 그 변화치라는 것이 실제 삶에서 나타나는 것이고 숫자 그 자체가 삶의 내용을 설명해 주지 않는다는 점에 유의할 필요가 있다.

그러므로 질적 성과평가를 통해 실제 당사자에게 어떤 삶의 변화가 나타났는지, 그 삶의 변화가 자신에게 어떤 의미로 다가오는지 등에 대한 내용을 이끌어내어 제3자에게 보여주어야 한다.

3) 양적 성과평가가 어려운 경우

점수로 나타내거나 예, 아니오로 대변되는 양적 성과평가 방식으로는 사업의 성과를 정확하게 보여주기 어려울 때에는 질적인 방법으로 성과를 평가하기도 한다.

예를 들어 중학생에 대한 진로탐색 지원 프로그램을 운영한 후 진로를 설정했는지에 대한 여부를 물어볼 때 10명 중 2명만 진로를 설정하고 8명은 아직 진로를 설정하지 못했으면 이 프로그램은 실패한 프로그램인가? 라는 문제를 제기할 수 있다. 즉, 진로설정여부에 따른 진로설정 청소년 수를 따진다면 그리 성공적이라고 보기 어렵다. 하지만 나머지 8명이 어떤 상태에 있는지를 질적으로 평가한다면 그 평가결과는 달라질 수 있다. 즉, 8명에 대해 자신의 상태변화를 가장 잘 나타낼 수 있는 전후 사진을 대조하고 이에 대한 자기설명을 덧붙이게 한 Photo Voice 방법을 동원한 질적평가에서 많은 청소년들이 자신이 아직 진로를 설정하지는 않았지만 이 프로그램에 참여하기 전에는 자신이 무엇을 하고 살아야 하는지, 진로에 대해 전혀 생각이 없다가 이제는 이에 대한 고민이 그 어느 때보다도 치열하게 이루어지고 있는 과정 중에 있다면 이 프로그램의 성과가 거의 없다, 실패다 라고 단정적으로 이야기하기 어렵다.

그러므로 질적 성과평가에서는 양적으로 평가하기 어려운 대상(예를 들어 지적장애인)이나 사업내용(진로탐색)에 대해 질적으로 그 변화내용을 측정함으로써 보이지 않던 성과를 포착할 수 있다. 이러한 작업은 기존의 양적으로 나타나는 것만 전통적인 성과로 간주하는 편협한 시각에서 벗어나 성과를 보다 넓은 의미로 확장해석하려는 움직임과 그 맥을 같이 한다.

4) 피동적인 대상이 아닌 능동적인 주체로의 변화

성과평가는 다양한 세부 프로그램을 실시하는 과정에서 설정한 과정목표를 달성함으로써 종국적으로 프로그램 참여자 또는 개입대상의 바람직한 변화가 어느 정도 일어났는지에 대한 성과치를 측정하는 것이다. 흔히 양적인 성과평가에서는 참여자의 자아존중감, 사회적 지지수준 등이 몇 % 증가하였는지 등으로 표현된다.

여기에서의 문제의식은 프로그램 참여자는 자신의 변화 또는 생각, 인식을 이야기할 수 있는 기회를 제공받기 보다는 주어진 설문지의 내용적 범주와 틀에 따라 수동적으로 응답할 뿐이라는 점이다. 프로그램에 참여하면서 자신이 어떤 생각으로 참여하게 되었는지, 프로그램 시행 초기에 어떤 생각을 하게 되었는지, 방관자 또는 단순 참여자의 입장에서 언제부터 어떤 계기로 적극적인 참여자가 되었는지, 기관 또는 프로그램 진행자에 대해 어떤 생각을 하였고 그 생각이 어떻게 변화되었는지, 프로그램의 내용에 대해 또 그 프로그램에 참여하면서 자신이 어떻게 변화하였는지 등에 대한 목소리를 어느 누구도 귀담아 들어주지 않은 것이 우리의 현실이었다. 때로는 장애인의 경우 본인의 의사표현이 어렵거나 불가능하다는 이유 때문에 번번이 자원봉사자나 가족이 장애인의 의사를 대신해 왔다. 그 결과 프로그램 참여자는 자신의 생각을 의미있게 전해줄 수 있는 장이 없었기 때문에 프로그램 담당자는 그들의 목소리를 담아내기 보다는 오로지 어떤 성과가 있었는지에 대해 집착하게 되는 모습을 보였던 것이다.

그렇다고 질적인 접근이 필요하다 하여 양적인 성과평가가 필요없다는 것을 주장하는 것은 아니다. 균형잡힌 평가방법의 도입이 필요하다는 것이다. 그런 의미에서 이제까지 프로그램에 참여하면서도 자신의 목소리를 의미있게 귀기울여주는 기회를 제공하지 않았던 과거의 행태에서 벗어나 프로그램에 참여한 경험이 어떠한 의미가 있는지, 자신의 삶은 또 얼마나 변화하였는지, 긍정적인 변화가 없었다면 왜 그렇게 되었다고 생각하는지 등 당사자의 목소리를 통해 의미를 찾고 성찰의 기회를 가지는 것이 중요하다는 점에서 질적인 성과평가의 의의를 찾을 수 있다.

3. 질적 평가의 패러다임[26]

질적평가의 패러다임 내용은 질적연구에 대한 체계적인 학습이 이루어지지 않으면 이해하기가 쉽지 않다. 하지만 굳이 여기에서부터 이야기를 시작하는 이유는 질적연구와 질적평가가 양적평가와 비교해 볼 때 다른 철학적 기초에 서있기 때문이다. 그럼에도 불구하고 우리들은 양적평가, 양적인 접근에 너무 익숙한 나머지 양적인 접근이 기초하고 있는 철학적 토대에서 질적연구와 질적평가를 바라보기 쉽고, 따라서 전혀

---

26) 이 장에서 질적평가의 패러다임 이후의 내용은 필자가 당시 단독의 책임연구원으로 참여했던 삼성복지재단의 「작은나눔 큰사랑」 사업신청 매뉴얼에 포함된 내용을 이기한 것이다.

다른 철학적 토대에 기초한 질적연구와 질적평가를 흔히 오해하고 부적절하게 비판하고 있는 것이다. 질적연구나 질적평가를 하다보면 스스로든, 타인으로부터든 접하게 되는 질문이 있다.

"몇 명 이야기를 들어서 전체를 대변할 수도 없고 그 이야기가 상당히 주관적인데 그것으로 평가를 대신할 수 있는가?" 하지만 이에 대한 대답은 철학적 기초에서 연역되기 때문에 이에 대한 입장정리가 먼저 필요하다.

사회현상을 연구하는 방법의 차이는 사회적 실재(Social Reality)에 접근하는 관점(Perspective)의 차이에서 비롯된다. 이는 따지고 보면 사회적 실재를 객관적으로 파악할 수 있는 것인지에 대한 입장차이, 연구자와 연구대상간의 분리가능성, 가치중립성 등에 대한 기본적 태도의 차이로 귀착된다.

엄격한 연구과정, 즉 연구자와 연구대상을 분리하고 가치중립성을 확보하면 사회적 실재가 파악가능하다고 보는 실증주의(Positivism)의 입장이 있다. 한편 상대주의(Relativism)에서는 연구자와 연구대상은 불분의 관계에 있고 자연현상이 아닌 사회현상을 연구함에 있어서는 연구자가 '가치중립성을 띠기 어렵고 또 그렇게 한다는 것이 과연 바람직한가?'라는 생각에 기초해 있다. 사회적 실재는 객관적으로 존재한다기 보다는 사회구성원의 인식에 의해 포섭되는 것이라고 이해한다.

현실주의(Realism) 입장에서는 또 다르다. 사회적 실재가 존재한다는 점에서는 실증주의와 다를 바 없다. 그러나 사회적 실재는 양적인 연구방법에 의해 파악될 수 있다기 보다는 사회현상 근저에 흐르는 사회적 실재의 구성원리를 연구자의 직관과 해석으로 우리가 이해할 수 있는 수준으로 끌어올려야 한다는 점에서 차이가 있다. 예를 들어 자본론의 저자 K. Marx가 자본제 사회의 원리를 방대한 설문조사를 통해 밝혀낸 것이 아니라 자본제 사회에 대한 K. Marx의 통찰력에 기초한 것이다. 다만 사회적 실재가 확실하게 파악할 수 있다고 보기 보다는 확률적으로 파악할 수 있다는 입장에 서 있다.

이렇듯 사회적 실재에 다가가는 접근각도에 따라 연구방법은 달라질 수밖에 없다. 실증주의 입장에 서면 양적연구방법이 보다 친숙하고, 상대주의 입장에 서면 질적연구방법이 사회를 바라보는 관점과 맞아 떨어진다.

결국 프로그램의 성과라는 것이 객관적으로 존재하고 또 그것을 설문지를 통해 파악할 수 있다고 보면 양적인 접근방법을 쓰게 된다. 그러나 프로그램의 성과라는 것은 당사자가 프로그램에 참여한 결과 자신의 변화모습과 관련되어 있다. 그 변화의 내용은 누구보다도 더 자신이 잘 알기 때문에 객관적인 성과라고 볼 수 있는 것뿐만 아니라 주관적인 의미에 대해서도 관심을 가져야 한다. 아울러 양적인 성과가 실제 무엇을 의미하는지는 당사자의 이야기를 들어보아야 한다. 즉, 성과가 나타나게 된 동기, 과정, 실제적인 변화의 양상 등은 질적평가를 통해 이해하게 되는 것이다.

질적연구가 다양한 학문적 배경을 끌고 들어오기 때문에 질적평가 또한 어떤 관점에서 접근하느냐에 따라 자료수집 및 내용구성방식이 달라진다. 이를 질적평가의 패러다임이라고 한다.

질적 평가의 패러다임에는 프로그램을 통해 경험한 내용이 어떤 의미를 갖는지, 경험의 본질이 무엇인지를 살펴보는 것(현상학적 접근), 프로그램의 과정을 통해 자신이 참여한 내용에 대한 이야기식 서술내용을 살펴보는 것(내러티브 접근), 사람·집단·특정한 세팅(Setting)을 단위로 하는 사례를 살펴보는 것(Case Study) 등으로 나눌 수 있다. 어느 종류를 선택하는가는 프로그램 시행자가 그 프로그램을 통해 얻은 성과를 어떤 방식으로 살펴볼 것인지와 연결되어 있다.

1) 현상학적 접근(Phenomenological Approach)

현상학적 접근의 핵심은 '경험의 본질'을 살펴보는 것이다. 인간행동은 모두 그 동기와 원인이 있는데 그것은 현상을 통해서 분명하게 드러나지 않는다. 그렇기 때문에 먼저 경험을 살펴봄으로써 그 경험이 의미하는 바가 무엇인지를 고찰하고, 이를 통해 경험의 내용이 지니는 본질을 살펴보는 것이다.

예를 들면, "환자들이 병동에서 생활할 때 간호사와의 관계에서 '내가 돌봄을 받고 있다(Being Cared)'고 느끼는 것은 어떤 경험을 통해서 나타나는 것인지"에 대한 지적 호기심에 답하기 위해 심층면접을 실시하는 것을 들 수 있다. '장애-비장애 형제의 관계증진 프로그램'을 진행하고 난 뒤 이를 평가한다고 할 때 실제 관계가 개선되었는지에 대한 평가도 이루어져야 하지만 비장애형제의 입장에서 장애형제가 있다는 것이 자신의 생에서 어떤 의미인지, 장애라는 것을 어떻게 이해하는지, 이를 통해 자신의 장애에 대한 이해의 변화 내용과 그 변화의 근저를 현상학적으로 접근할 수 있을 것이다.

2) 내러티브 접근(Narrative Approach)

현상학적인 접근에서처럼 프로그램에 참여하면서 경험한 내용의 본질을 살펴본다는 것은 매우 중요한 일이다. 그러나 내러티브 접근에서는 경험의 조각들을 모아서 그 본질을 꿰뚫어 보고자하는 파편적(Fragmented) 분석으로는 경험의 덩어리, 맥락을 가진 경험의 내용들을 총체적으로 드러내는데 한계가 있다고 본다. 참여자가 프로그램에 참여하면서 느끼고 생각하고 자신이 변화에 대해 맥락을 가진 정보로서의 이야기(Story)를 이끌어내고 이를 독자들에게 보여주기 위해 조망해 보고자 한다면 경험의 조각들을 모아서 핵심적인 의미를 찾아낼 것이 아니라 기승전결(起承轉結)의 구조를 갖춘 형태로 당사자의 이야기를 독자들에게 들려주는 것이 좋다. "알코올중독자 가족의 치유회복 증진 프로그램"이라고 하면, 알코올 중독자 또는 그 배우자가 이 프로그램에 참여하면서 자신이 느끼고 변화한 점에 대하여 이야기 식으로 털어놓으면 '어떻게 그 프로그램이 프로그램 참여자의 삶을 변화시켰는지, 어떤 점이 주효했는지'를 알 수 있게 된다. 그것은 설문조사(물론 참여가족이 얼마 되지 않으면 그 설문조사결과를 통계치로 보여준다는 것도 의미가 반감될 수밖에 없다)의 한계를 극복하면서 프로그램의 의미를 드러내는 가장 정확한 방법 중의 하나일 수 있다.

3) 사례연구(Case Study)

평가로서의 사례연구는 프로그램 자체를 하나의 사례(A case)로 보거나 참여자가 가족일 때 '가족'을 사례로 보거나, 또는 어떤 한 '참여자'를 사례로 보고 이들의 의미있는 변화로 간주될 수 있는 것은 찾아내는 것이다. 여기서 핵심은 사례와, 사례를 둘러싼 환경간의 관계에 집중하는 것이다. 그렇다면 한 사람이 아니고 가족이나 프로그램이 한 사례인 경우에는 그 사례를 구성하고 있는 하위구성요소간의 관계라든지, 외부 환경의 변화에 따른 사례의 대응방식 등을 분석할 수도 있다. 물론 사례를 구성하는 행위자들에 대해 심층면접을 실시한다든가, 프로그램 진행과정에 대해 참여관찰을 실시하고 아울러 각종 기록지들을 면밀하게 분석하기도 한다. 즉, 사례연구는 문헌고찰, 인터뷰, 참여관찰 등 질적인 자료수집방법을 다각적으로 동원하여 비록 하나의 사례에 불과하지만 다각적인 고찰을 통해 집중하고자 하는 사례를 둘러싼 다양한 맥락들을 풍부하게 드러내는데 그 장점이 있다. 마치 큰 나무를 잘랐을 때 드러나는 밑둥의 어느 특정 지점에 관심을 가지는 것이 아니라 횡단면 전체를 고찰하는 것이 사례연구의 특징이다.

4. 평가 설계

프로그램의 성과를 평가하기 위해서는 평가와 관련된 전반적인 과정을 설계할 필요가 있다. 단순히 이렇게 자료수집해서 저렇게 분석하겠다는 틀 만으로는 실제 평가를 실시하는 단계에 이르면 의미있는 내용으로 포착되는 것이 별로 없을 때가 많다. 사전 사후 변화를 측정하는 것인데 프로그램 시행 전에 어떤 목적으로, 어떤 마음가짐으로, 어떤 생각을 가지고 프로그램에 참여하게 되었는지, 프로그램에 대한 기대는 어떤 것들인지 등등에 대해 사업참여자를 대상으로 사전 심층면접을 실시해야 한다. 하지만 자칫 사업진행에 몰두하다 보면 사전 심층면접 없이 프로그램 진행을 진행해버려 이후에는 사전 사후의 변화 내용을 살필 수 없게 되는 경우도 있다.

또 무엇을 물어보아야 하는지는 무엇을 평가할 것인지에 대한 초점이 명확하지 않으면 흔들릴 때가 많다. 그러므로 평가의 목적과 보고자 하는 바를 명확하게 이해하고 이와 관련된 핵심내용을 파고들지 않으면 얻어지는 내용 또한 일반적이고 평면적인 것밖에 얻지 못하는 경우가 허다하다.

또 다른 예를 들면, 지적장애인에게는 시청각자료가 심층면접 시 매우 중요하게 활용되는데 그 자료를 제시하기 위해서는 미리 무엇을 촬영할 것인지, 어느 순간에 촬영할 것인지, 당사자의 얼굴을 포함시키는 것이 나은지 등등에 대한 전략이 수립되어야 한다. 즉, 앞서 언급한 것을 종합하면 사전에 누구에게 어떤 내용을 어떻게 자료수집을 할 것인지의 전략이 치밀하게 설계되어야 한다.

1) 무엇을 평가할 것인가?

평가대상은 성과목표가 무엇이냐에 따라 달라진다. 위에서 설명하기는 사업참여자의 의미있는 변화에 초점을 두고 설명했지만 성과목표에 따라 그 대상이 사업시행기관이 될 수도 있고, 지역사회의 네트워크도 될 수 있을 것이다. 프로그램 흐름의 전반을 평가할 수도 있고 세부 프로그램을 평가할 수도 있다. 또 이 모두를 다 평가할 수도 있다. 문제는 프로그램 담당자가 소진되지 않고 이 모두를 다 할 수 있느냐의 문제로 귀착된다. 제언컨대 프로그램 전반에 대해 사업참여자의 의미있는 변화에 대해 평가하든지, 아니면 세부 프로그램을 종류별로 모두 평가하기 보다는 핵심적인 1~2개의 세부 프로그램만 평가하는 것이 선택과 집중을 위해 도움이 될 것으로 본다.

2) 누가 평가할 것인가?

프로그램을 진행하면서 평가를 한다는 것은 쉽지 않은 일이다. 물에 젖어있는 자신을 발견하기 위해서는 물에서 나와야 비로소 알 수 있는 것이다. 그렇기 때문에 프로그램 담당자와 평가자가 분리되어야 하는지는 늘 딜레마다. 둘 다 그 역할을 제대로 수행할 수 있다면 문제가 없지만 인력이 부족한 상태에서 이 양자를 분리하기도 쉽지 않다. 그러나 프로그램을 단독으로 진행하는 경우는 없으므로 주담당자와 부담당자가 평가해야 할 프로그램 또는 사업내용에 대해 역할을 적절하게 분담하는 것이 필요하다.

3) 언제 평가할 것인가?

평가의 시점은 프로그램 종료 즈음 또는 종료 후가 된다. 그러나 평가를 위한 자료 수집은 프로그램 전반에 걸칠 수밖에 없다. 사업참여자뿐만 아니라 프로그램 그 자체, 서비스 제공기관, 지역사회 등에 대해 성과목표를 적절히 평가하기 위해서 몇 회의 면접 또는 참여관찰이 필요한지를 판단해야 한다. 그것은 서비스 제공 전, 서비스 제공 후 중간단계 정도, 서비스 종료 후 등으로 나눌 수도 있고 다른 한편으로는 프로그램 내용에 따라 중간단계 정도가 아니라 결정적인 역할을 하게 될 워크숍이나 캠프를 기점으로 나누어 볼 수도 있을 것이다.

4) 전반적인 평가 분석틀

권지성(2012)은 프로그램 분석 평가틀을 다음 그림과 같이 제시하고 있다. 이는 평가를 함에 있어 다양한 주체들과 요인들, 그리고 과정들에 대해 생각할 수 있는 틀을 제시해 주고 있다. 그러나 이 모든 것을 고려한 평가 틀을 구상하기는 쉽지 않을 것이다. 프로그램의 성격에 따라, 성과목표에 따라 이러한 사항들과 관계들을 충분히 고려하여 자신의 평가 틀을 만들면 된다.

예를 들면, 프로그램 참여자의 의미있는 변화를 살펴보기 위해서 가정상황을 간과할 수는 없는 것이고 투입요소로서 프로그램 제공기관 및 프로그램 진행자, 자원봉사자, 여러 가지 재원들을 동원하여 진행하는 일련의 과정이라는 시간적 흐름 속에서 사업참여자의 변화를 살펴보는 것이 바람직하다고 볼 수 있다.

당사자의 변화에 대해서도 당사자가 어떤 경험을 했는지, 그 경험에 대해 어떤 느낌과 생각을 갖고 있는지, 그러한 경험에 대해 어떤 생활상의 실천이 있었는지 등등에 대해 물어볼 수도 있다. 한편, 시제(Tense)도 중요하다. 당시에는 어떤 생각이었고 지금 당시를 회상하면 어떤 느낌이며 어떠했으면 더 좋았을 것인지에 대한 생각을 물어보는 것도 중요하다. 아울러 지금 어떻게 생각하는지와 과거의 생각을 비교하는 것도 좋은 자료를 얻는데 도움이 된다.

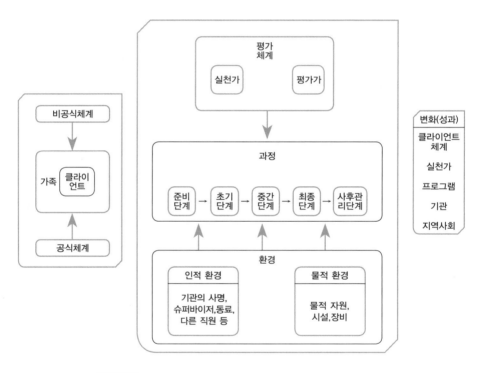

그림 7 프로그램 평가를 위한 분석틀(권지성, 2012[27])

---

27) 이 표는 침례신학대학교 사회복지학과 권지성 교수가 2012년 4월 삼성 「작은나눔큰사랑」 상반기 전체 워크숍에서 발표한 내용의 일부이다.

5. 질적평가를 위한 자료수집방법

질적평가를 통해 드러내고자 하는 바에 대한 자료수집방법은 크게 세 가지가 있다. 문헌고찰, 인터뷰 및 참여관찰이다. 어떤 형태와 내용을 드러낼 것인가는 접근 패러다임에 따라 달라지고 이에 의해 자료수집방법의 조합이 달라진다. 현상학적 평가를 채택하면 심층면접이 매우 중요한 질적평가방법이 되고, 내러티브 방식을 채택하면 심층적이면서도 참여자가 자신의 이야기를 편안하게 털어놓도록 주도권이 훨씬 더 참여자에게 주어지는 면접이 되어야 한다. 사례연구는 프로그램을 진행하면서 작성한 각종 기록지, 참여관찰 그리고 면접이 모두 필요에 따라 사용되게 된다. 아래에서는 이세 가지와 함께 최근 부각되고 있는 Photo Voice 방법에 대해 보다 자세하게 살펴보고자 한다.

1) 문헌고찰

고찰될 수 있는 문헌이라는 것은 지나간 역사를 기록한 기록물 전체를 말하며 특정양식에 국한되지 않는다. 성과를 드러내는데 직간접적으로 관련이 있다고 판단되는 것은 모두 포함될 수 있다. 문헌은 크게 두 가지로 분류된다. 첫째는 프로그램 담당자가 직접 작성한 내용이다. 각종 기록지, 사업일지, 사례관리지 등이 포함된다. 이는 과정평가를 위해 기록된 것이거나 최종적인 성과평가를 위해 기록된 것일 수 있다. 또설사 그렇지 않다 하더라도 성과의 의미와 맥락을 분석하는데 필요하다고 판단되면 자료수집범위에 포함시킬 수 있을 것이다.

둘째는 자신이 직접 작성하지 않은 문헌들이다. 기관 내부적으로는 당해연도 사업계획서, 타 부서에서 작성한 문서들이 있다. 기관 외부적으로는 지방자치단체나 정부에서 시달된 공문, 정책내용, 당해 년도에 시달된 지침(사업안내)이나 실천현장에의 요구사항 등이 있을 수 있다. 뿐만 아니라 동종의 타기관에서 생산한 문헌도 참고가 될 수 있을 것이다. 예를 들면, 타 복지관에서 하고 있는 사례관리 매뉴얼 등이 자신들의 사업수행을 비추어 볼 수 있는 좋은 비교가 될 수 있다.

문헌고찰의 의의는 역사적 흐름을 알게 해 주고 과정별 변화추이, 기관에 대한 환경 등을 넓게 고찰해 볼 수 있는 기회를 제공해 준다는 점이다. 그런 만큼 고찰해야 할 필요성이 있는 자료들은 평가의 목적에 맞게 미리미리 작성해 둘 필요가 있다. 물론 프로그램 종료기에 들어서 평가 작업이 본격적으로 시작될 때 문헌고찰을 하는 경우가 많겠으나 수집된 자료가 부족해서 추가로 자료를 수집한다든가 하면 시간이 많이 걸릴뿐 아니라 평가마감기간이 임박해서 찾는 자료가 충분하지 않을 수 있거나 편향된 자료만 찾게 될 가능성이 높아지기 때문에 제대로 된 평가를 하기가 어렵게 될 수도 있다.

하지만 보다 중요한 것은 문헌고찰을 통해 평가하려는 목적과 그 목적에 맞게 관련 내용이 충분히 담겨질 수 있도록 기록 전에 그 초점을 분명하게 해야 한다는 것이다. 예를 들어 발달장애인의 사회성 향상을 위한 개입 프로그램을 운영한다고 할 때 프로그램일지나 사례관리지를 작성하게 된다. 하지만 사회성 향상을 무엇으로 간주할 것인지에 따라 일지나 사례관리지에 무엇을 핵심적으로 기재해야 하는지가 달라진다. 그렇게 해야만 이후 평가시 주요한 내용들을 문헌을 통해 정리할 수 있게 되고 분석수준도 높아지게 된다.

그러나 현실은 그렇지 않다. 매일의 일지나 사례관리지를 평가목적에 맞게 기술하는 것이 아니라 일지나 사례관리지의 취지에 맞게 작성하는 것이 현실이다. 그렇게 되면 '보시니 좋았더라' 라는 창세기의 구절같이 '프로그램을 진행하니 의미가 있더라, 좋아하더라'라는 뜬 구름 잡는 식의 이야기만 평가보고서에 담기게 된다. 그러므로 각종 문헌을 원래 취지대로 작성하되, 문헌고찰을 평가를 위한 자료수집방법으로 간주한다면 그에 맞게 자료가 산출될 수 있도록 관련 핵심사항을 지속적으로 작성·관리해야 한다.

2) 참여관찰(Participatory Observation)

참여관찰은 프로그램이 진행되는 동안 때로는 참여자로서, 때로는 관찰자로서 벌어지고 있는 상황들에 대해 기록하는 것을 말한다. 프로그램 진행자는 프로그램에 참여는 하지만 관찰자로서의 역할까지 수행하기는 쉽지 않다. 즉, 원활한 진행에 신경쓰다보면, 전체 프로그램의 맥락을 메타적으로 분석하고 있을 여유가 없게 된다. 물론 현실에서는 프로그램 진행자 따로 평가자 따로 두기가 어렵기 때문에 이 양자가 동일한 경우가 많지만 참여관찰의 경우는 별도의 평가자를 세우는 것이 바람직하다.

별도의 평가자가 참여관찰을 통해 자료를 수집할 때 미리 고려해야 할 것은 관찰의 초점, 즉 무엇을 집중적으로 관찰할 것인가가 명확해야 한다. 자칫 관점을 좁히지 않고 관찰하다 보면 무엇을 적어야 할지 모르고 또 설사 여러 가지를 적는다 하더라도 수집된 자료를 막상 분석하다보면 별로 성과 여부와 정도를 판단하는데 재료로 쓰일 내용이 없게 되는 경우가 많다. 아래는 관점의 명확화를 일깨워주는 사례를 예시로 들고 있다.

〈에피소드 1〉

초점없는 관찰은 관찰하지 않는 것과 다름없다.

관찰을 할 때는 초점을 분명하게 가져야 함을 강조하려고 하는 수업시간에 학생들에게 던지는 질문이 있다. 질문을 던지기 전에 먼저 1~2분 충분한 시간을 주고 주위를 둘러보게 한다. 70명 남짓 수용규모의 강의실이니 그리 크지도 않다. 이를 다 둘러보는데는 어쩌면 30초도 걸리지 않을지 모른다. 고개를 돌려 이리저리 쳐다보고서는 남는 시간이 어색해 줄곧 내 얼굴만 쳐다본다. '뭘 물어보려는 거지?' 하는 눈빛으로.
시간이 지나면 눈을 감으라 한다. 그런 다음에 "이 방에서 안전 또는 대피시설과 관련된 것들이 뭐가 어디에 있느냐?"고 물어본다. 눈을 감은 채 이야기해 보라고 하면 대답을 잘 못하거나 아예 눈을 뜨고 고개를 두리번 거리기도 한다.
즉, 내가 특정한 사물, 주제에 대해 이야기할 때 비로소 그와 관련된 것들을 찾는 것이다. 이런저런 여러 강의에서 이 질문을 해 보면 대답을 못하는 경우가 대부분이다. 때로는 출입구 위에 있

는 녹색불빛의 비상구를 언급하지만 이는 관찰에 의한 것이라기 보다는 학습에 의한 것으로 자연스럽게 몸에 밴 인식이었다.

여기서 두 가지 교훈을 얻는다.

첫째는 초점없는 관찰은 관찰하지 않는 것이나 다름없다. 많은 경우 참여일지를 사회복지 실천현장에서 적지만 그 적힌 내용을 보면 관찰의 초점내용과 다소 거리가 있는 내용들이 대부분이다. 그렇지 않으면 매우 추상적이거나 전체에 대한 느낌 정도에 그치고 있다. 그런 내용으로는 이후 분석단계에서 활용할 수 있는 내용을 찾기 어렵다. 그러므로 내가 무엇을 관찰할 것인지를 사전에 명확하게 해야만 좋은 내용이 기재되고 이후 활용될 수 있다.

둘째는 익숙하게 찾는 출입구 위의 녹색불빛이다. 인터뷰 뿐만 아니라 관찰도 마찬가지다. 관찰을 통해 평가를 하는 경험이 많아지면 시행착오도 줄어들고 자연스럽게 질적평가자로서의 자질을 갖추게 된다. 그렇다면 내가 익숙하지 않을 때에는 가급적 시간을 들여 어떻게 관찰할 것인지 머릿속에서 시뮬레이션을 반복해서 연습해 보는 것이 좋다. 굳이 따로 시간을 낼 수 없다면 이리저리 쉬는 시간, 출퇴근 시간에 계속 머릿속에서 어디에 집중해야 하는지를 내 스스로에게 확인하고 생각에서 빠뜨린 것을 보완하려는 숨은 노력이 필요하다.

관점을 첨예하게 한 후에라도 추가적으로 고려해야 할 것은 관찰한 내용을 누구의 관점에서 서술할 것인지이다. 즉, 프로그램의 참여자가 사용하는 언어, 상황 등을 객관적으로 담아내는데 초점을 둘 것인지, 관찰된 내용을 기록하는 사람, 즉 직원의 입장에서 적을 것인지이다. 이에 대하여 되도록 당사자의 입장에서 내용을 정리하되, 정리된 내용이 어떤 의미를 가지는지에 대해서는 참여관찰자가 재해석(Reinterpretation) 해 주는 것이 좋다.

사례연구에 기반한 질적평가에서는 특히 참여관찰이 중요한 역할을 맡게 된다. 그 사례를 총체적으로 이해하자면 현장에 투입되어서 전체적인 맥락적 정보를 파악하지 않을 수 없기 때문이다. 하지만 사회복지사의 원래 업무가 실천현장에서 활동하는 것이니 현장이 낯설지 않다는 것은 매우 큰 장점이다. 이는 대학교수 등 지식생산자 보다도 훨씬 더 큰 장점이라고 할 수 있다. 다만, 그러한 현장밀착적 관계에 기반하여 어떻게 이를 규모있고 체계화된 지식으로 다듬는데 필요한 자료를 확보할 것인가가 중요하다. 그러기 위해서는 다소 연구방법에 대한 깊은 이해가 뒷받침되면 더 양질의 분석내용이 도출될 수 있을 것이다.

3) 심층면접

질적평가에서 가장 많이 쓰이는 방법 중의 하나가 심층면접이다. 설문조사를 통해 파악하고자 하는 내용이 잘 드러나지 않거나 주관적인 의미나 인식을 살펴보는데도 심층면접이 매우 유용하다. 아울러 지적장애인과 같이 설문조사의 내용을 이해하기 어렵다면 보다 쉬운 내용으로 설문지를 재구성하여 보다 간단하게 작성하여 심층면접을 통해 그들의 생각을 드러내게 하는 방법도 많이 쓰인다. 그렇게 자주 쓰이는 만큼, 아래에서 심층면접을 어떻게 진행하는지에 대해 별도로 자세하게 기술하고자 한다.

4) Photo Voice(포토보이스)

시각적 이미지를 통해 사업참여자의 욕구와 어려움을 나타내고 집단토론을 통해 삶의 경험을 소통하도록 하는 방법을 말한다. 시각적 이미지를 사용하기 때문에 장애나 문화의 차이 등으로 소통이 어려워 소외되기 쉬운 집단이 사업과정에 대한 이야기를 드러내는데 참여할 수 있고 그 동안 억눌렸던 목소리를 낼 수 있게 하여 역량강화의 기회를 제공하기도 한다.

Wang and Burris(1997: 369)는 포토보이스를 특정한 사진기술을 통해 사람들이 자신의 지역사회의 정체성을 확인(Identify)하고, 이를 재현(Represent)하며 이해를 증진(Enhance)시키는 과정 중의 하나로 본다. 이는 사람들로 하여금 자신들의 손에 들려진 카메라를 통해 기록자로서, 또 그들이 살아가는 지역사회의 변화를 추동하는 촉매자로서 역할하게 만든다. 이러한 방법을 당초에는 포토 노벨라(Photo Novella)라고 불렀다고 한다[28]. 그러나 Photo Novella, Photonovel 등이 모두 사진을 사용하여 이야기를 들려주기도 하고 또 언어를 가르치고 읽기 능력을 향상시키는데 도움을 주는

---

28) Photo Novella에 대한 것은 Wang, C. and Burris, M. 1994. "Empowerment through photo novella: Portraits of participation". *Health Education Quarterly*. 21(2). 171-196. 참조.

과정으로 활용되었는데 포토보이스는 Photo Novella에 비해 그 과정을 체계화하면서 이전과 달리 새롭게 명명된 것이다.

포토보이스의 개념이 도출되고 체계화되는데는 비판적 인식(Critical Consciousness), 페미니즘이론(Feminism Theory) 그리고 다큐멘터리 사진(Documentary Photography) 등의 개념으로부터 영향을 받았다. 이전과 달리 자신의 일상적 삶에 영향을 미치는 사회적·정치적 힘이 시각적 이미지에서 출발할 수 있음을 인식하게 된 것이다. 즉, 선으로 그림을 그리거나 사진을 찍으면서 중요한 현실을 표현하는 자신들에 의해 오히려 적극적으로 지역사회의 이미지가 창조될 수 있음을 인식하게 된 것이다. 한편, 페미니즘 이론과 실천 또한 남성의 편견을 세상에 드러내는데 일조했으며 참여적 연구에도 큰 영향을 끼쳤다. 이제까지는 남성들이 찍었던 그 이미지에 의해 규정된 여성상과 지역사회 이미지를 수동적으로 받아들였다면 이제는 여기에서 탈피할 뿐만 아니라 여성의 손에 카메라를 쥐어줌으로써 이제까지의 남성위주의 지배적 이미지와 언어에 반기를 들고 이에 대해 재해석해야 하고, 또 재해석할 수 있는 가능성이 충분히 있음을 알게 해 준 것이다. 아울러 수동적인 자세로 다른 사람들이 제시한 의도와 이미지를 단순히 받아들이는 것이 아니라 지역사회를 바꾸기 위해 기록하고 변화를 이끌어내는 촉매자로서의 역할을 수행하도록 사진을 적극적으로 활용한다는 점에서 다큐멘터리 사진이라는 개념 또한 포토보이스가 개념화되는데 큰 영향을 끼쳤다.

그러므로 포토보이스는 사람들로 하여금 기록하게 하고 지역사회의 강점과 관심을 성찰하게 하며, 사진에 대하여 크고 작은 집단 토론을 통해 중요한 지역사회 이슈에 대한 비판적 대화와 지식을 증진시키는데 크게 기여하고 있다. 이러한 포토보이스는 참여적 실행연구방법의 하나로서 사진이나 그림 등의 시각적 매체를 활용하여 연구참여자의 목소리를 드러내는데 유용하게 활용되어져 왔다(김경희·김미옥·정민아, 2016).

이러한 포토보이스의 실행하는 과정은 일률적이지 않으며 각 연구주제나 파악하고자 하는 바에 따라 다소 상이할 수 있다. 그러나 일반적인 질적연구과정에서 견지해야 하는 일련의 중요한 과정에서 크게 벗어나지 않는다. 먼저 누구로부터 정보를 흡수할 것인지를 정해야 한다. 즉, 누가 사진을 찍고 그 사진을 바탕으로 연구주제와 관련된 내용에 대해 함께 토론할 것인지를 정해야 하는 것이다. 이는 프로그램 평가에서 사업 참여자 중 누가 평가대상자로 포함될 것인지의 범위를 획정하는 것과 유사하다. 사업 참여자 전체가 될 수도 있고 일부가 될 수도 있을 것이다. 다음으로는 포토보이스에 대한 참여자 교육이다. 연구자와 연구주제를 공유하고 또 포토보이스 사용이유에 대한 상호 이해를 명확하게 하는 것이다. 여기에는 사진촬영에 대한 기술적 부분도 포함될 수 있다. 이후에는 실제 참여자가 표현하고자 하는 바를 촬영하고 촬영한 내용에 기반하여 자신의 이야기를 풀어내는 과정이 있다. 이 때 그냥 자신의 이야기를 털어놓는데 그치는 것이 아니라 자신이 왜 이 내용을, 이 프레임을 선택했는지, 또 여러 사진 중에 왜 이 사진으로 주어진 주제에 대해 자신의 의견을 주장하고자 하는지 등에 대한 이야기를 나누고 비판적이고 분석적 관점으로 논의된 내용을 해체하고 다시 조합해 나간다. 마지막으로는 분석 또는 평가결과에 반영하면서, 나아가서는 이야기되어진 내용들을 보다 많은 사람들이 공유할 수 있도록 하는 전시회 공간 등을 마련하여 확산을 도모할 수 있을 것이다.

이러한 포토보이스가 사회복지분야에서 활용된 역사는 오래지 않으나 최근에 와서 매우 다양하게 시도되고 있다. 김경희·김미옥·정민아(2016)는 발달장애 자녀를 둔 어머니의 양육부담과 성장경험의 핵심내용으로 '눈 앞이 캄캄해도 걸아감', '동행하며 함께 나아감'을 제시하였고, 이솔지(2014)는 자신의 박사논문에서 알코올중독자의 삶을 살펴 '고통의 수레바퀴에 놓이고, 술이라는 늪에 빠져 있으면서도 어떻게든 살기 위해 버티며 완전히 다른 삶을 겸손하게 걸어가는' 핵심적 내용을 보여주고 있다. 그 외에도 지적장애인이 참여한 포토보이스 연구(최재완, 2016), 영유아 통합지원 실천의 지역사회변화 인식에 관한 포토보이스 연구(홍현미라, 2014), 포토보이스 연구방법을 활용한 중고령 여성장애인의 삶에 대한 연구(박경미·김민아, 2017)등이 있다.

앞서 언급한 바와 같이 포토보이스는 자료수집과정이나 분석과정이 정형화되어 제시되어 있지 않다. 아울러 포토보이스는 인터뷰, 참여관찰, 문헌고찰과는 다른 차원에서 사진을 통해 자료를 수집하고 이를 통해 세상을 바라보는 이해의 관점에 주목한다는 것이 매우 특징적이다. 하지만 일반적으로 포토보이스라고 하면 단순히 자료수집 방법에 그치는 것이 아니라 질적연구나 질적평가를 수행하는 독립적인 하나의 방법으로 간주된다. 또 인터뷰 등 다른 자료수집방법과 연계해서 이루어지거나 현상학적 연구, 내러티브연구 등 다양한 질적 전통과 접목되는 경우도 많아 자료 수집 및 분석을 모두 아우르는 단일의 질적접근방법이라고 할 수 있다. 그러므로 단순히 사진을 통해 자료를 수집하는 방법에 대한 이해에 그치지 않고 포토보이스에 대한 총체적인 이해가 필요하다. 이런 이유로 포토보이스에 대한 폭넓은 이해를 도모하는데 Rutgers에서 펴낸 『Photovoice Manual: Facilitator's guide』[29]가 매우 유용하다. 여기에는 포토보이스방법을 활용하기 위해 연구자가 사전에 준비해야 할 것이 무엇이고 사진에 대한 기본적인 이해나 포토보이스방법을 활용할 때 연구질문을 어떻게 구성해야 하며 실제 사진을 찍으러 다니면서 고려해야 할 점 등이 자세하게 기술되어 있어 참고할만한 충분한 가치가 있다.

6. 심층면접 진행

1) 사업참여자 진술 이끌어내고 이해하기

인터뷰는 '목적이 있는 대화'라 할 수 있다. 질적 성과평가라는 세팅 내에서 이루어지는 인터뷰 또한 사업참여자가 기대된 성과를 얻었는지에 대한 내용과 이를 둘러싼 맥락들을 드러내고자 하는 목적이 있고, 이를 대화를 통해 얻어내고자 한다. 하지만 자신에 대한 이야기를 털어놓는다는 것이 그리 쉬운 일이 아니다. 특히 처음 시작할 때는 아직 서로에 대한 신뢰가 없고, 상대방의 소통방식에 대해서도 잘 모르기 때문에 자연스러운 대화구조에 이르기까지는 시간이 걸릴 수도 있다. 라포(Rapport)형성을 위한 시간이 필요한 것이다. 면접과정을 편안하게 느낄 수 있도록 하고, 자신이 털어

---

29) 이 책의 PDF파일은 www.google.com에서 photovoice manual이라고 입력하면 쉽게 찾을 수 있다.

놓는 이야기로 인해 불이익을 받지 않으며, 이야기 내용이 제3자에게 알려지는 일이 없음을 뚜렷하게 이야기해서 혹시 사업참여자가 생각할 수 있는 불안이나 불필요한 걱정을 하지 않아도 된다는 것을 확신시켜 줄 필요가 있다.

한편, 평가자는 사업참여자의 진술이 비일관성, 비협조, 회피, 회상의 부정확성, 언어능력의 부족, 개념이해의 어려움, 불안정한 감정상태, 편견 등이 발생할 때 어떻게 대처할 것인지에 대한 전략을 미리 수립해 놓는 것이 좋다. 이를 위해서는 사업참여자에 대한 정보를 어느 정도 파악하고 있어야 하며 면접의 앞뒤, 기본정보와의 차이가 있을 때 '거짓을 이야기한다', '신뢰성이 없다'라고 간단하게 처리할 것이 아니라 왜 그렇게 차이가 나게 되었는지를 파악하는데 주력해야 한다. 면접시간도 아동이나 발달장애인의 경우에는 매우 민감하다. 20분 정도 면접에 주력하다가 어느 정도 긴장을 풀어주고 다시 집중할 수 있도록 하는 것이 좋다.

평가자는 최대한 사업참여자의 진술에 귀 기울이고 적절한 때에 반응해주며 자신이 사업참여자의 입장에서 이야기하고 있는지에 대해 늘 주의를 기울여야 한다. 말하는 속도, 분명한 발음, 상대방이 알아들을 수 있는 단어 선택 등은 원활한 소통을 위해 매우 중요하다.

뿐만 아니라 평가자는 면접질문을 충분히 이해하여 언제라도 질문 앞뒤를 유연하게 왔다갔다 할 수 있도록 전체의 구조를 머릿속에 명확하게 그리고 있어야 한다. 왜냐하면 사업참여자가 평가자의 의도대로 질문 순서와 같은 답변순서가 나오기 어렵기 때문이다. 때로는 두 번째 질문에서 여섯 번째 질문에 대한 답까지 모두 진술할 수 있다. 무엇이 답해졌고 무엇이 미제로 남아 있는지 실시간적으로 이해하고 있어야 한다.

한편, 심층면접은 모든 질문을 구조화해서 모두 갖고 있지 않은 것을 의미한다. 얼마든지 사업참여자의 응답에 따라 흘러들어갈 준비를 평가자가 하고 있어야 한다. 사업참여자가 프로그램에 참여하면서 무엇을 느끼고 어떻게 이를 행동으로 옮겼는가가 중요하며, 아울러 과거의 생각, 현재의 느낌, 미래 어떻게 할 것인지에 대한 생각이 시계열적으로 질문되어져야 한다. 즉, 사고, 감정, 판단, 행동이 과거, 현재, 미래를 넘나

들어야 한다. 그러기 위해서는 무엇이 답해졌고 무엇이 답해져야 할 것인지에 대해 융통성 있게 질문하고 이에 대한 진술을 이해하며 다음 질문을 생각하는 유연성이 절대적으로 필요하다.

끝으로 비언어적 메시지도 매우 중요하다. 외모(General Appearance), 몸의 자세(Body Posture), 몸짓(Gesture), 움직임(Movement), 거리(Distance), 얼굴표정(Facial Expressions), 눈맞춤(Eye Contact), 목소리(Voice Tone) 등을 읽을 수 있어야 한다. 한편, 언어메시지와 비언어 메시지가 다를 때에는 어느 것이 진짜인지, 차이가 나는 이유가 무엇인지를 밝힐 필요가 있다.

2) 면접진행요령

평가자가 인터뷰를 잘 한다는 것은 사업참여자로부터 평가에 필요한 이야기를 잘 이끌어낸다는 것을 의미한다. 그러기 위해서는 어떻게 인터뷰를 진행해야 할까? 물 흐르듯 인터뷰가 진행되기 위해서는 아래 사항들이 부가적으로 필요하다.

첫째, 장비에 관한 것이다. 요즘은 녹취를 위해 핸드폰을 많이 사용한다. 하지만 녹음도중에 전화가 오면 낭패를 겪게 되는 경우도 있다. 이를 감안할 때 보다 안전한 방법은 MP3로 녹음하는 것이다. 기기별로 다르지만 재생속도를 늦출 수 있어서 녹취내용을 필사할 때 크게 도움이 되기도 한다. 왜냐하면 녹음내용을 필사할 때 재생속도가 녹음속도와 같으면 속도를 잘 따라가지 못해 Backward와 Forward를 반복할 수밖에 없는데 그러다 보면 시간이 꽤 오래 걸리게 된다. 아울러 만약의 경우에 대비하여 2대 이상의 핸드폰이나 MP3를 동원하는 것도 안정성을 높이는 방법이다. 또 충분히 충전되어 있는지를 사전에 확인하는 것도 매우 중요하다.

둘째, 인터뷰 직전의 상황이다. 장소는 조용하고 방해받지 않는 곳을 미리 정해 놓고 사업참여자보다 먼저 도착하는 것이 좋다. 그래야만 사업참여자가 존중받는다는 느낌을 받고 보다 성의있게 대답하려는 마음을 갖게 된다. 사업참여자가 오기 전에는 사업참여자가 앉는 지점과 핸드폰이나 MP3를 놓는 지점을 정하고 미리 기기가 잘 작

동되고 있는지를 점검해야 한다. 이후 사업참여자가 오면 기기와 가까운, 미리 예상해
둔 자리에 앉도록 유도한다.

셋째, 인터뷰 동안의 상황이다. 인터뷰를 시작하면서는 이 인터뷰를 왜 하는지 사전
에 충분히 설명하고 얼마나 시간이 소요되는지를 가늠할 수 있도록 해 준다. 또 누구
와 인터뷰하는지, 인터뷰 일자와 시간, 장소가 어디인지를 평가자가 의도적으로 말해
서 녹취내용을 들을 때 처음부터 이 인터뷰가 이루어진 시간과 장소에 대한 정보를 알
수 있도록 하는 것이 좋다. 인터뷰하는 동안에는 평가자가 또렷하게, 그리고 너무 빠
르지 않게 이야기해야 한다. 사업참여자가 너무 빠르게 이야기할 때는 '조금 천천히 이
야기해 달라'고 요청할수도 있지만, 평가자가 말하는 속도를 의도적으로 낮추면 상대
방도 그 속도에 맞추게 되는 경우도 있으니 상황에 따라 융통성 있게 응대하는 것이
좋다. 사업참여자의 이야기가 너무 작을 때는 크게 이야기해 달라고 요청하고 평가자
나 사업참여자의 몸의 움직임에 따라 나는 소리가 녹음되지 않도록 신경을 써야 한다.
한편, 수시로 핸드폰이나 MP3가 잘 작동되는지 곁눈질로 확인하는 것이 필요하다.

넷째, 인터뷰 종료 이후의 상황이다. 인터뷰하는 동안 화자와 청자간의 대화속에서
그 맥락을 알아야만 해당 용어를 이해할 수 있는 내용이 있을 수 있는데 이 부분은 필
사하는 분에게 미리 알려주면 좋다. 그렇지 않으면 부정확하게 필사하게 되거나 때로
는 전혀 맥락에 닿지 않게 녹취하는 경우도 있기 때문이다. 필사를 다른 사람에게 부
탁할 때는 충분한 시간을 주는 것이 좋고, 시간이 허락한다면 평가자가 직접 필사하는
것이 내용에 대한 전반적인 이해를 도모하고 녹음내용의 핵심에 대한 윤곽을 그리는
데 도움이 된다.

3) 면접하는 동안 필기를 해야 하는가?

인터뷰하는 동안 무릎을 치고 싶을 정도로 매우 유용한 정보를 들었을 때 매우 큰 기쁨을 느낀다. 하지만 인터뷰가 종료되고나면, 또 시간이 경과할수록 그 중요한 내용들이 차츰 잊혀지기 시작한다. 그렇기 때문에 인터뷰하는 동안 필요한 내용들은 잠깐 잠깐 노트에 적어두는 것이 좋다. 또 평가자가 아무것도 적지 않으면 사업참여자가 '혹시 내가 쓸데없는 말을 하고 있는 것은 아닌지'에 대해 의구심을 가질 수 있다. 이렇게 인터뷰하는 동안에 적은 내용의 질적 수준이 이후 전체적인 질적 성과평가의 질적 수준을 좌우한다. 물론 필사 후 분석을 위해 수집된 자료들을 반복해서 읽다보면 유의미한 내용이 출현하기도 하지만 인터뷰할 때 머릿속에 떠오른 아이디어들은 나에게 주옥같이 아름다운 통찰력을 준다. 뿐만 아니라 다음 인터뷰를 하기 전에 이전에 적었던 내용들을 살펴보면 내가 어떻게 다음 인터뷰에 임해야 할지가 보다 선명하게 보인다.

그러나 인터뷰 동안 평가자가 뭔가를 계속 쓰면 사업참여자의 신경이 분산되어 집중된 면접이 이루어지지 않을 수도 있으니 집중도를 떨어뜨리지 않으면서 필요한 정보들을 메모해 나가는 기술이 중요하다.

4) 지적장애인에 대한 면접

(1) 지적장애인과의 의사소통 원칙

지적장애인을 면접하려면 먼저 지적장애인의 소통방식에 대해 이해할 필요가 있다. 지적장애인의 소통방식은 각 사람마다 매우 큰 차이를 보인다. 소통에 큰 어려움이 없는 지적장애인이 있는가하면 자기만의 소통방식을 가지고 있어 이를 이해하는데 상당한 노력과 시간이 필요한 경우도 있다. 말하기와 쓰기가 일치할 수도 있지만 그렇지 않은 경우도 많다. 말은 하지만 쓰지 못하는 경우나 조음장애 때문에 발화가 잘 안되지만 기본적으로 쓰는 것은 가능한 경우도 있다.

일률적으로 이야기할 수는 없지만 많은 경우 지적장애로 인해 단기기억능력이 떨어질 수 있고 한꺼번에 2가지 이상 전달되는 문장에 대해 어떻게 반응해야 할지 당황해하는 경우도 있다. 뿐만 아니라 요약된 표현이나 축어(Acronyms)는 이해하기 어려워하며 그림없이 문장으로만 된 소통방식은 의사소통에 장애물이 되기도 한다.

이런 점을 감안하여 지적장애인과 인터뷰하는데 있어서는 먼저 마음을 터놓을 수 있는 시간적인 여유가 필요하며 만나자마자 과업지향적으로 인터뷰 질문들을 쏟아내서는 곤란하다. 어느 정도 평가자와 지적장애를 가진 사업참여자가 서로에 대해 이해하는 시간을 갖고 신뢰하게 되면 그 때부터 본격적인 인터뷰를 시작하는 것이 좋다. 이 때 가급적 단문으로 문장을 구성하여 한 질문에 한 정보만 담는 것이 좋다. 아울러 말로 이야기하는 것 외에 그 내용을 쉽게 전달할 수 있는 그림이나 사진 등 시각적 보조물을 곁들이는 것이 바람직하다. 또 그들이 의사소통하는 방식(예를 들면 부정적인 의사표현일 때는 시선을 회피, 좋을 때 과도하게 고함지르기, 지적하기(Pointing), 자세바꾸기(Postural Shift), 얼굴표정(Facial Expression) 등)을 이해하고 확인한 다음 분명하게 대답해 주는 것이 필요하다.

(2) 시각자료 활용

시각적인 자료는 매우 효과적인 의사소통이 이루어지도록 돕는 역할을 하는데, 아래 표는 사진, 컬러그림 및 흑백그림을 비교하여 보여주고 있다.

표 20 동일 사물에 대한 사진, 컬러 그림 및 흑백그림 비교

항목	사진	흑백그림	컬러그림
비행기			
책상			
침대			

이 중에서 어느 것이 지적장애인에게 가장 적합한지에 대한 우리나라 학문적 연구 결과는 아직 없다. 다만, 시각자료를 활용할 수 있는 방안으로서 3가지를 모두 고려해 볼 수 있으며 이 세 가지 중에 평가에 참여하는 지적장애인 당사자가 어느 것을 보다 선호하는지에 대해 사전조사를 해 보고 그에 맞는 시각자료를 준비하는 것도 하나의 방법이다.

어떤 것을 쓰든지 간에 말로 하든지, 글자를 보여줘서 이해시키는 것 보다는 훨씬 인지가 빠르고 이해의 폭이 넓어진다는데 대해서는 이견이 크지 않다. 그러므로 의사소통의 방식을 비장애인에게 맞추기 보다는 지적장애인의 의사소통능력에 맞게 도구를 개발하고 이를 적용하는 것이 필요하다.

(3) 의견수렴 또는 만족도 조사

지적장애인 당사자에게 의견을 물어보거나 만족도 조사를 할 경우 시각자료를 활용하거나 얼굴 엠블럼 방식을 사용하여 만족의 정도를 나타내게 할 수도 있다. 예를 들어, 부산 해운대로 가족캠프를 떠날 경우 어떤 교통편으로 가고 싶은지에 대해 의견을 수렴할 때 가능한 교통편인 비행기, 기차, 고속버스, 자동차 등의 그림을 보여주고 지적하기(Pointing)의 방법을 쓰면 된다. 물론 전세버스 한 차에 모두 모여서 가지 않기 때문에 금전적 비용이나 자원봉사자의 수는 더 많아져야 한다. 그렇다 하더라도 자신 당사자의 의사를 최대한 존중하고 선택권을 보장하는 것이 그 프로그램의 핵심개념이라면 이런 방식으로 내용을 구성하는 것은 매우 바람직하다고 볼 수 있다.

표 21 당사자의 선택을 물어보는 방법 예시

항목	비행기	기차	자동차
교통편			

한편, 가족캠프 종료후에 이에 대해 평가를 하고자 할 경우 자신이 이용했던 교통편(본인의 얼굴이 포함된 사진이 있으면 더 좋다)에 대한 시각자료를 제시하고 이를 이용했던 경험과 만족 여부 및 정도를 파악하는데 얼굴 엠블럼이 쓰인다. 즉, 시각자료를 보여주고 물어봤을 때 웃는 얼굴과 찡그린 얼굴 두 가지로 두고 만족 여부를 물어볼 수도 있고, 웃는 그리고 찡그린 얼굴이라도 그 색깔의 정도에 차이를 두고 3~4가지 정도 제시하면 어느 정도 만족하는지를 알 수 있다. 예를 들어 화가 나는 정도가 높으면 얼굴 전체를 보다 더 붉게 표현하고 그렇지 않으면 덜 붉게 작성하는 것이다.

7. 자료분석[30]

1) 질적자료분석의 핵심사항

질적자료를 분석하기 위해서는 주제분석방법, 대화분석방법, 내러티브분석방법, 근거이론분석방법 등 다양한 분석방법에 대한 지식이 어느 정도 필요하다. 이러한 분석방법에 대한 지식을 기초로 하고, 수집한 자료를 어떻게 분석하기 좋게 자료를 일차적으로 가공할 것인가? 라는 질문을 던질 수 있는데 이는 어떤 분석방법을 쓸 것인가, 어떤 분석프로그램을 사용할 것인가 등과 연관되어 있다. 예를 들면, 대화분석방법을 쓰게 되면 필요한 부분은 필사될 때 대화구조가 그대로 유지되어야 한다는 것이다.

분석과정에서는 나의 주된 관심사항, 평가하고자 하는 바가 무엇인지를 항상 염두에 두고 분석에 임하고 있는가? 등의 질문을 하면서 분석작업을 진행해야 한다. 그렇지 않으면 들려지는 이야기가 아무리 재미있고 의미있다 하더라도 평가와 연결되지 않는다. 한편 분석결과가 나의 자의적인 판단이 아니라 수집된 자료에 기반한 내용임을 보여주어야 한다.

2) 질적자료분석의 특징

(1) 질적자료분석의 창의성

질적자료 분석방법은 매우 독창적일 수 있다. 각 연구자가 접근하는 연구는 모두 개별적으로 창의적인 결과를 도출하게 된다. 그러므로 무엇을 어떻게 해야 하는지에 대

---

30) 이 내용은 김진우(2012) "질적연구 자료분석방법의 다양성 이해"의 일부를 재편집한 것임.

해 얽매일 필요가 없다. 또 어떠한 추상적인 분석절차도, 어떻게 우아하게 이름붙이든 또는 정교하게 묘사하든지간에, 질적자료분석가의 기술, 지식, 경험, 창조성, 부지런함 그리고 실제 행하는 작업을 대신할 수 없다(Patton, 2002: 466)[31]. 그러므로 질적자료 분석에 있어서 사전에 고려해야 할 것은 ①무엇을 반드시 지켜야 하는가? ②어떤 뼈저 린 경험들이 나에게 값진 교훈을 주는가? 라고 볼 수 있다.

그렇기 때문에 이러한 자료분석과정을 애벌레가 성숙하고 아름다운 나비가 되는 것 으로 비유되기도 하고 연구자를 연금술사, 그 연구결과를 Collage(꼴라쥬)로 비유하기 도 한다. 그러므로 분석목적에 따라 자료분석의 방향과 내용이 달라질 수밖에 없다.

(2) 자료분석시기

앞서 언급한 바와 같이 질적연구에서 자료수집과 자료분석이 분절적이지 않다. 분 석 막바지에도 분석의 질적 수준 제고를 위해 자료수집에 나서기도 한다. 예를 들어, 정책입안가에 대한 인터뷰를 분석과정 중간에 포함시킬 수도 있다. 아래 표는 Miles and Huberman(1994)[32]이 제시한 도표 또는 시간에 따른 역할변화와 관련된 Matrix 이다. 여기에서 수집된 자료가 어느 칸에 적합한 내용인지를 분석하여 채워넣고 그 내 용이 포화되면 자료수집을 그치게 된다. 그러나 어느 한 칸이 채워지지 못하거나 불충 분한 경우 자료분석 중간에라도 얼마든지 자료수집에 다시 나설 수 있으며 또 분석의 완결을 위해 자료는 추가로 수집되어야 하는 것이 옳다.

표 22 연대기적인 도표의 예

	사업시작전	사업중반	종료시점
자신의 상태 · 변화			
관계적 측면			
타인의 평가			

---

31) Patton, M. 2002. Qualitative Evaluation and Research Methods (3rd). Newbury Park: Sage.
32) Miles, M.B. and Huberman, A.M. 1994. Qualitative Data Analysis (2nd). Thousand Oaks, CA: Sage.

예를 들어 다문화가정에서의 갈등관계에 대한 개입 프로그램의 경우 가족 내 구성원간의 갈등에 대해 시간의 흐름에 따라 어떻게 갈등을 이해하고 이에 대처했는지 그 변화의 흐름을 볼 수 있는 표를 만들어 각 셀을 채워 넣으면서 갈등의 전체적인 윤곽에 대한 이해를 완성할 수 있다.

표 23 (시간흐름에 따른 가족구성원의 역할변화) 관련 Role-by-Time Matrix 예

	결혼전	적응초기단계	갈등발생단계	갈등매개단계	갈등증폭단계	갈등대처단계
결혼이민자						
남 편						
시 모						
시 부						

3) 질적자료 분석과정

질적자료 분석과정은 수집한 자료가 주요하게 의미하는 바를 밝혀내고 밝혀진 의미들이 보다 상위개념으로 어떻게 묶음으로 발전할 수 있는지를 탐색하고 핵심의미의 주제(Theme)을 밝혀내는 것이다. 그러한 과정, 즉 질적자료로부터 의미들을 찾아내고 핵심주제(Themes)으로 발전시켜 나가는 과정을 Coding (코딩) 과정이라고 하며 찾아내어진 의미를 Code(코드)라고 한다. 이러한 Code는 초기에는 수집된 자료들을 군집화하고 이에 대해 특정한 속성을 부여하는 기술적 코드의 형태를 띠지만 이후에는 좀 더 추론적이고 설명적인 패턴코드로 변화하게 된다.

아래 표[33]는 이문화 간의 만남이라고 할 수 있는 국제결혼을 통해 가족을 이룬 구성원들이 가족 간의 상호작용 속에서 변화하며 서로의 문화에 적응해 가는 과정에 대한 내용을 담고 있다. 이는 가족구성원들의 문화차이에 대한 이해는 어떠한지 알아본 것으로서 심층면접을 통해 수집된 자료에 기초한 코딩내용과 이를 추상화한 핵심범주와 주제의 도출과정을 보여주고 있다.

---

33) 정혜영·김진우 2010. "베트남여성결혼이민자 가족의 문화적응과정에서 나타나는 갈등 연구". 『한국사회복지학』. 62(2). 29-55.에서 발췌·재구성한 내용이다.

표 24 인터뷰 내용에 대해 코딩 결과 예시

코 드	코드묶음	핵심범주	주제
(아내) 말이 통하지 않아 답답함	의사소통 애로 및 소통빈도는 늘어났지만 갈등은 증폭	의사소통 애로로 답답해 하면서도 나름대로 노력함	문화차이로 서로에 대한 부정적 감정 잉태
(아내) 이해하지 못한다고 구박받음			
(아내) 해야 할 일 제대로 못한다고 야단맞음			
(아내) 말을 알아듣기 시작하면서 더 짜증남			
(남편) 아내의 의식세계를 알 수 없어 답답함	아내와의 소통 부재 및 노력부족		
(남편) 계속 질문 받는 상황이 답답함			
(남편) 베트남어 배우는 것 관심 없음.			
(시모) 말이 안 돼서 대면부터 막막한 느낌	답답하면서도 며느리를 가르칠려고 노력함		
(시모) 도망갈까봐 한국어교실 보내는 것 꺼려함			
(시모) 시장 등에 데리고 다니면서 언어교육 시킴			
(아내) 집안일 하지 않는 남편 이해 못함	하늘같은 남편, 남편아래 있는 아내	가부장적 가족문화로 인한 문화충돌	
(아내) TV의 멋진 남성과 다른 내 남편 : 속았다			
(아내) 남편은 높은 사람, 나는 낮은데 앉는 사람			
(아내) 누가 하녀처럼 그렇게 살고 싶어요?			
(남편) 아내 버릇 나빠질까봐 가사노동 안 함	가사 일은 아내책임		
(남편) 어머니가 도와주고 있으므로 나는 가사일 안함			

코 드	코드묶음	핵심범주	주제
(시모) 봉양을 받는 것을 당연히 생각함	서열적 가족문화와 남자우위 고집하는 시모		
(시모) 사사건건 가르치면서 수발까지 해야 하는 처지			
(시모) 아들을 낳았을 때 '본전' 뽑았다는 생각			
(시모) 아이 잘못 키우면 넌 쫓겨 난다고 윽박지름			
(아내) 빨래, 설거지 등 제대로 가르쳐주지도 않고 나무라는 시어머니 원망	가르쳐주지 않고 야단치는데 대한 야속함		
(남편) 일하기 싫어서 대충 대충한다고 생각	아내의 역할 수행에 대해 못마땅해 함	일하는 방식의 차이와 이해부족	
(남편) 술은 적당히 먹는데 잔소리를 늘어놓는다고 생각			
(시모) 게으른 나라 사람이라서 부지런하지 않음	이해노력 보다는 게으르다는 선입견		
(시모) 시켜도 잘 못하는 며느리가 답답			

이러한 코딩 작업은 수렴(Convergence)과 분화(Divergence)의 과정 속에서 반복적인 유사성을 찾아나가는 작업이다. 즉, 수렴현상을 분석하다가 기존에 알고 있는 지식을 보다 확장하거나(Extension), 서로 다른 개념들을 연결하거나(Bridging), 적합한 새로운 정보를 제안하거나(Surfacing), 예외적 사례(Deviant Cases)를 포함시켜서 기존 사례와의 비교를 통해 상이성의 배경을 밝혀내는 것 등 분화적 작업이 이루어지고 그렇게 분화된 내용이 갖는 수렴성을 찾아나가는 나선형식 발전구조를 갖는다.

4) 질적자료분석의 종류

위에서 살펴본 바와 같이, 질적자료분석과정은 평가자의 인식의 흐름에서 도출된다.

질적자료분석 컴퓨터 프로그램이 이를 대신해 주는 것이 아니라 여러 주제와 개념들 간의 복잡한 관계를 기억하고 표현하는데 따르는 어려움을 도와주는 것에 불과하다. 이러한 질적자료분석은 다양하게 분류, 나열될 수 있다. 이는 Text와 Verbatim 중 어디에 치중하는지, 평가자의 목소리가 얼마나 비중을 가지는지, 단일사례인지 사례간 비교인지 등에 따라 달라진다. 아래에서는 자주 쓰이는 분석방법의 개념 정도를 설명하고자 한다.

아래 그림은 자료수집형태와 분석방법간의 상관관계에 대한 전체적인 얼개를 보여주고 있다. 이는 이해를 돕기 위한 도식적 구분이며 실제로는 연구의 내용, 연구의 철학적 기반에 따라 다양하게 적용될 수 있다. 예를 들면 관찰(Observation)은 과학적인 양적 조사에서도 흔히 쓰인다는 것을 들 수 있다(Matthews and Ross, 2010).

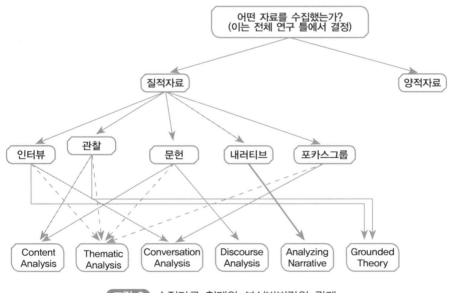

그림 8 수집자료 형태와 분석방법간의 관계

자료: Matthews and Ross(2010)[33]을 재구성

---

34) Matthews, B. and Ross, L. 2010. Research Methods: A Practical guide for the social science. London: Pearson Education.

(1) 내용분석(Content Analysis)

내용분석방법은 관심 변인이나 현상을 연구하기 위하여 산출해 놓은 텍스트(text)를 체계적으로 양적·질적으로 분석하는 방법을 말한다. 양적 내용분석은 메시지의 내적 구조나 언어의 함축적, 복합적 의미를 분석하는데는 한계를 지닐 수밖에 없기 때문에 양적 내용분석이 질적 내용분석과 결별될 수 없으며 양자 공히 분석의 기초가 된다. 기호학적 분석방법은 메시지가 그 사회와 문화의 이데올로기를 반영하고 있다는 점을 중시하면서 메시지의 이데올로기를 밝히는 데 관심을 둠으로써 양적 내용분석의 한계 극복하고자 한다. 그러나 지나치게 텍스트 중심이어서 메시지 언어가 사회적 상호작용 속에서 형성되고 해석되는 과정을 분석하지 못하는 단점이 있다. 질적 내용분석은 자료 수집 전에 틀을 선정하는 양적 내용분석과는 달리 증거자료를 수집한 후 자료를 면밀히 검토하여 부호화 틀을 개발. 개발된 틀에 맞추어 자료 부호화한 후 수량에 초점을 두어 해석하는 것이 아니라 맥락적 해석의 측면에서 "왜?", "어떻게?"를 강조한다.

(2) 현상학적 분석 (Phenomenological Analysis)

현상학적 연구의 핵심은 현상을 경험한 주체로부터 경험에 대한 진술을 통해 현상에 대한 경험의 본질을 탐구하는 것이다. 따라서 현상학적 분석에서의 관건은 드러난 그대로의 현상을 매개하는 언어나 텍스트 자료를 가지고 경험의 의미를 보전한 채 건져낼 수 있느냐의 여부이다. 이를 위해 현상학적 연구에서는 연구자가 속한 학문 분야의 해석 안에서 분석과 숙달의 단계를 충실하게 지켜나갈 것을 엄격하게 요구하게 된다.

이러한 지적전통 아래 밴 매넌(Max Van Manen, 1990)은 해석학적 현상학의 과정을 6가지 단계로 나누어서 제시하고 있다. ① 시작단계이다. 연구자의 진지한 관심을 불러일으키고 연구자를 세계에 내맡기게 하는 현상으로 돌아가는 것, 괄호치기, 판단 중지를 하는 단계이다. 그러나 실제로 얼마나 판단 보류가 이루어졌는지 판단이 어렵다는 것이 현상학적 연구의 가장 어려운 부분이다. ② 겪은 대로 탐구하는 단계이다. 기술을 녹취하고, 녹취록을 읽고, 일인칭 서술자료를 읽음으로 이루어진다. ③ 현상을 특징짓는 본질 주제에 관해 반성하는 단계이다. 전체로서의 텍스트를 파악하는 작업에 해당하는데 이 때 던져야 하는 질문은 '전체로서의 텍스트의 근원적 의미나 주요 의의를 포착하는 간결한 문장은 무엇일까?' 즉, 본질 주제는 어떤 언어로 기술될 수 있을까를 고려해 보는 것이다. ④ 부분과 전체를 고려함으로써 전체적인 연구의 맥락을 잡는 단계이다. 텍스트에서 나타나는 의미있는 진술들을 끌어내는 작업, 선택적 읽기 접근과 상세한 읽기 접근에 해당한다. 이 때 "어떤 진술이 기술된 현상이나 경험에 대해 본질적인 것을 드러내고 있는가?", "이 진술이나 진술 덩어리가 기술된 현상이나 경험에 대해 드러내는 것은 무엇인가?" 등의 질문이 중요하다. ⑤ 글쓰기와 고쳐쓰기의 기술을 통해 현상을 기술하는 단계이다. 직관된 본질 주제를 중심으로 본질의 의미 구조를 세분화하여 밝히고, 이 의미구조를 기술하고 다시 고쳐쓰기를 반복, 모든 연구참여자들에게 공통으로 출현하는 의미를 직관적으로 파악하고 반성하면서 현상의 본질적 요소들을 결정해야 한다. ⑥ 현상과 맺고 있는 강력하고도 지향적인 사회복지적 관계를 유지하는 단계이다. 해석학적 현상학은 연구자가 특정 관심이나 학문 분야를 염두에 두고 현상을 지향한다는 의미이므로 사회복지적 관심을 가진 필자가 지향한 현상의 본질에 대한 해석을 기술해야 한다.

(3) 대화분석(Conversation Analysis)

대화분석방법은 화자와 청자가 나누는 이야기의 순서에 따른 사회적 상호작용을 있는 그대로 재현해 내는데 그 목적이 있다(Silverman, 2001). 대화분석방법을 채택하는 연구자는 상호작용과정에서 대화의 세부내용과 관련된 맥락을 세밀하게 그리고 주의 깊게 이해해야 한다(Psathas and Anderson, 1990). 대화분석방법에서는 서로 주고받는 대화(Turn-Taking Conversation)를 정확하게 기술하는 것이 중요한데, 이를 위해서 Atkinson and Heritage(1984)의 필사체계가 매우 광범위하게 이용되고 있다. 그러나 보다 넓게는 이러한 필사방법이 대화의 적확한 재생산에 그치는 것이 아니라 '분석적으로 중요한 상호작용적 대화의 모습을 총체적으로 드러내는데'(Hutchby and Wooffitt, 1998: 85)에까지 이르는 것이 필요하다. 한편, 대화분석이 제대로 이루어지기 위해서는 원래 녹취된 자료에 대한 반복적 청취가 핵심이다.

[P1, 79-99][35]

1	연구자	그 회사에서 일하던 것 어땠어요?
2	안병수	긴장::됐어요↓(1.2) 어 실수하구::요 ° 잘 할 수가 없었어요°
3	연구자	재미있었어요? 아니면 힘들었어요?
4	안병수	때로는 재미있었어요. 그런데 어렵기도 하고 헤헤(1.0) 모두
5	연구자	그 때 생각하면 어때요?
6	안병수	(2.8) 잘 기억 못해요↓
7	연구자	잘 기억이 안 나요? 그 때 그 사장님 기억해요?
8	안병수	=왜요?((놀라면서))
9	연구자	그냥 음:: 안병수씨가 기억하고 있나 궁금해서요.
10	안병수	다 지워버렸어요 헤헤헤 ((그는 고개를 숙이고 손가락으로 책상을 두들기기 시작했다))

자료 : J.W.Kim (2005)

(4) 담론분석(Discourse Analysis)

담론연구는 언어 사용자 또는 담론 생산자를 언어과정의 능동적인 주체로 두고, 그들이 일상적인 사회생활 속에서 언어규칙을 이용하여 자신의 의도를 관철하고 의미를 창출하며 목적을 달성하는 과정을 이해하기 위해서 전체적 맥락(Context) 속에서 담론을 연구하는 것을 말한다. 이러한 맥락에서 담론분석은 인간적 상호작용에서 생겨난 언어적 또는 언어적 의미를 갖는 비언어적 산물, 즉 담론이나 텍스트를 분석하여 그 속에서 사회적, 문화적, 이념적, 심리적으로 구성된 현실(Constructed reality)을 찾아내는 것을 분석의 목표로 삼는다.

---

35) 'P1'은 안병수에 대한 면접이라는 것을 표시하는 기호이고, '79-99'라는 번호는 면접내용이 질적자료에 대한 컴퓨터 프로그램인 Atlasti Programme에 입력되어 분석될 때 부여된 문장번호 내에서 77줄에서 99줄까지의 내용임을 의미한다.

(5) 분류체계분석과 성분분석[36]

사회과학 분야에서 1950년대에 나타난 New Ethnography(Ethnoscience)를 토대로 심리학과 언어학을 접목시킨 인지인류학이 등장하였고 이는 1970년대에 이르러 인류학의 한 하위분야로 자리매김되었다. 인지인류학에서는 현장연구원에게 여러 단계의 질문을 실시하는 체계적 면담과 참여관찰과 이에 대한 분석을 반복적으로 실시하는 연구방법을 사용하는데 가장 대중적인 분석방법으로 분류체계분석과 성분분석 등이 있다. 분류체계분석은 연구자가 자신을 둘러싼 세계를 개념화하는 분류체계를 충실히 파악함으로써 각 사회의 개념적 세계의 구조를 설명하고자 하는 방법을 말한다. 한편, 성분분석은 참여관찰현장이나 면담과정에서 현장 구성원이 사용한 어휘(개념)의 의미가 사용되는 맥락 속에서 정의해 보고자 하는 방법을 말한다.[37]

질문유형과 순서는

① 대체질문: 괄호 넣기 질문을 던져서 이에 포함될 수 있는 다양한 가능성들을 탐색한다(예: 슈퍼마켓에서 물건을 사는 고객이 보통 하는 일의 단계에는 "_____"이 있다). 이 질문을 통해 알아보고 싶은 영역에 어떤 개념들이 있는지의 리스트를 가능한 한 손쉽게 얻는 방법에 해당한다. 예를 들어, 가게 들어가기, 손수레 고르기, 방향과 통로를 정하기, 육류를 고르기, 우유제품 집어내기, 채소류 고르기, 계산대 줄 서기, 계산하기, 산 식료품 운반하기, 가게 나서기 등이 제시될 수 있을 것이다.

② 대조집합분류질문: 대체질문으로 찾은 용어들을 비슷한 것끼리 몇 묶음으로 분류하는 단계로서 여러 다른 기준으로 다양하게 시도해 볼 수 있다(아래 내용 참조). 이러한 묶음으로 분류되면 그 묶음의 제목을 무엇으로 할 것인지를 생각해

---

36) 이 내용은 덕성여대 문화인류학과 이용숙 교수님이 2011년 6월 15일 「한국에스노그라피연구소」와 「덕성여대에스노그라피연구소」에서 특강한 자료의 일부를 재구성한 것임

37) 분류체계분석에서는 구조적 질문 5가지를, 성분분석에서는 대조질문 7가지를 사용하는데 이는 연구자로 하여금 지나치게 복잡하고 어렵다는 느낌을 주는 한계를 극복하기 위해 덕성여대 이용숙 교수는 이 중 5개의 질문만 사용하여 시작할 때는 대체질문(괄호넣기질문)으로 출발하여 답을 포스트잇에 적도록 함으로써 쉽게 게임같이 느껴지도록 재개발하였다.

볼 수 있다. 또 후속질문을 통하여 각 묶음을 세분할 수 있는지, 분류체계를 달리했을 때 함께 묶여질 수 있는 게 있는지 등을 살피는 것이 필요하다. 세분화하는 경우는 '5단계 계산하기'를 '계산대 줄 선택하기, 줄에서 기다리기, 카트의 물건 계산대 꺼내놓기, 돈 지불하기, 계산대 떠나기' 등으로 나누는 것이다. 함께 묶여질 수 있는 것을 보는 것은 아래 '4단계: 식료품 고르기'에서 당초에는 식료품 고르기의 하위단계에까지 분류했다가 그에 대한 실익이 없다고 판단되면 '4단계: 식료품 고르기'로 묶을 수도 있을 것이다. 결국 세분화할 것인지, 더 큰 상위범주로 묶을 것인지는 그러한 분류체계를 통해 자신이 파악하고자 하는 바가 보다 선명하게 드러나는지의 여부에 달려있다고 볼 수 있다.

1단계: 슈퍼마켓 들어가기
2단계: 카트 고르기
3단계: 방향과 통로를 정하기
4단계: 식료품 고르기
    4-1단계: 육류를 고르기
    4-2단계: 우유제품 집어내기
    4-3단계: 채소류 고르기
5단계: 계산하기
6단계: 산 식료품 운반하기
7단계: 가게 나서기

③ 3원 대조질문(Triadic Contrast Question): 대조집합분류질문을 통해 어느 정도 범주화가 이루어지면 3원 대조질문을 통해 범주의 재구조화 가능성에 대해 탐색한다. 위에서는 쇼핑하기를 통해 대조집합분류질문을 통해 범주화하는 방법을 이해했는데, 여기에서는 핸드폰의 선택기준을 통해 3원 대조질문을 설명해 보고자 한다. 아마 사람들마다 핸드폰을 최종적으로 선정하기까지는 매우 다양한 부분에서의 기능과 선호가 영향을 미치게 된다. 어떤 사람은 브랜드를 보고 결정하고, 어떤 사람은 특정한 기능의 탁월함이 주요 기준이 되기도 한다. 예를 들어 다른 것은 몰라도 카메라의 성능만큼은 제일 좋아야 한다든지. 어쨌든 "당신은

(＿＿＿＿)을 기준으로 핸드폰을 선택합니까?"라는 대체질문을 통해 많은 다양한 선택기준들을 모으게 되고 이에 대해 대조집합분류질문을 통해 '제품의 외형적 가치', '브랜드 가치'라는 큰 범주를 발견했다고 하자. 또 '제품의 외형적 가치'에서는 '디자인', '본질적 기능', '부가적 기능'으로 분류되었다면 그러한 하위 범주에서 각각 한 가지씩 뽑아서 "이 중 어느 것 두 개가 비슷하고 어느 것 하나가 다릅니까?"라는 질문을 던져 가급적 두 집단으로 나누게 하고 이 둘 간의 차이가 무엇인지를 발견하게 한다. 그렇게 하다보면 자신이 기존에 범주로 분류되었던 것이 어떤 기준에 입각해 있고, 또 다르게 분류할 수 있을 가능성이 있는지를 탐색할 수 있게 된다. 예를 들어, '인체공학적 디자인', '넓은 LCD창', '귀여운 폰트'라고 한다면 앞의 두 가지는 내 의지대로 바꿀 수 없지만 마지막은 앱(App)의 확장성을 통해 충분히 보완가능하다면 3가지를 두 집단으로 나눌 때 '자신의 의지에 따른 변경가능성'이 그 기준이 될 것이다. 이렇게 시도해 본 다음 '의지에 따른 변경 가능성'이 중요한 분류기준인지를 다시금 재음미하여 기존의 분류체계를 개편할 것인지를 고민해 보는 것이다.

④ 유도된 대조질문: 위의 기준을 기존 3가지 범주 내 다른 내용에 대해서도 적용해 보도록 질문하는 것을 말한다. 3원 대조질문을 통해 나타난 새로운 기준에 따라 기존의 개별사항들을 살펴보면서 적용가능성을 탐색하는 것이다.

⑤ 등급질문 : 각 하위범주내의 모든 개념들을 일정한 기준에 의한 순서에 따라 배열하도록 하는 것으로서 배열이 끝난 후에는 "어떤 기준으로 배열한 것인지"를 질문(가장 많이 하는 순서, 가장 중요한 순서 등)한다.

이러한 ①에서 ⑤까지의 다섯 가지 질문 중에서 두 번째 질문까지를 통해 분류체계분석표를 만들 수 있고 아래 표와 같이 전체 다섯 가지 질문을 통해 분류체계분석에 따른 범주 및 그 내용과 조합한 성분분석표를 만들 수 있다.

표 25 핸드폰을 구매하는데 따른 주요 고려사항

구매시 고려사항 (분류체계분석)	대조의 차원 (성분분석)	필수적인 고려요소 인가?	디자인과 관련성이 있는가?	나의 노력으로 바꿀 수 있는가?	내게 가장 중요한 순서	편리한 순서
제품의 외형적 가치	귀여운 폰트	X			12	
	예쁜 디자인	O			3	
	아담 가벼움	O			2	
	편리한 문제패드	O			6	
브랜드 가치	좋은 화질	O			1	
	셀카기능	X			13	
	LCD 창	X			5	
	인터넷 품질	O			4	
	전화	O			8	
	문자	O			9	
	DMB	O			10	
	게임	X			11	
	외장메모리	X			7	

　이러한 분류체계분석과 성분분석방법이 사회복지분야에서는 어떻게 활용될 수 있을까? 앞에서 살펴본 두 가지 분석방법은 실제 인터뷰를 통해 수집된 자료를 분석하는 다른 방법과는 다른 점이 있다. 먼저 자료를 어떻게 수집할 것인지, 어떤 질문이 가능한지 등에 대해 알려진, 또는 내가 알고 있는 지식이 부족하다고 판단될 때 자료수집의 틀을 구성하는데 도움이 될 수 있다. 이는 자료수집방법적 차원이다. 그리고 다른 한 방법은 자료수집과정을 통해 분석의 실마리를 찾고자 할 때 유용할 수 있다. 예를 들어 다문화가정에서 결혼이주여성이 '자신이 (_____) 경험을 할 때 내가 이 집 식구구나!'라고 느끼는지에 대해 질문하고 위에서 제시한 분류체계분석과 성분분석방법을 사용하여 소속감을 느낄 수 있는 경험들이 무엇인지를 연구참여자(결혼이주여성)와 함께 파악해 볼 수 있다. 물론 연구자는 이러한 과정이후에 전체적인 분석자료의

의미를 종합적으로 재음미해볼 필요도 있겠으나 일차적으로는 이러한 분석과정을 통해 유의미한 내용을 체계적으로 추출해 낼 수 있다는 점에서 매우 유용하다.

(6) 내러티브 분석(Narrative Analysis)

내러티브 연구는 인간은 이야기하고 싶어 하고 이야기를 통해 자신의 삶을 정돈하고 싶어하는 속성이 있다는 것을 전제한다. 과거의 사건에 대하여 이야기한다는 자체가 인간의 보편적인 행동이며 유년기로부터 배워온 기본적인 담화형태에서 출발한다고 본다. 과거사건에 대한 현재화, 현재의 상태에 대한 리뷰(Review), 미래에 대한 예상·추측의 현재화, 과거와 미래 그리고 내적 및 외적 사건에 대한 스토리텔링(Storytelling)이 삶의 핵심을 이룬다. 전통적인 질적자료분석방법에서는 Text를 문맥에 따라 분할하여 단편적으로 해석하고 일반화 과정을 거치게 되는데 이에 대해 내러티브 분석에서는 내러티브 진술을 특징짓는 순차적이고 구조적인 특징을 제거하는 결과를 초래한다고 비판한다. 그러므로 정보제공자들이 경험한 자신의 삶에서의 행동과 사건을 이해하기 위하여 어떠한 순서로 자신의 경험을 배열하는가를 파악하는 것이 내러티브분석의 목적이며 단순히 언어를 통해 나타난 내용에만 관심을 갖는 것이 아니라 경험을 이야기하는 형식에도 관심을 갖게 된다.

8. 연구윤리

질적평가를 함에 있어서는 문헌고찰을 제외하고는 사람들을 직접 만나거나 때로는 사람들이 생활하는 장(場) 속으로 뛰어들어야 한다. 즉, 직접적으로 사람과 사람간의 접촉이 생기지 않을 수 없고, 그들로부터 그들의 삶에 관한 내용들을 들어야 하기 때문에 양적평가보다는 훨씬 사람사이에서 생길 수 있는 윤리적인 이슈들이 많다. 그러므로 평가과정 전반에 걸쳐 사전에 미리 충분히 검토되고 이에 대한 해결책을 가지고 있어야 한다.

1) 목적 설명하기(Explaining Purpose)

참여관찰을 하거나 심층면접을 할 경우 당사자가 모르게 하는 것이 아니라 면접을 하는 목적이 무엇인지, 관찰을 하는 목적이 무엇인지에 대해 미리 양해를 구하고 설명을 해 주어야 한다. 물론 참여관찰의 경우 미리 인지한다는 것이 특정한 행동유형을 유발하게 하는 사전고지적 성격을 가질 수 있다는 점에서 취지를 설명해야 할 뿐만 아니라 특정목적에 사로잡히지 않은 자연스러운 모습을 관찰할 수 있도록 해 달라는 당부도 잊지 않아야 한다.

2) 약속과 상호 호혜성(Promise and Reciprocity)

면접과 참여관찰은 당사자의 삶의 내용을 착취하는 것이어서는 곤란하다. 그러므로 대부분 면접의 경우에는 3~5만원의 사례비를 지급하게 된다. 하지만 앞서 언급한 바와 같이 면접 또는 참여관찰의 목적을 설명하고 질적평가에 참여하는 것이 얼마나 중요한 것인가에 대해 충분히 설명하여 서로에게 도움이 되는 계기가 평가를 통해서 만들어지기를 원한다는 것에 대한 공감대를 형성하는 것이 필요하다. 상호 호혜성을 강조하다보면 녹음한 내용, 관찰한 내용에 대해 복사본을 달라고 하거나 분석된 내용에 대해 당사자 자신에게도 그 내용을 알려달라고 하는 경우가 있는데 만약 약속하였다면 반드시 지키도록 하는 것이 옳다.

3) 위험 사정(Risk Assessment)

면접과정에서 면접을 하는 것이 피면접자에게 어떤 위험에 처하게 할 경우가 있다면 이에 대해 사전에 설명해 주어야 한다. 그런 경우는 거의 없지만 면접하는 동안 심리적 스트레스 발생 가능성, 법적 책임, 계속되는 참여가 요구된다는 것, 자신이 말한 것 때문에 동료 · 프로그램 담당자 또는 다른 사람으로부터 주어질 불이익 등이 있다면 미리 알려주어야 한다. 평가과정에서 그러한 위험성이 감지된다면 이에 대해 어떻게 대처할 것인지에 대해서도 평가자는 대안을 가지고 있어야 한다.

4) 비밀보장과 익명성(Confidentiality)

평가결과가 보고될 때 피면접자의 인적사항이 대외적으로 알려지지 않을 것임에 대해 약속을 하는 것이다. 비밀보장과 익명성간의 차이를 설명하자면, 비밀보장은 알지만 이야기하지 않는 것을 의미하고, 익명성은 설문지가 익명을 띠고 돌아온 것처럼 당사자가 누구인지 모른다는 것을 의미한다. 하지만 면접과정에서 불법활동, 아동 학대 또는 유기에 대한 증거 등을 알게 되는 경우도 있는데 이 경우 비밀보장을 해 주어야 하는가에 대해서는 매우 논란적이다.

한편, 평가결과에 대한 객관적 증거를 요구하는 경우를 대비해서 자료원(Data Resources)을 일정 기간 이상 보관하게 되는데 그 과정에서 타인에 의한 컴퓨터 사용, 컴퓨터 파기 과정에서 불완전하여 데이터가 복구되고 타인에게 알려지는 경우 등등 비밀보장의 원칙이 지켜지지 않을 수 있기 때문에 어디에 데이터를 저장할 것인지, 얼마나 오랫동안 데이터를 보유할 것인지가 쟁점으로 떠오를 수 있다.

5) 고지된 동의(Informed Consent)

면접 전에 미리 알려 면접에 응할 것을 동의하도록 하는 것을 의미한다. 알려줄 때 포함되어야 할 내용으로는 정보수집의 목적, 면접질문, 비밀보장, 피면접자에게 가해질(있다면) 위험 또는 혜택 등이 있다. 하지만 현장에서 이를 너무 오래 설명하면 사업 참여자는 지루해 한다. 당신이 들려줄 이야기가 왜, 얼마나 소중한지에 대해 이야기하면서 이러한 소중한 이야기를 들려주는 당신에게 감사한 마음을 표현하면서 절차적 과제로서의 고지된 동의를 받아야 함을 설명한다.

6) 데이터 접근 및 보유권(Data Access and Ownership)

평가에서 그 데이터를 누가 소유하는가에 대해 고지된 동의를 받을 때 이를 명확하게 하는 것이 필요하다. 만약 소유권이 불명확한 상태에서 평가결과를 학술지에 게재하거나 타인에게 인용을 허락했을 때 이에 대한 법적인 책임이 불거질 때 매우 난처해질 수 있기 때문이다.

7) 연구과정에서 윤리문제에 대한 연구자의 동료 또는 카운슬러

모든 이슈가 선행해서 예견될 수는 없다. 어려움을 겪을 때 찾아갈 수 있는 사람을 안다는 것은 위기의 시간에 소중한 시간을 절약할 수 있고 필요한 포근함을 가져다준다.

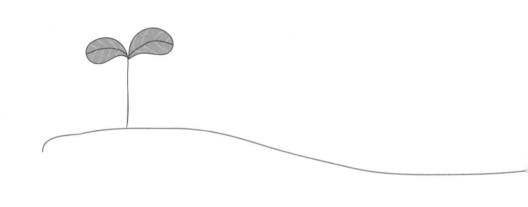

제4부　최근 변화흐름 및 신청서 작성하기

제14장

사회복지 프로그램 신청서의 최근 변화

: Venture Philanthropy[38]

자금제공기관은 자신의 설립목적과 지향가치에 따라 사업신청방식이나 사업운영방식에서 제각기 나름대로의 특징을 가지고 있다. 어떤 사회취약계층에 초점을 맞출건지, 어떤 분야에 보다 집중할 것인지를 미리 제시함으로써 관련 분야에서의 관심과 지원을 끌어내고 있다. 하지만 신청서에서 요구하는 정보나 선정 이후 지원하는 방식이 크게 달라보이지는 않으며 상당히 유사한 공통영역이 있다.

2015년에 시작된 아산나눔재단의 『파트너십 온』 사업은 그 전과 결이 다른 점이 많다. 우선 벤처기부(Venture Philanthropy) 방식을 도입하여 우수한 기관이 좋은 사업을 수행하도록 지원하기 보다는 열악하지만 성장가능성이 큰, 벤처스러운 지원방식을 택한다. 또 사업수행에 필요한 재원을 지원하는 것 외에 조직이 성장할 수 있도록,

---

38) 이 글은 2016년 한국사회복지학회 춘계학술대회에 김진우(덕성여대) · 이자수(군산대)가 발표한 글을 수정한 것이다.

사업을 근본적으로 잘 수행하도록 조직의 역량강화에 대한 지원을 병행한다는 점은 눈여겨 볼만한 대목이다.

1. 벤처기부 개념의 등장배경

'벤처기부'라는 용어는 1969년 미국의 자선가 존 록펠러 3세(John D. Rockefeller Ⅲ)가 조세개혁법 제정을 위한 미 의회 청문회 자리에서 '인기를 끌지는 못하지만 사회적으로 의미 있는 일에 대한 재원을 끌어 모으기 위한 모험적인 접근'이라는 의미로 처음 사용했던 것으로 전해진다. 그러나 이 용어가 주목받게 된 것은 1990년대 IT 벤처기업을 통해 성공한 젊은 기업가들이 좀 더 효과적인 기부의 방식을 모색하면서부터였다.

벤처기부 개념은 1997년 『하버드 경영리뷰(Harvard Business Review)』에 게재된 논문 "도덕적 자본 : 벤처자본가로부터 재단이 배워야 할 것들"을 통해 본격적으로 소개되었다.[39] 이 논문은 미국에서 자선사업에 기부된 엄청난 자금이 사회문제를 해결하는데 실질적인 영향력을 미치는지에 대해서 의문을 제기한다. 벤처자본가들이 투자의 대상을 정하고 이 투자대상이 이익을 최대화하도록 지원하는 것과 유사한 방식을 자선에도 도입할 것을 제안하였다. 이는 실사, 위기관리, 수행평가, 관계에 대한 관리, 투자 기간과 투자액의 크기 결정, 출구전략의 모색 등을 포함하는 것이다.

미국뿐 아니라 유럽, 그리고 아시아에서 좀 더 효과적이고 전략적인 자선이 필요하다는 공감대가 확산되고 있다. 유럽에서는 2000년대 초반부터 영국을 중심으로 벤처기부 개념이 수용되었다. 민간 기업들은 2004년 유럽벤처기부협회(European Venture Philanthropy Association : EVPA)의 구성하고, 벤처 자선과 임팩트 투자의 확장을 위한 공동의 노력을 기울이고 있다. 아시아에서도 싱가포르를 중심으로 2011년 아시안 벤처기부네트워크(Asian Venture Philanthropy Network : AVPN)가 결성되었다.

---

39) Grossman, A., Appleby, S., and Reimers, C., 2013. Venture Philanthropy : Its Evolution and Its Future. www.hbsp.harvard.edu/educator.

2. 벤처기부의 핵심내용

1) 벤처기부의 특징

Cummings & Hehenberger(2011)는 벤처기부를 "사회적 목적 조직(Social Purpose Organizations)[40]에 대해 재정적, 비재정적 지원을 제공하여 더 강력한 조직을 만듦으로써 그들의 사회적 영향력을 증대시키는 접근 방식"이라고 정의한다. 즉, 벤처기부의 주요한 특징은 공익활동을 수행하는 사회적 목적조직의 육성을 통해 사회적 목적을 이루려는 것이다. 즉, 벤처기부는 도움이 필요한 취약계층을 지원하는 사회적 목적을 달성하는 것 뿐 아니라 사회적 목적조직이 효과적, 효율적으로 일함으로써 장기적으로 사회적 성과를 낼 수 있도록 지원하는 것을 핵심으로 한다. 이를 위해 벤처 경영방식을 사회적 목적조직에도 적용하고자 하는 것이다. 이 점에서 벤처기부는 사회적 목적달성을 추구하면서도 좀 더 전략적이고 비즈니스적인 혼합 가치적 사업과 연결될 수 있는 여지를 갖게 되는 것이다. 유럽벤처기부협회가 정리한 벤처기부의 특징은 다음과 같다.

- 고도의 관여 : 조직의 이사회 참여나 사업전략에 대한 관여, 실행과정에 대한 자문

- 맞춤형 재정지원 : 조직에 가장 적합한 방식으로 재정지원, 기부, 교부금, 대부, 보증, 회수를 전제하는 투자, 주식발행 등 다양한 재정지원 방식

- 다년간의 지원 : 3~5년의 지원, 조직이 재정적으로 자기유지적인 방법을 찾기까지 지속적 지원

- 비재정적 지원 : 전략적 기획, 마케팅, 커뮤니케이션, 실무코칭, 인적자원 등에 대한 조언제공. 벤처기부조직이 가지고 있는 네트워크를 동원하여 다양한 투자와 지원 연결

---

40) 사회적 목적조직(SPO)는 자선기관, 비영리조직, 사회적 기업, 사회적으로 추동된 비즈니스 등을 포함하는 개념으로, 일차적인 목적을 출자자의 이익보다는 사회적 가치 실현에 두는 다양한 형태의 조직을 총칭하는 것이다.

- 조직의 역량강화 : 취약계층을 위한 사업의 프로그램비 뿐 아니라, 조직의 역량과 장기적인 타당성 확보를 위해 소요되는 인적, 물적 인프라에 대한 비용도 제공

- 수행에 대한 평가 : 사업 기획, 중간목표의 성취, 측정 가능한 산물, 재정적 책임성과 운영 관리능력 등에 대한 평가에 근거하여 지원의 지속 여부 결정. 결과에 대한 책임성 요구.

2) 누가 벤처기부에 투자하는가 (투자자 측면)[41]

벤처기부에 참여하는 투자자는 개인단위, 가족단위, 기업, 재단 등 다양할 수 있다. 유럽 벤처기부협회는 예컨대 기업이 벤처기부에 참여하는 방식을 다음 세 가지로 제시한다.

- 기업이 사회적 목적조직(Social Purpose Organization)을 직접 지원하는 방식 : 기업이 특정한 지역사회와 강력한 연계를 맺고자 하거나, 벤처기부에 투입할 자금은 충분하지 않지만 프로보노 활동 등 지식 자본이나 사회적 자본을 더 잘 투자할 수 있을 때 주로 활용.

- 이미 존재하는 벤처기부조직(VPO)에 투자하는 방식 : 기업이 이미 존재하는 벤처기부조직에 투자하거나 파트너십을 맺어 간접적으로 벤처기부활동에 참여하는 것. 벤처기부활동에 필요한 관리 비용을 줄이고, 투자 대상이 되는 사회적 목적 조직을 실사하거나 자금을 이전하는데 들여야 하는 시간과 비용을 줄임으로서 자원을 효율적으로 할당할 수 있는 방식임. 특히 사기업이 자체 내부에 시민사회조직이나 사회문제 해결에 대한 지식과 체계를 가지고 있지 않을 때, 벤처기부 활동에 참여하기 위한 초기비용을 들이지 않고 참여할 수 있게 하는 방식.

- 별도의 벤처기부조직을 혼자서 또는 다른 기업과 함께 만드는 방식 : 새로운 벤처기부 조직을 만드는 것은 전일제로 일할 벤처기부조직의 직원, 사회적 부문에 대한 투자 지식, 장기적 계획 등에 시간과 자원을 충분히 할당할 수 있을 때, 그리고 기업이 협력적인 문화에 기초하여 다른 많은 기업이나 협력 조직들을 참여시키고 연결할 수 있는 능력을 가지고 있을 때에 적절한 방식.

벤처기부의 투자자들이 보이는 경향은 서로 파트너십을 맺어 네트워크를 형성한다는 것이다. 단독으로 벤처기부를 행할 수도 있지만, 공동투자나 기존 벤처기부조직에 투자하는 방식을 취한다. 투자자들 사이의 네트워킹은 단지 더 많은 자금이 집적되는

---

41) 벤처기부에서는 전통적 자선에서의 기부자(Donor)나 사업별 교부금 제공자(Granter)라는 개념과 구분하여 투자자(Inventor)라는 용어를 많이 사용한다. 그러나 벤처기부의 일차적 목적이 사회적 목적의 달성이라는 점에서 '투자'는 자본투자에 대한 이윤의 회수보다는 사회적 성과를 포함하는 의미로 보아야 할 것이다.

것만이 아니라, 벤처기부의 지원을 받는 사회적 목적조직에 대해 더 다양한 비재정적인 지원을 제공하는 데에도 유용하게 작용할 수 있다. 예컨대 여러 기업의 다양한 경영의 노하우와 사회적 관계망이 사회적 목적 조직에 제공될 수 있는 것이다.

3) 누가 벤처 투자를 받는가

벤처기부의 지원대상은 사회적 목적조직(Social Purpose Organization)이라고 불리는데, 이는 영리와 비영리 사이의 일련의 스펙트럼으로 설명될 수 있다. 사회적 가치창출을 일차적인 목적으로 하는 전통적 자선조직부터 재정적 가치창출을 일차적 목적으로 하는 전통적인 비즈니스 조직을 양극단으로 하는 스펙트럼을 가정한다면, 벤처기부의 지원 대상이 되는 조직은 전 영역을 포괄하되, 재정적 가치창출만을 지향하는 전통적 비즈니스 조직은 제외한다. 즉, 재정적 회수가 어려운 전통적 자선기관들부터 재정적 가치창출을 추구하더라도 사회적 가치창출을 함께 추구하는 조직들까지를 투자처로 보는 것이다. 이는 사회적 목적 달성을 우선적인 목적으로 하는 벤처기부의 본질을 보여주는 것이다. 다만 혼합가치의 추구라는 전제 위에서 거래수익의 비율이나 분배방식은 다양할 수 있다.

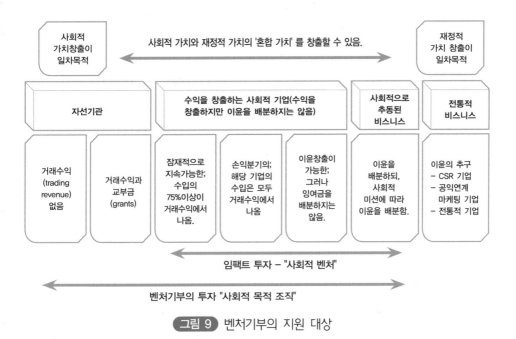

그림 9 벤처기부의 지원 대상

벤처기부의 투자처가 될 수 있는 조직은 발달단계 측면에서도 다양할 수 있다. 벤처기부는 신생 조직 뿐 아니라 성장단계에 있는 조직도 지원한다. 다만 조직의 발달단계에 따라 조직의 욕구가 다를 것이므로 이에 따라 지원의 내용은 달라져야 한다. 예컨대, 신생조직의 경우 유능한 인적자본을 확보하고 조직운영 방식을 정착시키는데 더많은 투자가 이루어져야 하고, 성장단계에 있는 조직은 다음 단계로 도약할 수 있도록하는 작업 인프라, 예컨대 재정과 회계를 효율화할 수 있는 관리시스템이나 생산시스템의 구축에 투자가 이루어져야 하는 것이다. 벤처기부는 신생의 소규모 조직이 처음사업을 시작하도록 지원하거나, 기존의 조직이 한 단계 도약할 수 있도록 지원한다.

그러므로 벤처기부에서 투자처를 결정하는 데에는 조직이 영리성을 어느 정도 추구하는지, 생긴 지 얼마나 된 조직인지가 중요한 것이 아니라, 벤처경영방식을 도입할의지와 기본 역량을 가지고 있는지가 중요하다. 즉, 사회적 성과를 더 내기 위해 스스로 혁신하고자 하는 동기와 의지가 있는 조직, 자신의 성과와 과정을 분석하여 그 사회적 영향력을 측정하고자 하는 조직, 이 과정에서 발생하는 다양한 문제를 해결하고 조직 내외적으로 의사소통을 원활히 할 수 있는 역량을 가진 조직이 적격인 것이다. 시민사회조직과 기업간의 파트너십을 저해하는 요인으로서 이질적인 문화, 관점 및 동기의 차이, 비영리기관의 사업 역량 부족, 투명하지 않은 예산집행, 의사소통 역량의 부족 등이 지적되는 것을 고려하더라도, 사회적 목적 조직의 혁신 의지와 문제해결이 가능한 조직문화가 중요하다고 하겠다(노연희, 2006: 방대욱 외, 2013).

4) 무엇을 어떻게 투자하는가(지원의 내용 및 지원방식)

벤처기부의 지원내용은 재정적인 것, 비재정적인 것을 포함한다. 비재정적이란 조직의 합리적 운영과 사업 수행력을 높일 수 있도록 지원하는 지식자본과 벤처기부 조직이 가지고 있는 네트워크를 활용하여 지역사회의 다양한 자원을 연결해주는 사회적 자본을 포함한다. 즉, 재정적인 지원 뿐 아니라, 유사한 사업을 수행하는 조직들간의 동료학습의 기회를 제공하는 것, 벤처기부의 종결을 전제하고 그 이후에 조직이 자생적으로 사업을 유지할 수 있는 역량을 기르도록 지원하는 것을 포함하는 것이다. 그 내용은 다음과 같다.

표 26 벤처기부의 지원내용

지원 종류	핵심적 속성	범위
재정적 자본	• 수년에 걸쳐, 조직의 거래액 중 상당히 높은 비율의 자금 지원 • 조직의 성장을 위해 필요로 하는 '핵심' 지출에 초점을 맞추어 조직의 능력 구축	• 회수를 기대하지 않는 교부금(grants) • '이윤 공유' 요소를 포함하는 교부금 (정해진 수익 목표액을 초과하게 되면 수익의 일정 부분을 벤처 기부 펀더와 나누기로 동의하는 형태) • 대부 (은행 등 상업적 금융기관보다 다소 낮은 이율) • 자본금 또는 자본금과 유사한 방식(조직의 가치가 올라가면 이윤을 나누는 방식의 대부 등)
지식 자본	투자가 이루어지는 기간 동안 비 재정적 지원 제공	• 비즈니스 계획, 전략, 마케팅에서의 자문 • 투자 이전 단계에 더 비중이 높을 수 있음. • 벤처기부 직원, 신탁대상자, 관계자, 전략적 파트너 또는 외부의 제3공급자에 의해서 제공 가능 • 정기적으로, '어쩌다가 한번씩', 또는 매일 이루어질 수 있는데, 어쨌든 실제적인 차원에서 제공 • 벤처기부가 조직의 이사회에 공식적으로 또는 관찰자의 위치로 참여할 수도 있고 아닐 수도 있지만, 어느 경우이든지 이사회 참여와 비슷한 수준의 영향력 보유
사회적 자본	벤처기부 네트워크나 동료 벤처 기부 조직으로부터의 추가적인 재정적 차입 또는 조언을 통한 지원 연결	• 공식적인 공동출자 계약일 수도 있고 비공식적인 펀딩, 프로보노 활동을 통한 기술적 지원, 또는 문제해결을 위한 다른 자원에 대한 접근성 제고 등 다양한 형태 가능

자료 : 김진우·이자수(2016)

또한 벤처기부의 지원방식은 수행 측정에 기초한다는 특징을 가진다. 사전에 동의한 단계별 성과목표치를 달성했는지를 비교적 객관적인 평가도구를 통해 판단함으로써 지원의 지속 여부를 결정하는 것이다. 이는 지원 종결 이후의 출구전략을 마련해야한다는 절박함을 반영하는 것이기도 하다. 벤처기부가 비교적 장기적인 지원을 전제한다고 하더라도 그 지원이 영원한 것은 아니기 때문이다.

표 27 벤처기부의 지원방식

수행측정	• 벤처기부 펀드는 아직 초기의 발달단계에 있음. 몇몇 벤처기부조직은 상대적으로 발전하여 Balanced Scorecard 같은 수행평가도구를 마련하기도 하였음. 벤처기부 펀드는 수행에 기초하여 펀딩의 지속여부를 결정한다고 함. 즉 사전에 동의한 중간목표치(milestones)에 도달했을 때 펀드 제공을 지속하는 것.
동료지원과 학습	• 벤처기부 펀드가 소규모 조직의 포트폴리오를 지원하면서 주기적으로 포트폴리오를 함께 검토함으로써 상호학습의 기회를 가짐. 이런 포럼을 통해 함께 하는 모든 포트폴리오 조직들이 한 번에 기술적 원조를 받을 수 있는 통로를 만드는 것.
연대의 기간과 출구전략	• 벤처기부는 집중적이면서도 시간제한적인 관여를 선호하며, 끝이 정해지지 않은 장기 펀딩은 아님.

※ John, R. (2006). pp.11-12.[42]에서 수정 인용

3. 아산나눔재단 파트너십 온 사업 개요

벤처기부의 본래적 의미를 떠나 사회적목적조직에 대한 지원을 통해 영향력(Impact)을 제고시키려는 노력은 오래전부터 있어왔다. 2015년 1월 AVPN이 한국을 방문하여 「Venture Philanthropy Forum in Korea」에서 발표한 자료에 따르면 우리나라에서의 사회투자부문으로는 2000년부터 시작된 마이크로크레딧사업에서부터 그 기원을 찾을 수 있고, 'SOPOONG'이나 'D3Jubliee'와 같은 사회벤처자본이 임팩트 투자를 위해 등장하면서 본격화되었다고 보고 있다(기부문화연구소 블로그, 2015). 이 포럼에서 자신의 경험들을 나눈 다수의 기관들이 있었는데, 방글라데시의 사회적기업에

---

42) John, R. (2006). Venture philanthropy : The evolution of high engagement philanthropy in Europe. Skoll Center For Social Entrepreneurship working paper.

투자하는 아름다운 가게, 사회혁신기금으로 11개 임팩트 투자를 하고 있는 크레비스, 사회적기업에 채용될 직원에 대한 교육사업과 쉐어하우스 등 사회혁신 클러스터 조성 사업을 하고 있는 루트임팩트, 사회적 기업 에 대한 투자와 인재양성 그리고 임팩트 측정사업을 하는 SK행복나눔재단 등이 참여하였다.

이 포럼에 참여한 한국기관들은 벤처기부의 정신과 상당히 그 맥을 같이 하는 정신을 갖고 있다. 끊임없이 재정적인 출구전략에 대해 관심을 가지며 임팩트를 가시화시키기 위한 맞춤형 비재정적 지원을 아끼지 않고 있다. 하지만 이러한 기관들은 자신들이 수행하는 사업을 벤처기부 정신에 입각해 있다는 것을 전면에 내세우지 않고 있다. 즉, 자신들이 벤처기부의 정신을 실천하는 것인지, 비영리부문 지원에 대한 반성과 최근 흐름을 반영한 사업을 수행하는데 초점을 둔 것인지를 명확하게 알기 어렵다.

반면 아산나눔재단에서의 『파트너십 온』 사업은 벤처기부의 정신과 철학에 기초하였음을 밝히고, 사업수행 틀이 어떻게 벤처기부의 내용에서부터 연역되었는지를 자세하게 설명하고 있다. 이에 본 연구에서는 벤처기부의 실천사례로 볼 수 있는 아산나눔재단의 『파트너십 온』 사업을 집중적으로 살펴보고자 한다.

1) 개관

2011년 10월에 설립된 아산나눔재단에서 벤처기부의 철학에 입각하여 2015년부터 시작된 사업의 공식명칭은 「파트너십 온(Partnership On : 청소년을 지원하는 비영리기관 엑셀러레이팅 프로그램」 이다. 아산 정주영 현대 창업자의 '시련은 있어도 실패는 없다'라는 긍정적인 사고방식과 도전정신에 기반하여 실험하고 도전하는 사업의 매력에 방점을 두고 있다. 아울러 혁신을 꿈꾸는 기관, 꿈과 열정 그리고 성장가능성에 초점을 두고 성장을 위한 발판을 마련해 주는데 사업방향이 있음을 밝히고 있다(아산나눔재단, 2016).

뿐만 아니라 비영리기관의 사업뿐만 아니라 사업을 바라보는 기본적인 관점에서도 혁신성을 담보하려는 노력을 엿볼 수 있다. 예를 들면, 사업수행기관을 혁신리더라고 명명하고, 아산나눔재단이나 자문위원 등 관계하는 자들도 이들과 함께 사업의 성공과 실패를 공유하는 파트너(Partners)로 부르면서 흔히 범하기 쉬운 상하적 위계관계에서 탈피해야 함을 명시화하고 있다.

이러한 중요 컨셉은 모두 벤처기부방식의 철학과 가치에 기반해 있다. 재정적 지원뿐만 아니라 조직역량강화를 꿈꾸는 비재정적 지원을 중요성을 감안, Dual Approach를 지향하며 자문위원, 전문위원, 재단관계자와 혁신리더가 함께 논의하는 상생네트워크이자 회의기구인 「VP Partners」를 두고 매월 논의를 하는데 이는 벤처기부에서의 고도의 관여(High Level of Engagement)에 그 맥이 닿아 있다고 볼 수 있다.

2) 공모과정

공모과정은 최종적인 사업수행기관을 선발하는 과정적 절차에 해당하지만 각 단계별로 진행되는 과정 및 과정간의 연결흐름에 있어서도 벤처기부의 정신과 기존 공모사업의 진행절차가 갖는 한계를 극복하기 위한 노력들이 녹여져 있다고 볼 수 있다. 아래에서는 그러한 공모과정을 진행절차별로 세부내용을 살펴보고자 한다.

(1) 사업설명회

통상 기업복지재단에서의 사업설명회는 가장 큰 시장을 두고 있는 서울이나 수도권에서 진행되는 것이 일반적이다. 하지만 아산나눔재단에서는 충청, 경상, 전라, 제주 등의 지역에서 수행하는 청소년사업에 대한 발굴 및 사업취지에의 홍보 등 다각적인 이유로 각 지역별로 설명회를 개최하고 있다.

(2) 제1차 투자신청서에 대한 심사

먼저 제1차 투자신청서(별첨자료 참조) 서 작성해야 하는 기본내용을 살펴보면 크게 기관이해, 사업 내용 및 수행방법, 혁신성과 위기관리, 2·3차년도 사업계획 및 사회적 영향력 등 네 부문으로 나뉘어진다. 이를 살펴보면 기관이해 그리고 사업내용 및 수행방법은 타 복지재단과 유사한 요구사항이라고 볼 수 있으나 혁신성과 위기관리, 사회적 영향력은 새롭게 아산나눔재단의 파트너십온사업에서 요구하고 있는 것으로 보인다. 물론 혁신에 대해서는 타 복지재단도 언급하는 경우가 있으나 혁신을 한다는 것은 어느 정도 미래의 확실성이 담보되지 않은 도전정신에 기반한 것이고, 그러한 도전을 하다보면 예상치 못한 위험(Risk)을 사업신청기관에서는 어느 정도 이해하고 있는지를 살펴보겠다는 것이다.

제1차 투자신청서에서의 중점사항은 단순물량확대에 초점을 맞추기 보다는 사각지대 해소, 접근방식의 변화 등에 초점을 두면서 우리 사회에 줄 수 있는 영향이 무엇인지에 대한 관점을 뚜렷하게 하고 있는지의 여부이다. 이러한 무게중심과 함께 심사기준으로서는 신청기관의 적합성, 사업내용 및 수행방식의 적절성, 벤처기부정신의 구현 정도 등으로 제시되어 있으며 전반적으로 성장가능성을 판단하는 심사자 종합판단에 일부 점수를 배점할 수 있도록 하고 있다.

(3) 제2차 투자신청서에 대한 심사

제2차 투자신청서(별첨자료 참조) 작성은 제1차 투자신청한 기관들 중에서 최종 선정 기관 수의 4~5배 정도로 압축하게 된다. 제2차에서는 1차의 내용을 보다 구체적으로 펼쳐 보여주는 것이 중요하다. 즉, 제시한 사업 아이디어를 실제로 어떻게 구현하겠다는 것인지에 대한 방법을 제시하면 이것이 얼마나 구체적인 고민과 체험에 기반한 것인지를 판단하겠다는 것이다. 그리고 이와 더불어 제2차 투자신청서 작성에 추가되는 것이 있는데 조직역량강화 부문과 재정적인 출구전략이 무엇인지를 적도록 하고 있다.

조직역량강화를 강조하는 것은 결국 아산나눔재단이 단순히 그 기관이 수행하고자 하는 사업에 국한하여 투자하는 것이 아니라 비재정적 지원 등을 감안한다면 조직에 대한 투자라고 해도 과언이 아니다. 그런 의미에서 신청기관의 현재 조직상태를 어떻게 바라보고 있으며, 신청사업을 수행함에 있어서 어떤 부문의 역량이 보다 강화되어야 하는지에 대한 자기성찰의 깊이를 보겠다는 것으로 이해된다.

아울러 재정적인 출구전략을 요구하는 것은 어차피 3년간 지원의 상한이 정해져 있는 반면, 인건비 사용 등에 있어서는 기관의 현실 여건을 충분히 감안하고 있어 이 양자를 함께 고려하게 될 때 과연 사업을 수행하게 될 기관이 아산나눔재단으로부터의 재정적 지원이 중단되면 기존의 사업과 인력을 어떻게 유지·발전시킬 수 있을지에 대한 고민 또한 진지하게 모색되어야 한다는 측면에서 강조하고 있는 항목이라고 보여진다.

(4) 현장심사

앞의 투자신청서 부문은 벤처기부정신에 입각한 파트너십온 사업이라는 취지에서 보면 상대적으로 더 강조하는 부문의 내용을 중점 검토하겠다는 시그널(signal)에 해당된다면, 현장심사는 고도의 관여(High Level of Engagement)와 관련이 있다고 볼 수 있다. 즉, 통상의 현장심사라는 것이 투자신청서 상의 내용이 적절한지에 대한 확인 정도에 머무른다면 아산나눔재단에서는 적어도 2시간 이상의 면담을 통해 사업내용의 전반적인 배경이라든지, 조직 구조와 운영, 리더십 등 다양한 면에서의 조직에 대한 관심에 기반한 대화로 진행하며 때로는 방문기관에서 고민하고 있는 바에 대해 상담하면서 필요한 자원과의 연결을 해 주는 경우도 있어 현장심사를 특별한 간섭으로 이해하기 보다는 또 다른 측면에서의 컨설팅적 기능도 함께 내포하고 있는 것으로 이해된다. 현장심사의 순기능은 여기에서 그치지 않고 이후 면접심사를 하기 전에 현장심사를 통해 얻어진 정보를 기반으로 심사대상기관에 대한 폭넓은 이해에 기반하여 면접심사를 진행할 수 있다는 잇점이 있다.

(5) 면접심사

면접심사는 사업신청기관의 프리젠테이션으로 시작된다. 한편, 면접심사에 이르기까지의 심사과정에서 관여하는 심사위원은 제1차 투자신청서에 대한 서면심사에서부터 거의 동일성을 유지하고 있어 면접심사 때의 질문을 통한 관여수준이 매우 높은 편이다. 현장심사를 통해 얻어진 정보에 기반하여 사업수행에의 의지, 수행희망사업에 대한 이해 정도, 벤처기부에 대한 사전이해정도 등에 대해 폭넓은 대화가 이루어진다. 예를 들면, 제1차년도에서는 1박2일로 진행하면서 프리젠테이션의 퍼포먼스가 갖는 한계를 극복하려고 시도했었으나, 최근 시간 및 비용적 한계 때문에 1일 동안이라도 장시간을 확보하는 방향으로 전환되었다.

이 때 특이한 것은 면접심사가 면접대상기관에 국한하지 않고 제2차 투자신청서를 제출하였던 기관은 모두 희망하면 면접심사에 옵저버로 참여할 수 있도록 하여 비영리기관에게 또 다른 배움의 기회를 가질 수 있도록 그 기능을 다기화하였다고 볼 수 있다. 이러한 면접심사를 통해 얻어진 정보에 기반하여 심사위원회를 열어 최종 사업수행후보를 선정하게 된다.

3) 선정 후 지원과정

최종기관으로 선정되어 혁신리더가 되면 재정적으로는 한 해에 2억[43]을 지원받게 되며 이와는 별도로 혁신리더기관의 조직역량강화를 위해 약 3천만원 정도의 부가적 지원을 받아 왔다. 물론 이러한 비재정적 지원인 3천만원은 사업수행에 직접적으로 투입되는 예산은 아니며 아산나눔재단의 개입을 통해 조직이 필요로 하는 부문에 대한 컨설팅을 가장 적절하게 제공해 줄 수 있는 업체나 기관을 연결시켜 필요한 도움을 받을 수 있도록 하고 있다.

---

43) 1차년도 지원기관은 2억이 아니라 1억2천만원을 지원받았는데 이는 전체적인 심사과정이 종료되고 사업에 착수하게 된 시점이 2015년 6월이기 때문에 7개월치 사업예산으로 계산된 것이다.

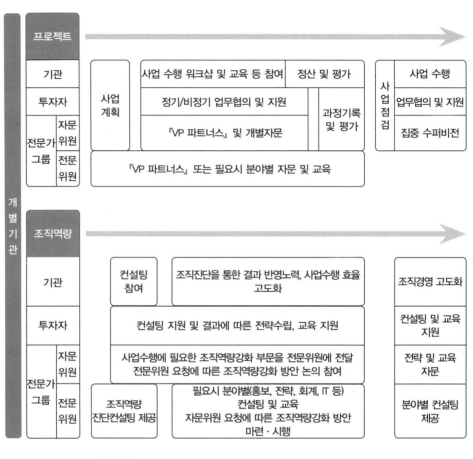

프로젝트						
	기관	사업 계획	사업 수행 워크샵 및 교육 등 참여	정산 및 평가	사업 점검	사업 수행
	투자자		정기/비정기 업무협의 및 지원	과정기록 및 평가		업무협의 및 지원
	전문가 그룹 — 자문위원		『VP 파트너스』 및 개별자문			집중 수퍼비전
	전문가 그룹 — 전문위원		『VP 파트너스』 또는 필요시 분야별 자문 및 교육			

조직역량				
	기관	컨설팅 참여	조직진단을 통한 결과 반영노력, 사업수행 효율 고도화	조직경영 고도화
	투자자		컨설팅 지원 및 결과에 따른 전략수립, 교육 지원	컨설팅 및 교육 지원
	전문가 그룹 — 자문위원	조직역량 진단컨설팅 제공	사업수행에 필요한 조직역량강화 부문을 전문위원에 전달 전문위원 요청에 따른 조직역량강화 방안 논의 참여	전략 및 교육 자문
	전문가 그룹 — 전문위원		필요시 분야별(홍보, 전략, 회계, IT 등) 컨설팅 및 교육 자문위원 요청에 따른 조직역량강화 방안 마련·시행	분야별 컨설팅 제공

(그림 10) 아산나눔재단 『파트너십 온』 사업 지원체계

※ 아산나눔재단(2016).

아산나눔재단은 1년 중 상반기에 어느 정도 사업수행의 진전이 있을 것인지와 관련하여 혁신리더와 상호 약속하는 내용을 마일스톤(Milestone)이라 부르고 이의 달성 정도에 따라 하반기에 지원하는 사업예산을 조정하고 있다. 아울러 매년 사업성과를 평가하여 차년도 지원여부와 지원시 어떤 사업부문에 어느 정도 예산을 투입할 것인지에 대해 논의하게 된다.

4) 지원현황

파트너십 온 사업은 청소년기관 중에서 2015년에는 7개를, 2016년에는 3개의 혁신 리더기관을 선정하여 각 기관당 2억을 지원하고 있다. 지원받은 기관의 사업내용과 그 특징을 중심으로 살펴본 현황은 아래 표와 같다.

표 28 아산나눔재단 『파트너십 온』 사업 혁신리더기관 사업 주요특징

연도	기관명	주요사업내용	특징
2 0 1 5	세상을 품은 아이들	6호이상 보호처분을 받은 청소년들의 생활공간을 제공하고 이들의 자립을 도모	퇴소청소년에 대한 맞춤형 서비스 제공
	드림터치포올	교육격차를 해소하기 위해 교육자원봉사자를 교육시켜 저소득계층 청소년의 수학 성적 향상 도모	교육봉사자에 대한 교육 내실화, 교육코디네이터를 통해 기존 타 봉사자와의 차별성 담보
	세움	수용자 가족에 대한 지원	수용자 가족에 대한 체계적인 관심과 지원 그 자체
	성모마음	학교내 왕따·따돌림에 대한 의사, 심리치료사, 사회복지사 등의 다학제적인 접근	왕따·따돌림에 대한 다학제적인 접근 그 자체
	동녘지역아동센터	초등부터 고등까지 연속적 돌봄을 제공하고 이들을 위한 센터–부모–졸업생–지역 사회간선순환공동체를 구성	연속적 돌봄과 선순환공동체 구성
	해솔직업사관학교	탈북청소년에 대한 기초교육과 기술교육 제공	탈북청소년에 대한 맞춤형 기술교육
	자오나학교	한부모 청소녀에 대한 돌봄과 교육의 통합적 제공	한부모 청소년에 대한 돌봄 공간과 교육체계를 한 공간에서 동시에 제공

연도	기관명	주요사업내용	특징
2 0 1 6	우리들의 눈	시각장애학생에 대한 미술교육 및 일반 대중의 인식전환 도모	시각장애학생에 대한 미술 교육의 가능성 지평을 여 는 것
	십대여성인권센터	온라인 상의 성매매청소년 차단을 위한 동료상담 및 법개정운동 지원	온라인 또래 상담
	학교	저소득청소년에게 IT와 예술을 결합한 컨텐츠 교육	IT와 예술 결합 교육 컨텐츠

5) 아산 『파트너십 온』 사업과 기존사업의 비교

이러한 『파트너십 온』 사업이 메트라이프코리아, 아산복지재단, 삼성복지재단의 사업과 비교, 차이점을 도출해 보면 아래와 같이 분석해 볼 수 있다. 먼저 『파트너십 온』 사업은 조직의 성장가능성과 사업의 혁신성에 초점을 두고 사회적 영향력과 재정 적인 출구전략에 관심을 보이는 반면, 나머지 세 사업은 기존 사업과 차별성을 갖는 컨텐츠에 주목한다. 아울러 전자는 조직의 역량강화에 초점을 두면서 재단·자문위 원·전문위원·혁신리더의 운명공동체적 성격을 강조하는 반면, 나머지 자문교수의 컨설팅과 워크숍에 치중하면서 조직역량강화의 중요성에는 상대적으로 관심이 낮다.

표 29 아산나눔재단 『파트너십 온』 사업과 기존사업 수행방식의 차이 비교

단계	비교준거		아산 파트너십온	기존 사업
선정단계	주요 선정기준	조직	o 성장가능성	o 신뢰할만한 기관
		사업	o 혁신성 o 위험관리 o 출구전략 – 사회적 영향력 – 재정적인 출구전략	o 사각지대해소 o 새로운 접근방법
	지원기간		o 최대 3년 – 큰 문제없으면 매년 연장	o 1년 – 우수하면 매년 연장 – 최대 3년
	기관당 지원규모		o 2억	o 1,000~10,000만원정도
	예산편성의 자율성		o 자율적 – 인건비 편성 가능 – 임대료 편성 가능 – 리모델링비 편성 가능	o 직접사업비에 집중 – 인건비 편성 제한적 – 임대료 편성 제한적 – 리모델링비 편성 제한적
선정후 지원단계	용어 차이		o 혁신리더	o 기관장
			o 혁신리더기관	o 사업수행기관
			o 파트너	o 재단

	고도의 관여		o 매달 1회 VP Partners회의
			 – 재단
			 – 자문위원(사업담당)
			 – 전문위원(조직역량강화담당)
			 – 혁신리더
			o 1년에 총 3회의 워크숍
				o 자금제공기관과의 정기적
				  인 만남은 워크숍때
				 – 선정된 프로그램에 대
				   한 자문교수의 컨설팅
				   위주

	비재정적 지원		o 조직역량강화 강조 – 전문위원을 배치 – 조직컨설팅용 예산 3천만원을 2억과 별도로 책정·지원	o 조직역량강화 지원 부재

	중간진행과정 점검		o 구체적인 마일스톤(Milestone)
			  으로 요구
			 – 미흡시 하반기 예산지원
			   조정에 반영
				o 형식적인 중간모니터링

	기대효과 수준		o 성과(Outcome) o 사회적 영향력 o 재정적인 출구전략 마련	o 성과(Outcome)

4. 공모지원사업에의 VP 적용에 따른 쟁점 및 과제

1) 대상선발: 성장가능성과 출구전략 판단

일반적으로 복지재단이 신청기관의 사업을 선정할 때 크게 두 가지를 보게 된다. 첫째는 그 기관이 이 사업을 수행할 수 있는가이며, 둘째는 신청사업 내용이 얼마나 매력적인가다. 후자가 핵심이지만, 사업수행은 일종의 예술(Art)이며 누가 하느냐에 따라 사업의 진척 정도나 질이 달라지기 때문에 전자 또한 선정과정에서 중요하게 다루지 않을 수 없게 된다.[44]

먼저 기관의 적합성이다. 복지재단은 자신의 운영철학에 부합하는, 사업을 잘 수행할 수 있을 것으로 예상되는 사회복지기관을 선발하고 싶어 한다. 하지만 사회복지기관이 지원기관의 지향방향을 정확하게 이해하고 있는지, 사업수행능력을 충분히 갖추었는지를 복지재단이 정확하게 알기란 쉽지 않다. 정보의 비대칭성이 존재하기 때문이다. 리더십이 좋은지(지휘부와 수행부간의 알력은 없는지), 예산구조가 튼튼한지(명시적인 융자뿐만 아니라 객관적으로 드러나지 않는 부채는 없는지) 등에 대한 사회복지기관의 정확한 실정을 복지재단에서는 제대로 알기 어렵다. 이러한 한계를 극복하기 위해 복지재단에서는 흔히 객관적인 지표를 통해 드러나는 정보로 판단하게 된다. 그러므로 기관의 규모, 기관의 공신력, 이사회 및 운영위원회 구성 내용, 유사사업 수행경험 등에 관한 정보를 요구하게 된다. 그렇다 보면 결국 '좋은 기관이 좋은 사업 내용을 구상하면 이에 지원하겠다'라는 논리로 흐르게 되고, 많은 경우 상대적으로 규모가 큰 각종 복지관이나 협회가 지원을 받을 확률이 높아지게 되는 것이다. 그렇게

---

44) '프로그램 기대효과수준'이란 Doner가 산출(Output), 성과(Outcome) 또는 사회적 영향력(Social Impact) 중 어디까지를 Donee한테 요구하는지를 의미한다.

되면 대외적 인지도가 높은 사회복지기관이 정보거래과정에서 유리한 고지를 점하게 된다.

하지만 벤처기부의 시각에 따르면 조직이 탄탄한 사회복지기관이 아니라, 지금은 규모나 인력 면에서 취약하고 오히려 열악한 위치에 있으나 앞으로 복지재단의 지원을 통해 성장할 수 있는 가능성이 큰 사회복지기관이 주목을 받는다. 그것을 벤처다운(Venturous) 방식으로 간주하고 있는 것이다. 그러나 남겨진 과제는 성장가능성이 있는지를 어떻게 판단하는가이다. 이는 기대확률을 예측하는 것과 같다. 미래를 경험해 본 자가 아니면 선정된 사회복지기관이 미래에 성장할 것인지를 정확하게 예측하기는 불가능하다. 기대 확률 값이 실제 값에 유사하도록 하기 위해서는 신청기관에 대한 정보를 정확하게 파악해야 하고 아울러 성공요소를 맹아적 형태라도 잉태하고 있는지를 살펴봐야 한다.

이를 위해 사용하는 방식으로는 아산나눔재단이 당해 신청기관을 직접 방문해서 2시간 넘게 인터뷰를 진행하는 것이다. 기관장은 어떤 문제의식을 갖고 있는지, 현실을 어떻게 인식하고 있는지, 성장을 위한 발판과 동력이 무엇이라고 생각하는지, 그 기관이 얼마나 이를 보유하고 있으며 미래를 위해 무엇이 얼마나 필요하다고 생각하는지, 또 어떤 꿈을 꾸고 있는지, 아산나눔재단을 통해 기대하는 바가 무엇이고, 아산나눔재단의 지원이 당해 기관에게 어떤 의미를 지니는지 등에 대해 이야기 나눔으로써 미래의 성장가능성을 판단하게 된다. 더불어 2015년도 당시 사업수행기관을 선정할 때는 1박2일로 진행하면서 같이 생활해 보면서 서로에 대한 정확한 이해를 도모하고 오해를 최소화하기 위한 노력도 경주된 바 있다.

둘째로 사업내용의 매력이다. 통상 기존 지원방식에서의 사업내용의 매력은 새로운 대상에 대한 서비스이거나, 대상이 유사하더라도 기존 제공방식과 다른 접근방법이 시도될 때 매력적이라고 이해된다. 그것이 차별성으로 간주되는 것이다. 왜냐하면 자금을 지원하는 입장에서는 전국적으로 또는 대다수의 사회복지기관이 이미 수행하고 있는 사업에 대해 지원해서 얻어지는 결과물에 대한 사회적 의미가 크지 않기 때문이다.

한편, 아산나눔재단에서는 사업내용의 매력이라는 것을 출구전략과 연결시켜 판단하고 있다. 출구전략은 사회적 영향력과 재정적인 출구전략으로 나뉜다.

사회적 영향력은 이 사업을 수행해서 당해 사업참여자에 대한 변화를 도모하는 것 외에 사회적으로 어떠한 파급효과가 있는지를 따져보는 것이다. 즉, 타 기관에서 동 사업을 벤치마킹하려는 욕구가 생기거나, 지역사회가 이 사업을 유사기관들 모두 동 참하도록 지역사회정책으로 전환하거나 국가적으로 법령개정 등을 통해 사업을 확산 시키려는 노력이 일어나는 것을 말한다. 한편, 재정적인 출구전략이란 사업수행기간 동안에 재정을 추가적으로 확보할 수 있는 역량을 강화시키고 실제 재정확보 실적을 쌓아 사업이 종료되어 아산나눔재단으로부터 재정지원이 중단되더라도 계속 사업을 수행할 수 있는 여력을 갖는 것을 의미한다. 즉, 사업내용의 매력이라는 것은 당해 사 업에 참여하는 자의 의미있는 변화 외에 사회적 영향력을 발휘할 수 있는 토대를 형성 하거나 재정적인 출구전략을 마련할 수 있는 준비나 구상이 확고한 것을 포함하고 있다.

위험관리(Risk Management)도 중요하다. 도전적이고 새로운 영역에 대한 개척정 신은 불가피하게 예상치 못한 위험에 직면하게 될 확률을 높이게 된다. 이러한 위험에 대해 어떻게 대응할 것인지에 대한 차분한 구상은 위의 출구전략 구상에 못지 않게 중 요하며 이러한 내용들이 함께 구비될 때 사업내용의 매력도는 높아지게 된다.

문제는 신청기관이 얼마나 벤처기부방식을 잘 이해하고 있고 사업내용 또한 구색을 맞추는데 급급한 것이 아니라 실제 출구전략과 그에 따른 위험관리요소를 얼마나 구 체적으로 고민하는가이다. 왜냐하면 위험관리, 출구전략 이러한 용어가 아직까지는 사회복지기관들에게 낯설고 관련 개념들과 내용을 이해하지 못한 상태에서 투자신청 서를 적고 있는 사례가 많기 때문이다. 나아가 세월이 지나면 이러한 개념과 내용에 대해서는 익숙해지겠지만 공모방식을 통해 재단과 사회복지기관들간의 정보의 비대 칭성을 극복할 수 있겠는지에 대한 의문은 여전히 남아 있다. 왜냐하면 실력있는 신청 기관을 짧은 선발과정을 통해서는 제대로 스크린하는데는 한계가 있기 때문이다.

이에는 두 가지 방법이 있을 수 있다. 첫째는 현장심사를 보다 강화하는 방법이다.

현재의 현장심사 방식도 타 복지재단에 비해서는 상당한 시간과 컨설팅적 기능을 함축하고 있다. 그러나 그렇게 하더라도 신청기관에 대한 이해관계자들의 다각적인 이해를 모두 구하기 힘든 형편이고 짧은 기간동안에 신청기관의 지배구조 등 사업수행상에 걸림돌이 될 수 있는 소지를 파악해 내는 것은 여전히 쉽지 않을 것이라 생각된다.

둘째는 공모방식이 아니라 발굴방식에 무게중심을 두는 것이다. 즉, 어떤 기관이 혁신적인 아이디어를 가지고 사업을 수행하고 있고, 실제 그 기관을 둘러싼 정보가 어떻게 형성되어 있는지를 알아나가면서 검증하는데는 보다 많은 시간이 필요하기 때문이다. 아울러 주변에서 다양한 경로를 통해 추천해 주어야 하는데 추천 및 그에 따른 후속조치가 제대로 이루어지기 위해서는 1년 내내 후보기관 발굴에의 상시가동체계가 필요하다고 본다. 그러므로 앞으로는 선발대상기관의 모집단을 추정하고 이들에 대한 정보를 지속적으로 시계열적으로 축적하면서 제3자에 의한 평가가 좋고 벤처기부정신에 적합하다고 판단되는 기관에 대한 모니터링 시스템을 갖추어야 할 것으로 본다.

2) 예산편성의 자율성 허용범위

아산나눔재단은 예산 지원방식의 경우 무상교부방식으로 국한하였지만[45], 예산의 사용에서는 지원기관의 형편과 사업내용에 맞게 구성하려는 당해 기관의 요구를 최대한 인정하고 있다. 이는 일반적인 것은 아니다. 많은 경우에는 기관의 인력과 공간은 주어진 환경으로서 고정된 것으로 두고, 그 범위 안에서 사업비를 구성하는 것으로 제한된다. 물론 지원금 안에서 인건비 사용을 허용하는 복지재단도 있지만, 이 또한 지원금 내에서 일정 비율 이상을 넘지 않도록 제한되는 경향이 있다.

하지만 예산편성의 자율성을 어디까지 허용할 것인지가 논란이 될 수 있다. 가장 적합한 예산편성비율이 무엇인지에 대한 지원기관의 주관적인 판단을 객관적으로 평가할 기준이 없기 때문이다. 그렇다고 기준의 부재를 이유로 지원기관이 요구하는 대로

---

45) 벤처기부는 "맞춤형 재정지원"을 지향한다. 이는 지원받는 조직에 가장 적합한 방식으로 재정을 지원의 형태를 다양화함을 의미하는 것으로, 교부금, 채권, 대부, 보증, 주식발행 등이 모두 가능하다고 본다.

인정하기도 곤란하다. 재단과 혁신리더기관이 최선의 현실적 여건에 대한 내용과 관점이 다를 수 있기 때문이다.

대표적인 경우는 「현실적 애로 해소」와 「재정적인 출구전략 마련」 간의 긴장이다. 예를 들어 혁신리더기관에서 편성한 인건비 비율이 높을 때, 재단은 인건비 편성의 불요불급성에 대한 재검토를 요구할 수 있다. 3년 뒤 충분한 재정적인 출구전략을 마련하지 못하면 채용된 인력은 해고될 가능성이 높고 그에 따라 사업수행동력을 잃게 될 가능성을 우려하기 때문이다. 반면, 혁신리더기관의 입장에서는 구상하는 새로운 사업을 제대로 수행하기 위해서는 신규 인력의 영입을 고려하지 않을 수 없다. 즉, 장기적인 관점에서는 부담스러운 신규인력채용이 합리적이지 않다는 것을 이해하더라도, 이미 부족한 인력으로 겨우 지탱해 온 비영리조직의 입장에서는 사업비 2억의 예산을 사용하는 데는 인력운용에의 부담이 가중되는 현실 때문에 신규채용 없이는 폭넓은 행보를 하기가 어렵다고 생각하는 것이다.

따라서 벤처기부에 따른 지원에서는 투자자가 혁신리더기관의 이사회에 이사의 자격으로 참여하여 각종 주요 의사결정에 '관여(Engagement)' 하게 되는 것이다. 이것이 '간섭'이 아니려면, 투자자 자신이 책임 있는 자세로 이사회에 참여해야 하며, 미래를 대비하여 재정적인 출구전략을 짜는데 있어서도 주인의식을 가지고 임해야 한다. 무엇이 바람직한가라는 원칙적 기준이 필요할 때도 있지만, 내가 당사자(Stakeholder)로서 어떤 결정을 내릴 것인지에 대한 진지한 고민이 문제해결방법을 빨리 찾을 수 있는 지름길일 수 있다.

그러나 우리나라의 사회복지법인, 사단법인은 서구에 비해 다소 사유적 성격을 갖고 있다(김진우, 2015). 투자자가 재정을 지원한다는 이유로 이사회 구조나 주요 결정을 바꾸는 개방성을 갖기 어렵다. 파트너십온에서도 마찬가지다. 지원에 따른 대가로서 이사회에 참여하는 것이 이점보다는 법인 운영에의 부당한 간섭으로 간주될 가능성이 높다. 현실적으로는 아산나눔재단이 사업설명회 때 '예산편성의 자율성'이라는 원칙과 함께 실제 운용에서의 '예산편성의 합리성'이 요구된다는 것을 사전에 명확하게 제시할 필요가 있다. 즉, 예산편성의 이유와 논리가 아산나눔재단이 추구하는 벤처기부의 원칙과 철학에 부합하는지에 대한 혁신리더기관의 소신과 논거가 명확해야 함을 요구하고, 그 소신과 논거가 마일스톤에 반영되어야 하고, 마일스톤에 의한 상호약속이 지켜지는 과정에서 예산편성의 자율성과 합리성을 계속 유지할 것인지를 판단하는 시스템을 구성하는 것이 바람직하다고 본다.

3) 비재정적 지원의 실효성 문제

비재정적 지원은 벤처기부방식의 핵심이다. 사실 비재정적 지원의 시작은 삼성복지재단의 작은나눔큰사랑에서 이미 시작되었다. 1992년부터 시작된 작은나눔 큰사랑 사업은 사업수행기관에 대해 자문교수를 배치하여 사업수행과정에서 필요한 조언을 얻고 충분히 상의하면서 사업을 진행할 수 있도록 하여 당시 타 공모사업 지원방식과의 차별성을 보여주었다(김진우, 2012). 그 후 메트라이프아동복지재단 등 여러 복지재단들이 자문교수 제도를 도입하여 사업수행기관들이 겪을 수 있는 어려움을 최소화하도록 지원하고 있다.

하지만 아산나눔재단의 비재정적 지원방식은 기존의 비재정적 지원과도 차별되는 점이 있다. 사업수행기관에게 자문교수를 배치하는 것이 당시의 획기적인 방식이었다면, 아산나눔재단은 자문교수뿐만 아니라 조직 전반의 성장을 도모하는 비재정적 지원을 부가적으로 구상했다. 즉, 조직을 진단할 수 있는 자체적인 평가도구인 「ACT4VP」를 개발하고 이를 활용하여 현재의 조직상태를 진단하여 리더십, 회계관리, 조직 및 인사관리 등 제반 분야에 있어 부족한 역량 중 시급성과 중요성을 가지는 부문에 대해서는 추가적인 재정투입을 통해 해당 역량을 갖추도록 한다는 것이다.

여기에는 사업의 성공적인 수행도 중요하지만 앞으로 이 조직이 사회적 영향력을 미치는 혁신적인 사업을 지속적으로 수행하기 위해서는 수행 조직의 역량이 강화되고 체질이 개선되어야 한다는 벤처기부의 관점이 녹아 있다. 그러나 문제는 이러한 비재정적 지원의 취지와 의미에 대해 사업수행기관이 얼마나 이해하고 있으며 또 이러한 비재정적 지원이 사업수행에 어떻게 도움이 되도록 할 것인가이다.

　여기에서 현재 사업수행기관 가운데 기관의 전체 사업예산이 2억보다 더 큰 경우가 많지 않다는 점에 주목할 필요가 있다. 지원 사업을 수행하는 것 자체가 기관 전체에서 차지하는 비중이 크고 그에 따른 부담감은 적지 않은 상황에서, 재정지원 첫 해부터 조직진단에 이은 비재정적인 컨설팅과 그의 후속조치를 이해하고 이를 수행하는 것은 심리적으로나 시간적으로 큰 부담이 된다. 더군다나 사업수행에 모든 감각이 집중되어 있는 상태에서 조직진단에 따른 조직역량강화사업은 부가적인 숙제를 감당해야 하는 느낌으로 다가오는 것이다.

　이렇게 되다보면 누구를 위한, 무엇을 위한 조직역량강화사업인지 혁신리더기관이 겪는 혼동은 불가피한 것처럼 보인다. 그렇다면 이슈는 비재정적인 지원을 통한 조직역량강화사업이 1차 년도에는 왜 필요하고, 그것이 사업수행에 어떤 도움이 되는지, 3년 후 재정지원이 중단되더라도 강화된 조직역량에 기반하여 사업수행을 보다 원활하게 추진할 수 있을지에 대한 명확한 논리적 연결고리와 청사진이 필요하다. 이런 점에서 아산나눔재단은 사업의 연차적 진행과 지원 년도별 강조점을 구분해 볼 필요가 있다. 즉, 1차년도의 조직역량강화사업이 2차년도 사업수행에 어떤 영향을 미치는지, 전반적인 조직역량강화의 로드맵 속에서 조직역량강화를 위한 노력이 왜 지금 이 순간에 이루어져야 하는지에 대한 공감대를 형성할 필요가 있다.

　비재정적 지원과 관련해서 부가적으로 논의해야 할 바는 선정 당시의 조직의 성격과 수준이다. 3년이라는 제한된 시간 내에 사회적 영향력까지 이끌어내야 하는 입장에서는 사업내용이 매력적이라 하더라도 걸음마 단계에 있는 조직을 선정하는데 따른 위험부담이 있다. 즉, 수행할 사업에 대한 사회적 공감대와 내부적 합의가 있다 하더라도 조직이 갖는 역량의 한계가 매우 큰 경우 이를 인큐베이팅하고 엑셀러레이팅하는데 있어 3년이라는 시간이 부족할 수 있다. 3년 내에 사회적 영향력을 거두기 위해서는 조직운영수준이 그나마 일정 수준 이상이어야 할 필요성이 강하게 제기될 수 있다. 비유하자면, 수학(Math)에서 미적분까지 배우기 위해서는 적어도 1차 함수는 알아야 하는데, 만약 사칙연산 조차도 그 개념이 흔들린다면 3년 내에 달성하고자 하는 목표보다 훨씬 낮은 수준에서 사업이 종료될 가능성이 커지게 된다. 물론 조직 수준을 어떤 기준에 의해 평가하느냐에 따라 달라질 수 있고, 잠재적 역량을 강조하는 분위기에서 가시적인 성과만 평가해도 안 된다는 것은 매우 자명하다. 하지만 기관장의 리더십, 업무분담 및 운영체계, 수행사업분야에의 헌신, 부채 등 재무구조 등을 복합적으로 판단하여 제한된 시간 내에 요구되는 성장을 이룰 수 있는 기관 선발이 다시금 중요할 수밖에 없다.

4) 사회적 영향력 여부 판단 문제

출구전략으로서의 사회적 영향력을 확보하는 것은 기존의 복지재단들이 지향하는 바와는 큰 차별성을 갖는다. 사업참여자(사업대상자)의 의미있는 변화를 성과(Outcome)로 강조해 왔던 현재의 패러다임을 뛰어넘어 사회적 파급효과까지 생각하는 것은 충분한 재정지원 규모에 힘입은 바가 크다. 하지만 사회적 영향력은 다음의 두 가지 이슈를 낳는다.

첫째는 3년 내에 사회적 영향력이 생기겠는지이다. 사회적 영향력이 있는지의 판단은 3년의 시간이 모두 종료될 시점에서 이루어진다. 즉, 당장 사회적 영향력이 있는지를 판단할 수 있는 것이 아니라 3차년도 지원 이후에서부터 종료 시점까지의 기간이 사회적 영향력을 판단할 수 있는 시기이다. 물론 1차년도나 2차년도가 사회적 영향력과 무관한 것은 아니다. 즉, 사업 설계 단계부터 이 사업이 사회적으로 어떤 긍정적인 영향을 미칠 것인지가 고려되고 이를 위한 준비가 1차년도부터 시작될 수 있기 때문이다. 그러나 3년이 사회적 영향력을 발휘하게 하기에 충분한 시간인지는 자신 있게 말하기 어렵다. 벤처기부정신에 따른 재정지원은 최소한의 기간이 3년이다. 3년은 벤처기부정신에 입각한 사업이 출구전략을 마련하고 이를 사업구조에 녹여내는데 필요한 최소한의 시간이지 충분한 시간을 의미하지는 않는다. 그렇기 때문에 벤처기부에서도 사업지원기간을 3~5년으로 간주한다.

사업지원기간과 기간의 연장에 대해 벤처기부 방식의 함의를 제공하는 사례가 임페투스(Impetus)이다. 영국에서 벤처기부정신에 따라 비영리조직을 지원하고 있는 Impetus라는 중간기관[46]은 비영리조직에 대한 재정지원을 사업초점화단계(Focus Stage), 사업구축단계(Build Stage), 사업확장단계(Scale Stage) 등 3단계로 나누어 진행한다. Focus단계인 1년 동안은 £100,000를 지원하면서 Impetus의 사업지향방식을 잘 이해하고 마일스톤을 달성하면 그 다음 단계로 진입한다. Build 단계인 3-5년 동안은 매년 £200,000를 지원하면서 조직역량강화, 사업의 성과확대 등 조직 및 사업의 성장을 보여주면 다음 단계 진입여부를 타진하게 된다. Scale단계 이후는 본격적인 사회적 영향력을 가시화하고 극대화하기 위해 전폭적인 지원을 아끼지 않는 단계로서 매년 £500,000를 지원한다. 임페투스(Impetus)는 차기 단계로 나아갈 때 벤처기부에 대한 이해가 충분한지, 지원사업의 성과가 충분히 가시적으로 나타나고 있는지를 판단하다가 5년 이후부터 사회적 영향력에 대한 마일스톤을 설정하고 있다.

다시 말해, 사회적 영향력에 대한 요구가 1차년도부터 있는 것이 아니라는 점이다. 첫 단계에서는 지원기관과 사업수행기관 간 상호이해 증진에 초점을 두고, 두 번째 단계에서는 사업의 외적인 확장에 주력하며, 마지막 단계에서는 사회적 영향력의 가시화에 대해 고민한다(Impetus, 2014). 이러한 기간을 전체적으로 합치면 약 7년이 된다. 이는 아산나눔재단에 비해서는 좀 더 긴 기간을 염두에 두고 단계적으로 성장하도록 돕는다는 점에서 차이가 난다. 그런 점에서 사회적 영향력을 사업신청단계에서부터 요구하는 것이 맞는지는 현행 아산나눔재단의 사업수행방식과 밀접한 연관이 있다. 즉, 여러 단계를 나누지 않은 상태에서 3년 뒤 사업지원을 종료할 때 사회적 영향력을 강조하지 않을 수 없는 반면, 임페투스(Impetus)의 사례에 비추어보면 그러한 짧은 기간 동안에 충분한 사회적 영향력을 거둘 수 있는지에 대한 의문을 갖게 된다. 이

---

46) 중간기관이란 재정을 지원하는 기관과 직접 사업을 수행하는 비영리기관 사이에 있는 기관을 말한다. 모기관으로부터 재정을 지원받아 사업수행기관을 모집하여 사업수행예산을 지원하고 지원에 따른 사업성과를 거둘 수 있도록 지원하고 지원성과를 기반으로 모기관에게 재정지원의 책임성을 가시적으로 보여줘서 지속적으로 모기관으로부터 재정을 지원받아 배분사업을 대행하게 된다. 이들 기관은 충분한 자질과 능력, 철학과 사업수행경험을 기반으로 모기관을 설득하여 재정지원의 효과성을 챙기면서 자신만의 노하우를 쌓아나간다.

를 해소하기 위해서는 적어도 3년 이후의 단계를 설정하여 3년 이후의 단속성을 극복하고 사회적 영향력을 보다 충분하게 가시적으로 보여줄 수 있도록 지원하는 방안을 적극적으로 검토해야 할 것으로 본다.

둘째는 사회적 영향력을 어떻게 측정할 것인가이다. 물론 사회적 영향력의 발휘여부는 당초 사업을 구상할 때 무엇으로 사회적 영향력을 볼 것인지에 기초하게 된다. 사회적 영향력은 매우 다양하다. 타 유사기관의 벤치마킹에서부터 국가의 관련 법령 제정에 따른 국가정책화까지를 포괄한다고 볼 수 있다. 하지만 타 기관에 대해서, 사업수행기관이 위치한 지역사회에 대해서 영향력이 있었다는 것을 어떻게 판단할 것인가를 보다 세부적으로 살펴보면, '누가 이를 판단할 것이며 판단할 수 있는 근거가 무엇인지'와 관련이 된다. 즉, 사회적 영향력 발휘여부를 사업수행기관이 평가하는 것, 아산나눔재단이 평가하는 것, 제3의 기관이 평가하는 등 다양한 방법을 구상해 볼 수 있다. 이러한 방법들 중 객관성을 담보하기 위해서는 제3의 기관이 담당하는 것이 바람직하나 소요예산을 별도로 마련하여야 하는 부담이 생기게 된다. 또 판단기준 또한 충분히 고려되어야 한다. 미리 목표로서 설정한 사회적 영향력을 달성했는지의 여부를 판단할 수 있겠지만 그렇게 되면 사회적 영향력을 발휘하기 위한 과정과 또 발휘를 위한 축적과정에 있는 상태에 대한 정보는 과소평가되고 만다. 즉, 과정적 변화에 대해서도 그 의미를 제대로 자리매김해야 한다. 아울러 그러한 변화가 양질전화(量質轉化)될 수 있도록 그 변곡점에 이를 때까지 어떤 지원이 추가로 필요한지를 명확하게 드러내고 아산나눔재단의 재정지원이 중단되더라도 어디까지 성취하였고 어디부터 재투자되어야 하는지를 다른 자금제공기관들에게 분명히 드러내야한다.

5. 함의 및 결론

아산나눔재단이 벤처기부에 기초하여 시행하고 있는 『파트너십 온』 사업은 이제 2년차로서 아직 맹아적 단계에 있다. 이제 햇수가 거듭되면 벤처기부에 따라 사업을 수행한 비영리기관의 수는 보다 확대될 것이고 이들 간의 네트워크를 통한 시너지효과는 비영리기관들 사이에 매우 빠르게 침투할 것으로 보인다.

벤처기부에 따른 선발 및 사업지원방식은 잠재력이 높아 성장가능성이 크지만 사회적으로 주목받지 못하고 사각지대에 있던 기관들이 짧은 기간 동안 성장할 수 있는 기회를 제공했다는 점에서 매우 긍정적이다. 하지만 과연 전통적인 지원방식을 대체할 것인지에 대해서는 아직 판단하기 어렵다. '바보의 나눔'에서는 프로그램이 아니라 단순지원 조차 이루어지지 않아 현실에서 고통 받고 있는 사회취약계층과 비영리기관에 주목하면서 과거 일회성 지원과 프로그램식 지원을 병행하고 있듯이, 전통적 프로그램 지원방식도 벤처기부에 따른 지원방식과 당분간은 공존할 것으로 보인다. 다만, 지원방식은 지금보다 훨씬 다기화할 것으로 전망할 수 있다. 우선 벤처기업들이 벤처기부정신에 입각하여 공동으로 세운 '아이들과미래'가 있고, 전략적 접근에 따른 전략적 제휴 및 혼합가치사슬을 만들어가는 다양한 지원재단이 늘어나고 있으며 나아가서는 사회혁신 클러스터, 사회혁신채권의 필요성을 강조하는 재단들의 활동이 점차 활발해지고 있기 때문이다.

뿐만 아니라 지원규모가 커지면서 혁신성이나 사회적 영향력을 강조하는 분위기도 점차 확대되고 있다. 삼성복지재단은 공동모금회와 함께 하는 「꿈과 나눔」 사업을 통해 혁신성과 사회적 파급효과를 보여줄 수 있는 기관에 대해 3년 동안 5억을 지원하기로 하였다(삼성·사회복지공동모금회, 2016). 아산사회복지재단 또한 2015년도부터 1억 단위의 사업을 신설하여 계속사업으로 진행하고 있으며 이러한 분위기는 타 복지재단에도 확산될 것으로 전망된다.

이제까지는 벤처기부 정신에 입각한 아산나눔재단의 『파트너십 온』 사업이 한국의 기업복지재단에 소개되는 단계에 있다면 이후 이의 확산을 위해서는 다음과 같은 다양한 질문들에 대한 구체적인 증거와 판단이 필요하다. 첫째 현재 대다수의 기업복지재단 수행하는 지원방식과 벤처기부에 입각한 지원사업간에 차이가 있는지, 둘째 차이가 있다면 그것이 규모의 차이인지 아니면 선발 및 지원방식의 차이에서 기인하는 것인지, 셋째 비재정적 지원이 어떻게 성공적인 사업수행에 기여했는지, 넷째 사회적 영향력을 가시화시키기 위해서는 몇 년 정도 지원이 필요한지 그리고 사회적 영향력을 어떻게 측정할 것인지 등이다. 그러한 점에서 이 연구는 탐색적 차원에 머물러 있으며 이러한 한계는 위의 질문들에 대한 후속연구를 통해 검증되고 새로운 방향을 모색하는 다각적인 노력이 필요할 것을 본다.

아산나눔재단 투자신청서 양식

| 1 | 1차 투자신청서 작성 안내[47) |

<1차 투자신청서>

사업제목	

<table>
<tr><td rowspan="2">기관명</td><td rowspan="2"></td><td rowspan="4">기관운영주체</td><td>☐ 재단법인</td><td>☐ 사단법인</td></tr>
<tr><td>☐ 비영리민간단체</td><td>☐ 사회복지법인</td></tr>
<tr><td>기관장 성명</td><td></td><td colspan="2">☐ 기타 (   )</td></tr>
</table>

작성자	성명		전화번호	유선		E-mail		@
	직위			휴대폰		홈페이지		

<table>
<tr><td rowspan="4">기관현황
(건물 사무실 등)</td><td>소유현황</td><td colspan="2">☐ 소유   ☐ 임차</td><td rowspan="2">기관면적</td><td rowspan="2">총 [   ] m²</td></tr>
<tr><td rowspan="2">사용방법</td><td>☐ 단독사용</td></tr>
<tr><td>☐ 공동사용</td><td></td></tr>
<tr><td>기관주소</td><td colspan="3"></td></tr>
</table>

직원현황	총 [ ] 명 (①+②+③)	정규직(①)	비정규직(②)	시간제근로자(③)	3년 이상 근무자
		명	명	명	명

주력사업	1. 2.

<table>
<tr><td rowspan="2">수입총액
(14말)</td><td rowspan="2"></td><td colspan="3">외부지원</td><td colspan="2">자체 충당</td></tr>
<tr><td>정부지원</td><td>민간기관지원</td><td>개별후원</td><td>수익금</td><td>자부담</td></tr>
<tr><td>천원</td><td></td><td>천원</td><td>천원</td><td>천원</td><td>천원</td><td>천원</td></tr>
</table>

<table>
<tr><td rowspan="2">지출현황
(14말)</td><td rowspan="2"></td><td colspan="2">사업비</td><td rowspan="2">인건비(②)</td><td rowspan="2">관리운영비(③)</td><td rowspan="2">기 타(④)</td></tr>
<tr><td>총 사업비(①)</td><td>제안사업
관련사업비</td></tr>
<tr><td>천원
(①+②+③+④)</td><td>천원</td><td>천원</td><td>천원</td><td>천원</td><td>천원</td></tr>
</table>

신청예산	사업비	[ ] 천원	인건비	[ ] 천원	기능보강비 등	[ ] 천원
총 [ ] 천원						

위와 같이 아산나눔재단 파트너십 온 사업 투자를 신청합니다.

2015년   월   일

신청기관(법인)명 :

---

47) 작성안내의 내용은 달리 보면 심사방향과 일치합니다. 작성 내용의 순서에 따라 심사자들은 신청기관이 어떤 노력을 해 온 어떤 성격의 기관인지, 사업 내용과 추진방법이 무엇인지, 신청사업이 「파트너십 온」 사업의 지향가치에 입각한 것인지를 평가하게 됩니다.

1. 기관 이해	o 신청기관의 설립배경, 비전과 미션 등 어떤 관점에서 귀 기관이 「파트너십 온」의 가치 및 방향과 그 맥락을 같이 한다고 생각하시는지요? o 귀 기관이 신청사업을 수행하는데 있어 어떤 강점을 갖고 있는지요?

2. 사업 내용 및 수행방법	o 누구를 대상으로, 어떤 부문에 얼마만큼의 예산으로 어떤 세부사업을 추진해서, 어떤 성과를 내려고 하는 사업인가요? o 세부사업은 어떻게 수행(네트워크 구축 포함)되는 것인가요? o 아산나눔재단의 「파트너십 온」에 신청사업이 적합하다고 판단하는 이유는 무엇인가요?

3. 혁신성 및 위기관리	o 지향가치, 사업대상, 사업수행방법, 성과 설정·측정 등 어떤 부문에서 혁신적이라고 할 수 있는가요? (종래 방식과의 차별성, 타 기관 유사사업과의 차별성 등 포함) - 그러한 혁신적인 접근이 성공할 것이라고 확신하는 근거는 무엇인가요? o 이 사업을 추진하는데 예측되는 난관(위험요소, 성공을 방해하는 장애물 등)은 무엇인가요? 어떻게 극복하실 것인지요?

4. 2·3차년도 사업계획 및 사회적 영향력	o 2016년도 사업이 성공적으로 추진되어 계속사업으로 선정된다면 2017년, 2018년에는 어떤 사업을 구상하실 계획인지 간략하게 적어주시기 바랍니다. o 이 사업을 몇 년에 걸쳐 수행하고 나면 사업에 참여한 청소년 외에 우리 사회에 미칠 수 있는 긍정적 영향(사회적 영향력, Social Impact)은 무엇일 것이라고 예측하시나요?

사업제목	

기관명		기관운영주체	☐ 재단법인　　　☐ 사단법인
			☐ 비영리민간단체　☐ 사회복지법인
기관장 성명			☐ 기타 (　　　　　　　　　)

작성자	성명		전화번호	유선		E-mail	@
	직위			휴대폰		홈페이지	

기관현황 (건물, 사무실 등)	소유현황	☐ 소유　☐ 임차	기관면적	총　　　　　m²
	사용방법	☐ 단독사용 ☐ 공동사용		
	기관주소			

직원현황	총　　　명 (①+②+③)	정규직(①)	비정규직(②)	시간제근로자(③)	3년 이상 근무자
		명	명	명	명

주력사업	1.
	2.

수입총액 ('14말)	외부지원			자체 충당	
	정부지원	민간기관지원	개별후원	수익금	자부담
천원	천원	천원	천원	천원	천원

지출현황 ('14말)	사업비		인건비(②)	관리운영비(③)	기 타(④)
	총 사업비(①)	제안사업 관련사업비			
천원 (①+②+③+④)	천원	천원	천원	천원	천원

신청예산	사업비		인건비		기능보강비 등	
총　　　천원		천원		천원		천원

위와 같이 아산나눔재단 파트너십 온 사업 투자를 신청합니다.

2015년　　월　　일

신청기관(법인)명 :

<1차 심사 결과 반영내용>

질문 및 요청사항	반영내용	관련 페이지
1.		
2.		
3.		
4.		

1. 사업 핵심 개요

2. 사업 필요성

3. 사업 목적 및 핵심가치

4. 성과목표

5. 참여자 확정

참여자 범위	전체사업		
	단위 사업	A사업	
		B사업	
		C사업	
참여지 모집 및 선정	모집방안		
	선정방안		

6. 사업 내용

7. 네트워크 구성

8. 혁신성

9. 위기관리

예측되는 위기	
예측위기에 대한 대응방안	
외부지원 요청사항	

10. 사업평가

성과목표	목표에 대한 평가방법			
	성과지표	자료원	자료수집방법 (측정 도구 · 방법)	자료수집시기
1.				
2.				
3.				
4.				

11. 조직역량강화

12. 맞춤형 투자지원금신청

구분	항목	산 출 근 거			
		산출내역	재단 지원	기관부담	기관 부담 조달 방법
인건비	월급				
	보험료	4대 사회보험료 기관부담분 책정			
기능 보강비	장비 구입				
	기타				
관리 운영비	공과 요금				
	기타				
직접 사업비	A사업				
	B사업				
	C사업				
총 계					

13. 출구전략

재정적 출구전략	
사회적 영향력	

<다년도 사업계획서>

■ 2016년도 사업

- 다년도 사업을 전제할 때 2016년도 사업내용이 달라지는가? (달라지지 않으면 '상동'으로 기재)

■ 2017년도 사업

1. 누구를 대상으로, 어떤 사업을 어느 정도 수행할 것인가?
2. 그런 사업을 구상하는 이유가 무엇인가?
3. 2016년도 사업과는 어떤 관계가 있는가?

■ 2018년도 사업

1. 누구를 대상으로, 어떤 사업을 어느 정도 수행할 것인가?
2. 그런 사업을 구상하는 이유가 무엇인가?
3. 2017년도 사업과는 어떤 관계가 있는가?

<기관장 및 실무자 이력서>

1) 기관장

성 명			생년월일	

기 간	학력사항	전 공
-		
-		
-		
-		

기 간	경력사항	직 위
-		
-		
-		
-		

2) 담당 실무자

성 명			생년월일	

기 간	학력사항	전 공
-		
-		
-		
-		

기 간	경력사항	직 위
-		
-		
-		
-		

<기관 주요연혁>

기간	주요 연혁

<임원진 리스트>

직위	성명	소속기관/직위	비고

제15장

프로포절 작성의 노하우

　사업신청기관이 작성하는 프로포절은 대부분 자금제공기관에서 구성한 심사위원회의 심사를 거치게 된다. 얼마나 충실히 작성되었는가도 중요하지만 그 내용이 심사자에게 얼마나 잘 전달되는가라는 관점도 빼놓을 수 없다. 또 선정된 프로포절이 모두 완벽한 것이 아니라는 점에서 사업내용의 매력을 심사자를 포함한 자금제공기관에게 얼마나 어필할 것인지가 관건이다. 결국 프로포절 작성과 심사의 핵심은 소통이다.

1. 지피지기면 백전백승

1) 어떤 기관에 자금을 신청할 것인가?

공동모금회나 각종 복지재단 등 자금제공기관은 각자 자기 조직의 존립목적에 맞는 사업을 전개한다. 어떤 기관은 기존에 수행했던 사업인 경우 아무리 그 지역에서 해당 사업이 필요하다 하더라도 지원을 꺼려한다. 그만큼 새로운 사업 아이템이나 지원대상의 사각지대를 발굴하는 쪽에 방점을 둔다. 하지만 그와 전혀 다르게 지금 현재 처해 있는 사업신청기관이 얼마나 열악한가에 초점을 맞추는 경우도 있다. 그러므로 어떤 기관에 자금신청을 할 것인지를 결정하기 위해서는 자금배분기관의 성격을 자세하게 살펴보아야 한다.

2) 신청서 작성 구성요소 중 어디에 중점을 둘 것인가?

그러한 정보를 수집해서 공동모금회를 포함하여 대부분의 민간복지재단에서는 신청받은 사업계획서를 어떤 관점에서 평가할 것인지에 관한 평가표를 공개하고 있다. 이 평가표를 보면 평가항목이 무엇인지, 또 어디에 보다 높은 점수를 배정하고 있는지를 알 수 있다. 그러므로 같은 총량의 노력으로도 어디에 더 집중해야 하는지, 또 빠짐없이 평가항목의 요소들을 모두 갖추었는지를 다시 살펴보는 거울로서 평가표를 활용할 수 있을 것이다.

2. 지원받은 타 기관의 신청서 내용을 참고하지 마라

사회복지 프로그램을 신청해 본 경험이 없는 기관실무자로서는 아무리 현장에서 뿌리내린 문제의식을 기반으로 사업을 구상해 보려고 하지만 이미 한 번 선정된 경험이 있는 선배의 경험이 절실하다. 또 이미 선정된 사업계획서를 참고한다면 많은 도움을 받을 수 있을 것이라 생각한다. 맨 땅에 헤딩하는 처지라면 지푸라기라도 잡고 싶은 심정일 테고 또 그런 때에 합격보증수표와 같이 여겨지는 타 기관의 신청서를 참고하고 싶은 생각이 굴뚝같아 진다.

하지만 여기서 조심해야 한다. 물론 막막함은 어느 정도 덜어지겠지만 반드시 염두에 두어야 할 것은 이미 선정되었다 하더라도 그것이 100% 완벽한 사업계획서가 아니라는 점이다. 선정된 것은 신청한 사업계획서들 중에 상대적으로 그 내용이 우수해서이지 - 우수하다고 판단한 것이 매력적인 아이템이어서 일 수 있고, 자금지원기관의 지원방침과 맞아떨어져서 일 수도 있다 - 구성내용이 무결점이어서가 아니다.

지난 10여 년 동안 공동모금회나 민간 복지재단에서 배분사업에 따른 공모신청한 사업계획서를 심사해보면 놀랍게도 많은 사업계획서가 비슷한 오류를 범하고 비슷한 패턴을 따른다는 점이다. 그것은 잘못된 사업계획서를 그것이 선정되었다는 이유만으로 벤치마킹하여 온 오류의 확산결과라고 볼 수 있다. 그러므로 참고할지언정, 절대 기대지 말고 자신만의 아이디어를 구체화하는 것이 작성시간을 단축할 수도 있음을 명심해야 한다.

3. 사업개요 작성에 공을 들여라.

대부분의 사업계획서의 앞쪽에 사업개요를 적도록 하고 있다. 심사자들은 많은 분량을 심사하면서 지칠 때 사업개요에 의지하게 된다. 즉, 사업계획서를 심사할 때 심사자들은 이 사업이 어떤 사업일지 궁금해 한다. 그러한 궁금증을 사업개요에서 해소하게 된다. 그런데 만약 사업개요가 마치 본문 내용 몇 가지를 「Ctrl C - Ctrl V」한 것이어서 내용이 분절적이고 매끄럽지 못하면 첫 인상에서 이미 불리한 나락으로 떨어지고 만다.

그러므로 사업개요는 모든 사업내용을 다 작성한 후에 눈을 감고 적어보라. 내가 10줄 내로 승부를 거는 그 내용이 자연스럽게 도출되지 않으면 작성자는 작성한 내용을 압도하고 있지 못하다고 볼 수 있다. 사업개요을 읽고 실제 계획의 본문을 읽고 싶어하게 될지, 아니면 '이게 무슨 소리야….'라는 실망의 한숨이 나오게 할지가 승부의 첫 갈림길을 만든다.

4. 일관성이 중요하다.

보통 사업계획서를 작성하는데 걸리는 시간이 하루 이틀에 머물지 않는다. 짧게는 3-4일, 길게는 1달이 걸리기도 한다. 또 작성자는 사업계획서를 작성하는데 전념할 수가 없다. 기존에 해 오던 업무와 사업이 있기 때문이다. 그러므로 약 20페이지에 달하는 내용을 작성하는데, 오늘 서너 페이지 적고 내일은 아예 들여다보지 못하다가 그 다음 날 다시 보면 첫 날 생각했던 것에 대한 기억을 더듬으면서 계획서 내용을 이어나간다. 그렇게 적은 내용은 우여곡절 끝에 작성자의 수준에서 마쳤다 하더라도 과장님, 부장님, 관장님 등의 검토를 받는 과정에서 작성자의 생각이 난도질당하기도 하고, 일부 수정되면서 처음 구상한 것과 조금 때로는 매우 달라지기도 한다.

이 때 염두에 두어야 할 것은 그렇게 검토를 마친 사업내용이 처음부터 끝까지 일관성을 유지하고 있는지이다. 즉, 사업명-사업목표-사업평가 간의 일관성은 특히 심사자가 관련 내용의 앞뒤를 오가며 살펴보는 중요한 관점 중의 하나이다. 사업명은 사업내용을 다 작성하고 난 후 꼭 다시 한 번 점검해야 할 대목이다. 많은 경우 사업내용과 제목이 맞지 않아 탈락의 고배를 마신다. 사업내용이 이리저리 수정되었음에도 불구하고 사업명을 최종적으로 점검하지 않았기 때문이다.

그렇기 때문에 사업계획서는 마치 자그마한 논문을 작성하는 것과 같다. 처음부터 끝까지 앞뒤의 내용이 구성요소간의 연결이 매끄러운 지 꼭 살펴보자.

5. 감정으로 우기지 말라

사업담당자는 땅에 발을 딛고 현장의 열악함을 개선하고자 하는 의로운 마음에 사업계획서를 작성한다. 남들이 시켜서가 아니라 나로부터 출발한 동기이기 때문에 이 사업을 수행해야 한다는 당위성, 의무감이 누구보다도 강하다. 하지만 사업담당자는 모두 그런 처지에서 사업계획서를 작성한다. 심사자도 그런 의무감에 똘똘 뭉친 사업계획서를 수십 개, 수백 개를 눈앞에 두고 있다.

하지만 심사자는 그러한 작성자의 심정을 이해는 하되, 그러한 선이해가 심사에 영향을 미치지 않는다. 오히려 작성자는 그렇게 사업이 추진되는 것이 필요하다는 것을 객관적으로 설득해야 한다. 내가 얼마나 지금 열악한 현장에 직면해 있는지 아느냐고 울부짖는 것이 아니라 그러한 상황을 심사자가, 제3자가 보더라도 쉽게 알 수 있게, 호소력있게 그 현실을 해야 한다. 그렇게 보여주려면 객관적인 데이터가 필요하다. 당사자의 목소리가 필요하다. 사자의 포효하는 목소리도 중요하지만 여우같은 지혜도 필요하다. 이를 위해 때로는 미리 설문조사를 해야 할 때도 있고, 관련자들을 모아 FGI를 심사하여 욕구를 재확인할 필요도 있다. 어떻게 보여줄 것인지를 미리 기획하는 자, 그 자가 사업계획서 경쟁에서 승리할 확률이 높다.

6. 예산을 부풀리지 말라

흔히 삭감될 것을 예상해서 예산을 부풀리는 경우가 있다. 그러나 이러한 경우에는 심사자에게 신뢰를 주지 못한다. 괜히 예산을 뻥튀기해서 작성하여 사업내용에까지 불신을 초래하면 심사결과를 불 보듯 뻔하다.

또 예산이 사업내용을 빠짐없이 반영하는지도 잘 살펴야 한다. 분명히 사업에 포함된 내용이 예산소요를 전제하고 있음에도 불구하고 예산에 반영되어 있지 못하면 그만큼 사업계획서 작성에 심혈을 기울이지 못한 사례로 간주될 수 있다. 예산단가는 자금제공기관이 제시한 작성지침을 따르되, 만약 그러한 지침이 없다면 공동모금회 기준을 적용하면 큰 무리가 없을 것으로 생각된다.

7. 오타는 결정적인 역할을 한다

오타가 발견되면 첫째, 신뢰성에 흠결이 생긴다. 단순히 글자의 오류에 불과하지만 전체 내용에 대한 신뢰, 관련 통계나 주장 근거에 대한 의심으로 이어질 수도 있다. 둘째, 성의가 없어 보인다. 최종작성 후에 자신이 또는 동료가 검독을 하지 못할 정도로 서둘러서 사업계획서를 제출했거나, 검독을 했더라도 오타를 잡아내지 못할 정도로 성의가 없었던 것이라고 생각할 수 있다.

이러한 오타가 주는 부정적 영향은 심사자마다 다르겠지만 설사 그 영향이 크지 않다 하더라도 10개를 선정할 때 9위~10위에 여러 개의 후보가 있을 때 이 사업계획서가 탈락할 가능성이 높다. 즉, 점수가 비슷하면 오타가 많은, 불성실해 보이는 사업계획서가 탈락할 수 있는 것이다. 그렇기 때문에 결정적인 순간에 오타는 탈락의 방향으로 미는 힘으로 작용한다는 것은 명심할 필요가 있다.

제16장

사회복지공동모금회 배분신청서 양식 변화 이해

　사회복지공동모금회는 『2018년 배분사업안내』을 통해 변경된 배분신청서 양식과 매뉴얼로 사업신청을 받아 진행하였다. 종전 양식에서 불필요하다고 간주된 부분은 과감하게 삭제하였으며 표 작성 위주 방식에서 서술방식으로 대폭 전환하여 프로그램 내용을 자유롭게 기술하는데 초점을 맞추고 있다. 아울러 프로그램을 기획하는 사업담당자가 준비과정에서 생각을 정리하는 논리적 흐름에 따라 작성순서로 재배열한 것이 이번 개편의 또 다른 특징 중의 하나다.

1. 변화배경 이해

공동모금회는 2015년 기준으로 5,227억 원 규모의 모금을 달성하였으며, 배분규모 역시 6,038억 원에 달하고 있는 한국을 대표하는 모금과 배분 기관이다. 규모면에서뿐만 아니라 모금과 배분사업의 내용면에서도 모금회는 1998년 설립 이래 국내 관련 사업 분야를 선도하는 역할을 해왔다. 특히 배분사업의 측면에서는 모금회가 개발하고 실시한 배분과정은 국내 다른 배분 기관들의 벤치마킹 대상이 되어왔다(이봉주ㆍ김진우ㆍ최명민ㆍ박혜경, 2016: 13).

하지만 최근에는 다양한 민간복지재단들이 설립되면서 각종 프로그램 공모사업을 활발하게 진행하고 있고 일부 기업복지재단에서는 지원대상을 보다 다각화하거나 새로운 개념의 사업신청서 양식을 꾸준히 개발해 왔다. 특히 삼성의 작은나눔 큰사랑 사업은 프로그램의 기획이라는 측면에서는 처음으로 프로그램 기획매뉴얼을 만들어 타 복지재단들과 차별성을 갖기 시작했다. 그만큼 공동모금회는 타 복지재단을 리딩하는 입장에 있었음에도 불구하고 20년 동안 동일한 배분신청서 양식을 쓰면서 사회복지 실천현장으로부터 조금씩 비판을 받기 시작한 것이다.

이에 공동모금회는 2016년에 배분신청사업의 전체적인 틀의 변화방향 그리고 그에 따른 배분신청서 양식이 어떻게 바뀌어야 하는지 연구를 진행하였고(이봉주ㆍ김진우ㆍ최명민ㆍ박혜경, 2016: 13), 2017년에는 2016년의 연구를 바탕으로 공동모금회 배분신청사업 신청서 양식을 확정하고 이에 대한 매뉴얼을 만드는데 이르렀다(김진우ㆍ이지수ㆍ윤덕찬, 2017).

2. 변화의 주요 특징

공동모금회는 지난 2년간의 연구 끝에 『2018년 배분사업안내』를 통해 개정된 배분신청서 양식을 발표하였다. 2017년도 사업시행을 위한 배분신청 사업체계 및 작성양식에 비해 크게 달라진 특징을 살펴보면 아래와 같다.

1) 배분사업 신청양식 체계 개편

기존의 분류체계인 신청사업, 기획사업, 지정기탁사업, 복권기금사업, 긴급지원사업의 유형을 그대로 두되, 이를 담아내는 신청서 양식은 대폭 변경하였다. 지금까지는 긴급지원사업 외 나머지 사업에 대해서는 표준양식, 기능보강, 프로그램 기능보강 등 3가지로 구분하여 작성하도록 하였는데, 이에 따르면 기능보강 관련 사업이 아닌 것은 모두 표준양식을 활용해야 했다. 즉, 2억 규모의 사업이든, 2천만원 규모의 사업이든 상관없이, 또 3년 연속사업이든 단년도 사업이든 표준양식의 틀 안에 모든 것을 녹여 넣어야 하는 시스템이었다.

사업의 규모에 따라, 사업이 종국적으로 어느 범위까지 변화를 추구하느냐에 따라, 지원기간에 따라 담아내야 하는 내용이 다르기 때문에 신청서 양식은 자연스럽게 이에 맞는 형태로 마련되어 있어야 하는데 그렇지 못했던 것이다.

이에 『2018년 배분사업안내』을 통하여 2018년도사업 신청부터는 어떤 성격의 사업인가에 따라 배분사업 신청유형을 아래와 같이 크게 4가지로 나누고 있다.

표 30 공동모금회 배분사업 신청 유형

사업 유형		내용	표준 신청 양식
프로그램 사업	성과 중심형	· 성과 목표 달성을 통해 사업 참여자의 의미있는 변화를 꾀하고, 나아가 지역사회 변화의 기초를 다지는 사업 · 주로 단년도 형태를 띠며, 사업 참여자의 역량강화 또는 소규모의 지역사회 네트워크 구축 등의 사업을 포함	· 배분신청서 · 신청기관 현황 · 사업계획서
	성과 확산형	· 2년 이상 계획하는 다년도 사업으로 사업 참여자의 의미 있는 변화뿐만 아니라 지역사회, 나아가 우리 사회에 파급력(Impact)을 미치는 것을 지향하는 사업	· 배분신청서 · 신청기관 현황 · 3개년 사업계획서 · 1차년도 사업계획서
	산출 중심형	· 현재 당면한 지역사회 이슈 및 개인(또는 가족)의 문제 해결을 위한 지원 사업으로 성과목표 달성 보다는 사업수행 과정에 중점을 두는 사업	· 배분신청서 · 신청기관 현황 · 사업계획서
기능보강 사업		· 기능보강을 통해 현재의 문제를 해소하거나 보다 의미 있는 사업을 향후 수행하고자 하는 사업 · 장비보강, 개보수, 자동차 구입 등이 해당	· 배분신청서 · 신청기관 현황 · 사업계획서

특별히 여기에서 설명해 둘 것은 성과확산형인 경우 1차년도 사업계획만 적는 것이 아니라 2년 또는 3년동안 전체의 성과목표와 사업내용을 적는다는 것이다. 뿐만 아니라 다년도 사업으로서 그 규모가 크다는 점에서 단순히 사업참여자의 성과에 초점을 두는데 그치는 것이 아니라 사회적 파급효과까지 기획하는 사업내용과 관련예산 편성을 요구하고 있다.

2) 작성순서 변화에 대한 설명

공동모금회는 사업의 내용과 성격에 맞는 양식을 별도로 각각 제시하는 한편, 배분신청서 이후 사업계획서 작성목차도 전면적으로 개편하였는데 이의 주요변화내용을 살펴보면 아래와 같다.

(1) 사업내용이 제일 처음 등장한다.

사업계획서 양식(별첨 참고)을 보면 사업명을 적은 후에 바로 사업내용을 적도록 하고 있다. 종전에는 사업의 필요성, 서비스 지역·대상 및 실인원 수, 목적과 목표를 적고 그 이후에 사업내용을 적도록 하고 있는데 이 순서를 완전히 바꾼 것이다. 이렇게 바꾼 이유는 사업담당자가 "내가 무엇을 하고 싶은지"를 가지고 승부수를 띄우라는 메시지다. 왜 필요한지 등등에 대해 자세하게 늘어놓고 나서 전체 사업계획서 내용의 중간 즈음에 가서야 어떤 사업을 수행할 것인지를 적으면 이는 작성하는 사람도 심사자에게도 사업계획서 내용의 핵심에 집중하기 힘든 구조인데 변경된 양식에서는 이를 개선하는데 초점을 두고 있다.

(2) 예산편성이 사업내용 바로 뒤에 있다

사업담당자가 배분사업 신청을 준비하면서 중간관리자나 최고관리자에게 흔히 듣는 질문중의 하나가 "사업계획상의 내용에 대해 필요한 예산이 모두 반영되어 있느냐?"는 것이다. "꼼꼼히 챙겨봐. 사업내용과 예산은 하나야. 명심해!"라는 말을 덧붙이는 것을 관리자들은 잊지 않는다. 하지만 이제까지는 예산편성은 항상 사업계획서의 가장 마지막에 배치되어 있었다. 비단 공동모금회 뿐만 아니라 다른 복지재단의 양식 또한 마찬가지였다.

사업내용에서 예산이 수반되어야 하는 것들이 제대로 예산편성표 안에 녹여져 있는지를 보려면 계획서 내용의 위 아래를 왔다갔다 하면서 점검해야 했다. 왜냐하면 사업내용 아래 평가방법, 담당인력구성, 사업진행일정, 홍보계획, 지역자원 활용계획에 관한 내용을 모두 지나가야 예산편성표를 볼 수 있었기 때문이다. 양자가 긴밀하게 연결되어야 함을 강조하는 것치고는 이 둘 간의 거리는 너무 멀었다. 이제는 사업내용 그 다음에 예산편성표를 작성하도록 하여 이 둘 간의 상호 조응이 잘 되었는지를 보다 편하게 점검할 수 있도록 하였다.

(3) 그 사업을 왜 하려고 하는지를 묻는다

사업내용을 적고 나면 그 사업을 왜 하려고 하는지를 묻는다. 즉, 하고 싶은 사업이 무엇인지를 알려주고 난 뒤 그런 발상의 하게 된 계기와 배경을 말해보라는 것이다. 배분신청사업을 작성하는 담당자가 막연한 아이디어 차원에서 사업구상의 밑그림을 그리는 것이 아니라 실제 사업을 수행하면서 처절한 문제의식에 기반하여 현실의 어려움과 한계를 극복하는데 필요한 재원을 지원해 달라고 하는 것이기 때문에 분명히 그 사업내용에는 맥락적 정보가 연결되어 있다고 보기 때문에 이에 대한 내용을 풍부하게 기재하는 것이 좋다.

(4) 목적을 삭제하였다

흔히 사업계획서의 대부분에는 목적과 목표를 적는 것을 기본으로 하고 있다. 하지만 이번 공동모금회 사업계획서 작성항목에서 '목적'을 삭제하였다. 목적 기재는 실무자가 흔히 애로를 겪는 부분 중의 하나였다. 프로그램 기획과정에서 사업계획서에 목적과 목표를 적고 나면 중간관리자든, 최고관리자는 항상 입을 댄다. 목적과 목표를 헷갈리지 말라고, 그게 목표지 목적이냐고.

하지만 목표와 목적은 상대적이다. 즉, 목표를 높게 잡으면 목표와 목적이 비슷해진다. 한편, 목표는 사업을 통해 달성할 것을, 목적은 제시된 목표를 달성하기 위한 사업 내용의 장기적인 지향점을 작성하는 것이라고 친절하게 설명해 주지만 말처럼 그 구분이 쉽지 않다. 또 만약 목적을 보다 장기적이고 궁극적인 것을 적다보면 추상적인 표현에 그칠 가능성이 크다. 예를 들어 장애인복지사업을 수행하는 목적이 장애인의 '행복을 추구한다'든지 '자립을 지원한다'든지의 표현이 등장하게 되는데 어느 장애인 복지사업인들 행복추구, 자립지원 아닌 게 어디 있겠는가. 어떻게 적든지 보는 사람에 따라 보는 관점에 따라 비판하려고 마음을 먹으면 얼마든지 상대적인 관점에서 그 문제점을 지적할 수 있는 것이다.

그뿐만 아니라 실제 목적에 대한 진술을 자세히 분석해 보면 아래 두 가지로 나눠진다. 사업필요성을 진술하다보면 현재 얼마나 그 사업참여자들의 삶이 왜곡되고 어려운 여건 속에 놓여 있는지를 설명하고 이러저러한 개입이 이루어지면 이들의 삶이 이런 식으로 바뀌고 이런 삶을 살아갈 수 있다고 진술하게 되어 있다. 그렇다면 사업필요성을 적을 때 이미 목적과 비슷한 부분이 어느 정도 진술되지 않을 수 없다.

한편, 목적이 목표달성 이후의 장기적 관점에서 지향하는 바라고 한다면, 사업계획서에 "이 사업이 종료하고 나면 이 사업을 활용해서 그 다음 어떤 계획을 가고 있는지, 사업 종료후에 어떤 지향점을 갖고 있는지"를 적으라고 하면 목적 진술과 비슷한 효과를 거둘 수 있다. 즉, 목적과 목표를 구분해서 명확하게 진술하라고 겁박하는 것보다는 목적에 관한 내용을 사업필요성에서 일부 표현하도록 하고 또 사업종료 이후에 무엇을 하고 싶은지에 대한 내용을 자연스럽게 구상해 보도록 하는 것이 바람직하다는 것이다.

3) 작성양식 순서별 변화내용

(1) 배분신청서 및 신청기관 현황

종전에는 배분신청서와 사업개요와 관련해서는 표 안의 내용을 채우도록 하였고, 본격적인 사업내용을 적기 전에 기관현황 중 신청기관과 운영법인에 대한 정보를 적도록 목차를 제시하였다. 그러나 이 중에서는 많은 정보가 배분신청서, 사업개요, 기관현황에서 중복적으로 기재하도록 요구받고 있어 불필요한 부분이 있었고 아울러 특정 정보는 왜 필요한지에 대한 의문을 갖는 경우도 많았다. 이에 현행 『2018년 배분사업 안내』에서는 크게 배분신청서와 신청기관 현황에 대해 표 안에 관련 정보만 기재하면 되도록 크게 간소화하였다. 기재해야 하는 내용 중 삭제하거나 크게 변화한 내용을 정리하면 아래 표와 같다.

표 31 개정 전·후 '배분신청 및 신청기관 현황' 비교

구분	2017년	2018년	비고
배분신청 및 신청기관 현황	ㅇ 서비스 지역	ㅇ 삭제	
	ㅇ 실인원수	ㅇ 핵심 및 주변 참여자	ㅇ 실인원 수 계산 폐지
	ㅇ 서비스 단가	ㅇ 삭제	ㅇ 단가 수준이 심사 시 판단에 영향을 못 미침
	ㅇ 설립목적, 조직, 사업내용 등 운영주체 구성 등에 대해 법인과 신청기관 현황 기재	ㅇ 신청기관현황의 정보 내용으로 간소화 – 다만, 법인의 이사회나 기관의 운영위원회 명단은 그대로 남김. 심사위원 위촉 때 제척사유 적용 여부 판단	ㅇ 심사에 반드시 필요한 정보만 남기고 나머지는 모두 삭제하거나 변형

(2) 사업명, 사업내용 및 추진전략

사업명에 대해서는 종전에 이를 작성하는데 아무런 안내가 없다가 이번 『2018년 배분사업 안내』에서는 작성매뉴얼을 제시하면서 사업명을 진술할 때 '대상, 목적, 방법과 관련된 정보를 담고 슬로건 식의 표현은 부제로 달아달라'고 안내하고 있다.

사업내용에서 어떤 내용의 사업을 어떻게 전개할 것인지에 대해서는 종전에는 표를 제시하였다면 이번 2018년도 적용양식에서는 간단한 진술문으로 세부사업내용의 구성, 세부 사업별 추진방법과 기관연계협력전략을 묻고 있다. 종전의 표에서는 성과목표, 세부프로그램명, 활동(Activities), 시행시기, 시행횟수, 참여인원등을 적게 되어 있었다. 실제 사업내용에서의 구체적인 진술은 활동(Activities)란에서 적을 수밖에 없는데 그 칸의 넓이가 제시된 표의 절반밖에 되지 않아 결국 "어떻게 하면 그 좁은 칸에 사업내용의 핵심을 잘 녹여넣느냐'라는 기술적 표현 차원에 머물 수 밖에 없었다. 이를 극복하기 위해 사업담당자의 창의적인 사업구상에 표양식이 걸림돌이 된다고 판단하여 아무런 제한 없이 사업내용을 기술하도록 허용하고 있다.

한편, 종전의 '서비스 대상'을 이제 '사업참여자'라 부르는 것과 핵심참여자와 주변참여자로 구분하여 진술하도록 한 것도 큰 차별성이라고 볼 수 있다. 목표에 대한 평가방법은 사업내용이라기 보다는 사업진행 과정 및 결과에 대한 평가이기 때문에 사업 그 자체라고 보기 어렵다는 판단 하에 이를 별도의 목차를 두어 작성하도록 하였다.

담당인력과 관련해서는 종전에는 관장에서부터 담당실무자까지 모두 7~8명씩 나열하여 그 세를 과시하는데 초점을 두었지만 정작 사업을 주관하는 담당자는 1~2명에 그치는 등 괴리를 보여왔다. 담당자가 적으면서도 '이걸 왜 적어야 하나?'라는 회의감이 들게 만들었다 해도 과언이 아니다. 그러므로 배분신청서 양식에서 담당자의 연락처를 적는 것으로 갈음하고 아예 '담당인력구성'란은 삭제하였다.

사업진행일정은 그대로 필요할 것으로 보이나 월별로 표를 그리는 작업이 어떤 유용성을 갖는지에 대해서는 여전히 의문이다. 『2018년 배분사업안내』의 성과중심형

사업계획서 양식에서는 일반적인 진술로 일정을 적도록 하고 있지만, 예시로는 종전과 같은 월별 일정표를 제시하고 있어 개정취지와 예시가 불일치하고 있는 것으로 보인다. 이에 대한 대안으로서는 예시에서 표를 삭제하는 대신 어떤 핵심사업을 언제까지(몇 월까지) 수행할 것인지에 대한 내용을 작성하는 것을 제언한다.

아래 표에서는 시각장애인에 대한 미술교육의 경우 언제까지 무슨 사업을 어디까지 수행할 것인지를 상세하게 적시하고 있다. 이렇게 적는 이유는 중간평가보고서 작성 시 내가 그 때까지 무엇을 해 낼 것인지에 대한 약속을 하고 재원을 지원받았는데 그 약속대로 사업을 하고 있는지를 점검한다는 측면에서 핵심내용을 제시하는 것이 옳고 종전과 같이 월별로 음영만 표시하면 무엇을 어디까지 하겠다는 것인지에 대한 정보가 빠지게 되어 사업수행기관과 공동모금회 간의 약속이 불분명한 채로 중간평가를 하게 되는 한계가 있어 이에 대한 개선이 필요하다.

표 32 마일스톤을 반영한 사업추진 일정표

내용 \ 기간	1월	2월	3월	4월	5월	6월
맹학교 미술교육실시		MOU체결 TA 확보	수업실시 (한빛맹학교) 단체 홍보	수업확대 (3개교 전체) 라디오 홍보	계속	계속 (모니터링)
미대진학 지원시스템		대학교조사	계속	계속	계속	조사결과 정리
시민 아카데미	세미나기획	강의교재 개발	계속 협력기관섭외	계속	시범 세미나	피드백

내용 \ 기간	7월	8월	9월	10월	11월	12월
맹학교 미술교육실시	계속	계속	계속	계속	최종평가	사례집제작
미대진학 지원시스템	맹학교 연계 복지관 연계	계속	계속	계속	계속	조사연계 정리
시민 아카데미	세미나 틀 완성	–	세미나개최 (2회)	세미나개최 (3회)	세미나개최 (3회)	인식변화조사

홍보계획은 사업의 전반적인 내용 속에 녹여져 표현되어야 한다고 판단하여 별도의 소목차를 제시하지 않고 있다. 뿐만 아니라 종전에 별도의 표로 제시되고 홍보방법과 홍보매체를 적게 함으로써 자꾸 홍보실적에 매달리게 되고 실제 사업의 운용에 필요한 노력보다는 가시적 성과에 매몰되는 경우가 많다는 지적이 있어 이를 삭제하고 별도로 두지 않았다.

지역자원 활용계획은 그 명칭을 바꾸어 '기관 연계협력전략'이라고 부르고 기관의 환경으로 간주할 수 있는 지역사회와의 관계를 어떻게 맺어나갈 것인지에 대한 보다 구체적인 내용과 설명이 부가되도록 요구하고 있다.

아래 표는 위에서 적시한 내용들 중에서 핵심적인 사항에 대한 종전 대비 현재 양식에서의 변화내용을 간단하게 정리한 것이다.

표 33 개정 전·후 사업내용 및 추진전략 비교

구분	2017년	2018년	비교
사업내용 및 추진전략	o 사업명	o 사업명	o 작성방법을 구체적으로 제시
	o 서비스 대상 구분 – 일반대상 – 위기대상 – 표적대상 – 실인원수	o 사업참여자 – 핵심 및 주변 참여자 구분 – '대상'이 아니라 주체적인 참여자로 규정	o 일반~표적 구분 폐지 o 용어 전면 개편
	o 서비스 단가	o 삭제	o 단가 수준이 심사 시 판단에 영향을 거의 못 미침
	o 세부사업내용	o 사업내용	o 작성 표 삭제
	o 목표에 대한 평가방법	o 별도 목차에서 기술	o 사업내용과 평가 분리
	o 담당인력 구성	o 인력내용 삭제 – 배분신청서에서 담당 인력 인적사항으로 갈음	o 실제 사업추진에 주체가 되지 못하는 최고 및 중간관리자 및 관계자들을 명목상으로 나열하는 관행 폐지
	o 홍보계획	o 사업내용 속에 포함시키도록 요구 – 표 삭제	o 별도 홍보계획을 인위적으로 만들지 말라는 취지
	o 지역자원 활용계획	o 기관 연계협력전략	o 주변 기관과의 네트워크 강조

(3) 예산편성

예산편성은 앞서 언급한 것처럼 작성한 사업내용의 예산항목으로의 편성여부를 지속적으로 비교검토할 수 있도록 사업 바로 뒤에 위치하게 하였다. 뿐만 아니라 종전에는 예산편성표를 보면 관(사업비), 항(공동모금회 "ㅇㅇㅇㅇㅇ" 사업비), 목, 세목 등으로 구분되어 있는데 이 구분이 공동모금회가 각 개별기관들을 총 취합했을 때 내부적으로 활용되는 관·항·목·세목이어서 사업수행기관 내부에서 사용하는 관·항·목·세목의 차원과 맞지 않아서 이를 개선하기 위해 관(사업비) 및 항(공동모금회 "ㅇㅇㅇㅇㅇ" 사업비)의 구분을 삭제하고 '목, 세목, 세세목'을 두어 사업수행기관의 입장을 우선고려하는 방식으로 수정하였다.

한편, 자부담 금액과 비율을 적도록 하는 것은 그대로 두되, 사업내용이 상대적으로 부실해도 자부담 금액이 높으면 선정되는 것인지에 대한 의구심이 실천현장에서 가지고 있었는데 매뉴얼을 통해 '자부담 금액이 선정순위를 바꾸지는 못하되 동일한 평가점수일 경우 자부담이 높은 쪽이 보다 유리하도록 심사하는 것'으로 하고 기관의 능력과 처지에 따라 자부담 금액을 제시하도록 하고 있다.

(4) 문제의식(사업 필요성)

사업필요성과 관련하여 종전에는 ①대상자 욕구 및 문제점, ②지역환경적 특성, ③경험적 근거, ④본 사업과 관련된 지역복지자원 현황 등을 기재하도록 하고 있었다. 이번 『2018년 배분사업안내』에서는 ①사업계획배경, ②기존 유사사업과의 차별성, ③신청기관의 강점을 작성하도록 제시하고 있다.

사업계획 배경을 요구하는 이유는 기관실무자가 이 사업을 신청하기까지 가져왔던 치열한 문제의식을 이해하고자 하는데 있다. 사업참여자로 기재되는 분들의 삶을 지금 이 상태대로 그냥 놔둬서는 안되겠다는 결심아래 일정 정도의 재원을 확보하기 위해 공동모금회의 문을 두들기게 된 것이라고 전제한다면, 맥락적 정보가 담긴 이야기(Story)가 먼저 제시되는 것이 필요하다. 신청양식에서도 "왜 이 사업을 기획하게 되었습니까? 귀 기관이 관심을 가지기 전에는 어떤 상태에 있었는지, 인근 다른 지역에도 유사한 상황이 있다면 어떻게 대응하고 있는지에 대해서도 서술해 주시기 바랍니다." 라고 요구하고 있는 것이다. 이렇게 제시한 또 다른 이유는 사업을 기획하면서 내가 하고자 하는 사업이 필요함을 학술논문이나 학계전문가의 글이나 멘트를 통해 입증하는 것이 아니라 현장이 어떻게 열악한 상태에서 머물러 있는지를 보여주는 것이 우선 되어야 한다는 판단에서이다. 그래서 제3자의 이야기가 아니라 기관실무자의 이야기나 사업참여자들의 이야기, 이들을 둘러싼 지역현장 전문가들의 다양한 의견들이 요약제시되는 것이 더 유용한 정보로 활용하겠다라는 방향을 이 양식이 제시하고 있는 것이다.

기존 유사사업과의 차별성의 경우, 만약 심사자가 보기에 사업내용이 기존에 여러 기관에서 이미 시행하여 다양한 결과보고서가 작성된 것이라면 또 유사한 경험을 반복할 이유가 없게 된다. 그것은 단지 무엇을 어떻게 하면 되는지에 대한 내용 창출 필요성 때문이 아니라 당장 그 사업을 할 재원이 없다는 것에 지나지 않기 때문이다.

신청기관의 강점의 경우는 만약 유사한 사업으로 복수의 기관이 신청한 경우 이 사업을 잘 할 수 있는 기관을 선정해서 지원하고자 하는 것과 맞물려 있다. 그러므로 사업신청기관에서는 자신이 잘 할 수 있는 실력과 여건이 갖추어져 있음을 보여줘야 사업수행과정에서의 불확실성에 기반한 불안감을 해소시킬 수 있다.

(5) 목표 및 평가

성과목표 및 평가방법에서 산출목표와 성과목표로 나누고 산출목표에서는 모니터링 정도로 평가하도록 하고, 성과목표는 평가도구 및 방법 그리고 측정시기를 작성하도록 하고 있다. 이 때 수치화하기 어려운 성과목표가 있다면 어떤 평가방법을 통해 변화의 수준과 의미를 드러낼 것인지를 적도록 하고 있어 질적평가의 가능성을 열어두고 있다. 목표설정과 평가방법과 관련된 주요 변화는 아래 표와 같다.

표 34 개정 전·후 목표 및 평가 비교

구분	2017년	2018년	비고
목표 및 평가	o 목적 기재	o 목적 삭제	o 목적과 목표 구분 진술 모호하고 기관 실무자가 가장 힘들어하는 것 중의 하나이면서 실제 기재내용도 모호한 한계 극복
	o 산출목표와 성과목표를 좌우측으로 연결하여 기재	o 산출목표와 성과목표 구분	o 제시한 산출목표만 따라 해당 성과목표가 도출되는 것이 아니라 다양한 산출목표들이 달성이 성과목표에 직간접적으로 기여한다고 봐서 이들간의 직선적 연결은 폐지
	o 성과지표	o 성과지표 삭제 – 작성안내에서는 어떤 성과지표를 설정할 것인지 묻고 있음	o 평가도구에서 성과지표를 작성해야 할 것으로 보임
	o 질적인 성과목표에 대한 고려 없음.	o 질적인 평가가 이루어지는 표를 별도로 제시하지는 않았지만 작성안내에서 "수치화하기 어려운 성과목표가 있다면 어떤 평가방법을 통해 변화의 수준과 의미를 드러내실 건가요?" 라는 질문을 통해 질적평가 가능성을 열어두고 있음.	o 질적인 성과평가의 필요성에 대한 공감대 확산

하지만 성과목표, 성과지표 등으로 연결되는 구도는 양적평가를 염두에 둔 것이기 때문에 아예 양적평가와 질적평가를 별도로 제시하고 이를 선택적으로 적도록 하는 것을 검토하는 것도 필요하다고 본다. 이번 개편안에는 포함되지 않았지만 아래 표는 질적평가의 내용을 담아낼 수 있는 양식으로서 양적평가 틀과 함께 제시될 경우 질적 평가의 중요성과 위상을 정립하는데 도움이 될 것으로 본다.

표 35 질적인 성과평가 제안양식 예시

질적평가의 초점	평가방법			
	평가주체	자료원	자료수집시기	자료수집방법
장애자녀에 대한 이해증진 및 부-모간 상호관계개선이 이들의 삶에 미친 긍정적 영향 이해	사업담당자	부모	사업종료후	인터뷰

(6) 사업종료 후 지향점

종전의 향후운영계획을 변형하여 이번 2018년 배분사업안내』에서는 "사업종료 후 지향점"으로 명명하고 그 세부내용으로 성과중심형에서는 사업수행으로 인한 기대효과, 사업결과의 활용계획"으로, 성과확산형에서는 "사업수행으로 인한 기대효과, 사업결과의 활용계획, 사업지속유지전략"으로 작성하도록 하고 있다.

얼핏 보면 종전과 크게 다를 바가 없다고 보여지지만 '목적'기재를 삭제한 이후 목적에 해당하는 내용을 사업필요성에 일부, 그리고 사업종료 후 지향점에서 일부 녹여서 표현할 수 있도록 하였다. 아울러 해당 신청사업을 성공적으로 수행하고 난 뒤 이 사업과 관련한 미래계획이 어떠한지를 물어 향후 이 사업이 밑거름이 되어서 어떤 방향을 지속적으로 지향해 나갈 것인지에 대한 고민을 명확하게 제시해 달라는 주문을 하고 있다.

3. 변화의 한계

공동모금회는 매우 긴 시간동안 현장의 변화요구에 대해 심사숙고하고 변화의 방향에 대해 깊이있게 고민하면서도 큰 결단을 내려 현장의 목소리를 반영하고자 하는 결정을 내렸고, 이는 『2018년 배분사업안내』를 통해 결실을 맺게 되었다. 하지만 이번 변화를 통해 최종적인 종착지에 도달한 것이라고 보기는 어렵다. 그만큼 여전히 가야할 길이 멀게 느껴진다. 그것이 배분신청서 양식변화일수도 있고, 전체적인 배분사업의 틀과 지향성일 수 있다.

1) 배분사업의 역할

공동모금회 배분사업의 역할이 무엇일까? 어떤 기관에게 지원해야 하는 것일까? 어떤 사업에 지원해야 하는 것일까? 우리 사회의 빈자리를 메워야 하는 것일까, 아니면 우리 사회의 변화를 선도하고 방향을 제시하기 위한 신호탄을 계속 쏘아 올려야 할까? 그것은 공동모금회가 어떤 지위와 위상을 가지고 있는지에 대한 검토가 먼저 되어야 함을 요구한다.

공동모금회는 「사회복지공동모금회법」에 의해 설립된 법적기관이다. 법적 근거를 두고 설치된 임의적 법인격과는 그 성격을 달리한다. 예를 들어 사회복지법인 설립에 대한 법적 근거는 「사회복지사업법」에 있지만, 법이 존재한다고 바로 사회복지법인이 설립되는 것이 아니라 이를 설립하고자 하는 개별주체의 판단에 따라 신청과 허가 절차를 밟아 새로운 법인격이 탄생한다. 하지만 공동모금회는 법이 제정되면서 설립이 예정된다. 뿐만 아니라 그 조직의 기능과 역할, 권한과 책임이 법에 의해 부여되어 있다. 각종 모금활동을 통해 모은 재원을 사회복지 실천현장의 발전을 위해 사용하게 된다.

그러나 모금한 재원에 기반하여 실시하는 각종 배분사업이 어떤 기준에서 어떤 방향으로 이루어져야 하는지에 대해서는 아무런 법적인 언급이 없다. 그만큼 공동모금회에서 그 기준을 결정하고 집행해야 한다. 하지만 어떤 방향으로 배분해야 하는지에 대해서는 다양한 의견이 존재하고 정부 및 지방자치단체, 다양한 민간복지재단 등과의 관계속에서 자신의 역할을 정립해야 한다.

공동모금회는 배분사업과 관련해서는 어떤 역할을 수행해야 할까?

먼저 정부 및 지방자치단체와의 관계를 살펴보자. 국가와 지방자치단체에서는 복지국가 건설에 필요한 국민의 사회권적 기본권을 보장하는데 초점을 두고 각종 기본적인 복지사업을 국가 및 지방자치단체 사업으로 설정하고 이를 조세나 각종 기금으로 사업을 수행하고 있다. 그러므로 공동모금회가 이와 같은 정부가 하는 일을 중복적으로 수행할 이유는 없다. 문제는 정부의 책임이라고 여겨지지만 재원부족 때문에 다하지 못하는 역할을 공동모금회가 수행해야 하는지는 논란이 될 수 있다. 정부가 해야 할 책임을 다 못하고 이를 국민들의 자발적인 기부에 기초한 재원으로 정부의 책임을 메워주어야 할 이유는 없다. 하지만 현실적으로 정부의 역할 한계로 보이는 정책의 사각지대나 부족한 급여수준을 메우는 것 자체도 국민들의 복지향상을 위해 당장 집행하지 않으면 안되는 부문이기도 하다. 특히 사회복지시설에서 집행할 수 있는 사업비 항목이 없기 때문에 민간으로부터의 재원조달 필요성이 본의 아니게 강제되는 경우에 이를 공동모금회가 내 몰라라 할 수도 없는 노릇이다.

그러므로 일부 사업에 있어서는 정부책임의 부재를 메우는 역할을 불가피하게 수행하고 있다. 하지만 여기서 그치는 것이 아니라 현장을 이해하고 현장의 변화를 이끌어내는 것도 필요하다. 공동모금회는 그동안 많은 기획사업을 통해 현장의 어려움을 경감시키기 위한 노력과 함께 현장의 변화를 이끌어왔다. 하지만 일부는 딜레마적인 속성을 가지고 있다. 사회복지 실천현장에서 기관들이 배분사업을 통해 지원을 받기 위해서는 끊임없이 자신이 신청한 사업의 우수성을 피력해야 한다. 하지만 그러한 우수성은 충분한 교육훈련과 끊임없는 조직내 토론문화에 기반한다. 또 최근 동향에 대한 풍부한 정보와 이에 기반한 다양한 사업을 수행할 수 있는 여건도 중요하다.

이런 점에서 볼 때 일률적으로 말할 수는 없겠지만 농어촌지역의 사회복지기관들은 상대적으로 열등한 위치에 있을 수밖에 없다. 그러나 그렇다고 해서 배분경쟁에서 형평성을 고려하지는 않는다. 하지만 이러한 서열주의, 경쟁주의가 민간복지재단에서 적용된다하여 크게 이의를 제기할 수는 없지만 법적기관으로서의 공동모금회 조차도 규모가 적고 학습과 훈련의 기회가 적은 기관이 경쟁에서 도태되라고 하는 것이 바람직한지에 대해서는 의문이다. 그러므로 소규모 시설에 대한 별도의 경쟁시스템을 만들든지, 아니면 선정 수에 대한 할당제를 도입하여 이들에게도 재원이 지원될 수 있는 여지를 둘 수 있는 제도적 장치가 마련되어야 할 것이다.

둘째, 민간복지재단과의 관계를 살펴보자. 공동모금회는 법적 테두리 내에서 움직여야 하는 경직성을 어느 정도 보일 수밖에 없지만, 상대적으로 민간복지재단의 경우에는 설립목적과 일반적인 법인으로서의 행정적 제약범위를 벗어나지 않는다면 그 내에서의 자율성은 상대적으로 공동모금회보다 훨씬 그 범위가 넓다고 볼 수 있다. 그렇기 때문에 민간복지재단은 융통성을 가지고 실험적인 성격의 사업을 얼마든지 지원할 수 있다. 그것이 설립된 해당 복지재단의 취지에만 부합한다면 타 복지재단과 다른 정체성을 가져가기 위한 노력은 오히려 장려되어야 한다. 그러므로 민간복지재단에서는 창의적인 아이디어를 발굴하고, 혁신성을 강조하면서 사회변화의 신호탄을 쏠 수 있는 맹아적 단계의 사업이라도 이를 키울 수 있는 여력이 상대적으로 크다고 볼 수 있다. 하지만 이러한 민간복지재단에서 좋은 사업아이템, 좋은 기관을 발굴하여 지원한다 하더라도 한 복지재단에서 10년, 20년까지 지원하기는 어렵다. 그렇다면 짧게는 1년, 길게는 3~5년 정도 지원받고 나면 지원이 종료가 될 수밖에 없는데 그런 사업들 중에 사회적 영향력도 크고 지속적으로 또 확장하여 사업을 수행할 때 우리 사회에 더 큰 울림을 가져올 수 있는 사업에 대해서는 누군가가 계속 지원을 해 줄 필요가 있다. 그 역할을 공동모금회가 해야 한다는 것이다. 그러한 과정을 통해서 공동모금회는 국가 및 지방자치단체에게 이 사업은 오랜 기간동안 검증된 사업이고 필요성이 확인되었으니 정부 재원으로 해당 지방자치단체 내에, 또는 전국적인 사업으로 승화시키는 것이 필요하다는 것을 제안할 수 있을 것이다.

이를 정리하면 민간복지재단에서는 창의적이고 혁신적인, 실험적 성격의 사업을 수행하고자 할 때 그리고 지금은 경험도 일천하고 성공가능성에 대해서 확신하기 어렵지만 우리 사회에 확산되면 좋겠다고 생각되는 사업에 보다 집중적으로 지원하는 것이 좋다고 본다. 공동모금회에서는 민간복지재단에서 수년간 지원한 사업들 중에서 사업범위를 좀 더 확장하거나 사회적 영향력을 보다 크게 가시화시킬 수 있는 사업이라고 판단될 때 이를 지속적으로 수행할 수 있는 여지를 마련해 주는 역할을 수행할 필요가 있다. 이후 정부사업으로의 전환이 필요하다고 판단되면 정부에서 시범사업을 추진하도록 하는, 이러한 경로를 설계하는데 공동모금회가 전체적인 얼개를 구상하여 논의를 촉발할 책임과 주도권을 가져야 한다고 본다.

2) 배분신청서 양식의 방향

이번 『2018년 배분사업안내』에 제시되어 있는 배분신청서 양식은 과거에 비해서는 매우 혁신적이라고 볼 수 있다. 오래 묵은 그러나 날카로운 비판의 목소리를 이해하고 이를 반영하여 새로운 모습으로 탈바꿈하기 위한 노력이 어느 정도 구체적인 내용으로 전환되었기 때문이다. 하지만 여전히 갈 길이 멀다. 이 중에 가장 핵심적인 것이 배분신청서를 통해 어느 정도까지 정보를 받을 것인가의 문제이다. 즉, 어디까지 작성하는 것이 사업수행기관 책임이고, 어디서부터가 재원을 지원하는 공동모금회의 책임인지를 적절하게 구분하는 것이 핵심이다.

현재의 양식에 따르면 크게 사업내용 및 추진전략, 예산편성, 사업필요성, 산출목표와 성과목표, 평가방법, 사업결과 활용계획 등의 순서대로 되어 있다. 이 항목들 중에서 기관실무자들이 제일 어렵게 생각하고 또 심사해 보면 실제 작성된 내용 중 가장 수정을 요하는 부분이 목표설정과 평가방법에 기재된 내용이다.

그렇다면 우리는 발상을 달리할 필요가 있다. 어차피 선정된 사업계획서의 내용이 대폭 수정되어야 한다면, 제한된 정보 때문에 판에 박힌 평가방법만 기재하고 있다면 이들을 그 내용을 신청단계에서 기관 실무자에게 요구하지 않는 것도 생각해 볼 필요가 있다. 대신 배분신청 단계에서 기관실무자에게 기대하고 또 이들이 집중해야 하는 부분은 세 가지이다.

이는 '내가 무엇을 하고 싶은가?, 이 사업을 왜 하려고 하는가? 이 사업을 성공적으로 수행하고 나면 무엇이 바뀌는가? 세상에 대해서는 어떤 시사점을 주는가?'로 압축된다. 많은 정보를 종합적으로 수집하기 보다는 핵심적인 질문 3가지에만 답하도록 하고 그 내용이 바람직하고 집행하게 할 가치가 있다고 판단하면 이후부터는 공동모금회가 성과관리체계에 돌입하면 된다. 즉, 선정된 기관과 자문위원 그리고 공동모금회가 함께 오프라인에서 만나 이 사업의 목표가 무엇인지, 그 목표를 향해 사업을 시행했을 때 목표를 달성했는지의 여부와 달성정도를 어떻게 판단할 것인지를 함께 논의하는 것이다. 그렇게 되면 기관실무자는 자신이 기획한 사업이 어떤 의도로 어떤 내용으로 구성되었는지, 이 사업을 하는 이유가 무엇인지, 그래서 어떤 결과를 가져오고 싶은지를 알려주고 성과확인방법에 대해 자문위원과 집중적으로 논의하는 등 적합한 평가방법을 포함한 평가틀을 설계하면 된다. 이렇게 되면 사업선정 후의 일이 많아지는 단점이 있지만, 기관으로 하여금 내가 문제의식을 가지고 접근하려는 사업내용 그 자체에 몰입할 수 있도록 하여 현장의 애로를 훨씬 더 정확하게 반영한 사업이 구상될 수 있을 것이다.

2018년 신청사업 배분신청서

기 관 명				고유번호 (사업자등록번호)	
사 업 명	<대상+목적+방법 : 부제>				
사업 기본 정보	연차	___① 1년차　　　___② 2년차　　　___③ 3년차　　　___④ 기타( )			
	대상 지역			사업수행 인력	명
	사업 기간	년　　월　　일 ~ 　　년　　월　　일 (총　　개월)			
사업 참여자	참여자 구분	___① 아동 · 청소년　　　___② 노인　　　___③ 장애인　　　___④ 여성/다문화 ___⑤ 위기가정　　　___⑥ 지역사회　　　___⑦ 북한/해외/기타			
	핵심 참여자			인원수	명
사업구분	___① 기초생계 지원　　___② 교육/자립 지원　　___③ 주거/환경 개선　　___④ 보건/의료 지원 ___⑤ 심리/정서 지원　　___⑥ 사회적 돌봄 강화　　___⑦ 소통과 참여 확대　　___⑧ 문화/격차 해소				
주요 사업 내용	세부 사업명	주요 내용			
사 업 비	총 사업비	원	신청금액		원
신청금액 세부내역	사업비	천원	인건비	천원	관리 운영 비	천원
		%		%		%
담 당 자	성명		직통전화		Email	@
	직위		휴대폰		FAX	

위와 같이 2018년도 신청사업을 신청합니다.

2017년　　　월　　　일

기관대표자 :　　　　　　(인)

사회복지공동모금회장 귀하

신청기관 현황

기 관 명			대 표 자		
고유번호 (사업자등록번호)			전화번호		
E-mail			FAX		
홈페이지			설립연월일		년 월 일
주 소	□□□□□				

직원 현황	총 명 (①+②)	상근 (①)		비상근 (②)	
			명		명

기관 주요 사업	구분	___ ① 노인복지 ___ ② 영유아/아동복지 ___ ③ 장애인복지 ___ ④ 노숙인복지 ___ ⑤ 지역복지 ___ ⑥ 정신보건 ___ ⑦ 여성복지 ___ ⑧ 가족복지 ___ ⑨ 청소년복지 ___ ⑩ 다문화지원 ___ ⑪ 북한/해외지원 ___ ⑫ 기타( )
	내용	

결산	세입	총 계	보조금수입	전입금	후원금수입	사업수입	기타수입
		천원	천원	천원	천원	천원	천원
	세출	총 계	인건비	관리운영비	사업비	재산조성비	기타지출
		천원	천원	천원	천원	천원	천원

예산	세입	총 계	보조금수입	전입금	후원금수입	사업수입	기타수입
		천원	천원	천원	천원	천원	천원
	세출	총 계	인건비	관리운영비	사업비	재산조성비	기타지출
		천원	천원	천원	천원	천원	천원

운영 법인 또는 단체	운영주체 성격	___ ① 사회복지법인 ___ ② 사단법인 ___ ③ 종교법인 ___ ④ 학교법인 ___ ⑤ 재단법인 ___ ⑥ 국가지방자치단체 ___ ⑦ 임의단체 ___ ⑧ 개인(신고) ___ ⑨ 법인(기타) ___ ⑩ 단체(기타)( ) ___ ⑪ 개인(기타) ( )			
	법인 (단체)명		대 표 명		
	고유번호 (사업자번호)		전화번호		
	홈페이지		설립 연월일		년 월 일
	주소	□□□□□			

※ 신청기관 조직도, 운영위원회 및 운영법인 이사회 명단은 별첨자료로 첨부 요망

〈성과중심형〉 사업계획서

1. 사업명 :   <u>대상</u>   <u>목적</u>   <u>방법</u>

- 대상, 목적, 방법과 관련된 정보를 담은 사업명을 적어주십시오.(슬로건은 부제(副題)로 병기해주세요)

2. 사업 내용 및 추진 전략

  1) 사업 참여자 모집 전략

  (1) 참여 대상 및 인원

핵심 참여자	
주변 참여자	

- 누가 이 사업에 참여합니까?

  - (핵심 참여자) 성과를 측정하게 되는 대상은 누구이며, 인원은 몇 명입니까?
    (이 사업에 참여하게 함으로써 누구의 변화를 이끌어내려고 하는 것입니까?)

  - (주변 참여자) 성과측정 대상은 아니지만 핵심 참여자의 변화를 이끌어내는데 중요한 역할을 하는 사람은 누구이며, 인원은 몇 명입니까?

  (2) 참여자 선정 기준

- 어떤 기준을 세워서 참여자를 모집하게 됩니까?

  (3) 참여자 모집 방안

- 기준에 적합한 참여자를 어떻게 모집할 예정입니까?

  2) 사업 내용 및 사업 집행 전략

- 아래 내용을 모두 포괄하되, 자유롭게 (질문순서에 상관없이) 표현해 주시기 바랍니다.

  - 전체 사업을 몇 개의 세부 사업으로 분류한다면 어떻게 구성될 수 있습니까?

  - 사업을 어떻게 추진할 것인지에 대하여 세부 사업별 시행방법, 시행 시기 및 횟수, 사업 진행 일정 등 구체적인 정보를 담아서 기술해 주시기 바랍니다.

  3) 기관 연계협력 전략

- 위의 사업 집행 전략과 관련하여, 지역사회 내(또는 그 범위를 넘어서) 어떤 기관들과 유기적인 협조관계를 가질 것인지에 대하여 아래 내용을 포함하여 기술해 주시기 바랍니다.

  - 협력 기관이 세부 사업에서 어떤 역할을 담당하게 되는지, 그 때 신청기관의 역할은 무엇인지, 이러한 협력체계는 어떤 절차를 통해 진행되는지 등

3. 예산 편성

목	세목	세세목	계	산출근거	예산조달 계획				
					신청금액	비율 (%)	자부담	비율 (%)	자부담 재원
총 계									
인건비									
	소 계								
사업비									
	소 계								
관리운영비									
	소 계								

- 사업에 직접 투입되는 비용을 인건비, 사업비, 관리운영비로 구분하여 작성해주시기 바랍니다.
  - (인건비) 해당사업을 직접적으로 수행하는 인력에게 투입되는 비용
  - (사업비) 프로그램 수행에 필요한 직접비용
  - (관리운영비) 프로그램의 수행에 필요한 간접비용(사업관리에 필요한 비용)
  - 예산 수립 시 74p 별첨3. 예산편성기준표를 참고하여 주시기 바랍니다.
- 세목은 세부 사업별로 구분하고 단위가 큰 경우 세세목으로 구분하여 작성하시기 바랍니다.
- 산출근거는 실제 단가, 수량, 인원수, 건수, 횟수 등을 구체적으로 기록해 주시기 바랍니다.

4. 문제 의식(사업 필요성)

1) 사업 계획 배경

- 왜 이 사업을 기획하게 되었습니까?
  - 귀 기관이 관심을 가지기 전에는 어떤 상태에 있었는지, 인근 다른 지역에도 유사한 상황이 있다면 어떻게 대응하고 있는지에 대해서도 서술해 주시기 바랍니다.

2) 기존 유사사업과의 차별성

- 기존의 시각이나 접근방식과 다른 점은 무엇입니까?

3) 신청기관의 강점

- 이 사업을 신청기관에서 수행해야 하는 이유에 대해 사전조사 내용, 관련 분야 수행 경험 등을 포함하여 기재해 주시기 바랍니다.

5. 목표 및 평가

1) 산출목표

세부 사업명	산출목표	모니터링 방법

- 성과목표를 달성하기 위해 이끌어내야 하고 모니터링 해야 하는 산출목표는 무엇입니까?

2) 성과목표 및 평가 방법

성과목표	평가 도구 및 방법	측정 시기

- (성과목표) 성과목표와 관련하여 아래 내용들에 대해 작성해 주시기 바랍니다.
  - 핵심 참여자의 어떤 부분을 어느 수준까지 변화시키는 것입니까?
  - 작성하고자 하는 성과목표가 이후에 기술되는 평가 방법을 통해 달성여부를 알 수 있게 됩니까?
  - (성과라고 강조하고 싶은데) 양적으로 드러내기(수치화하기) 어려운 성과목표가 있다면 무엇입니까?
  - 앞서 기술하신 사업내용과 성과목표를 논리적으로 연결하여 작성해 주십시오.
- (평가 도구 및 방법 / 측정 시기) 성과목표 달성 여부와 정도를 어떻게 평가하실 건가요?
  - 성과목표 달성 여부와 정도를 판단하기 위해 어떤 성과지표를 설정하실 건가요?
  - 제시된 성과목표에 대한 평가계획(자료수집방법, 측정시기 등)은 어떠한가요?
  - 수치화하기 어려운 성과목표가 있다면 어떤 평가방법을 통해 변화의 수준과 의미를 드러내실 건가요?

6. 사업종료 후 지향점

1) 사업 수행으로 인한 기대 효과

- 이 사업이 성공적으로 수행된다면 기대되는 효과는 무엇입니까?

2) 사업 결과의 활용 계획

- 사업의 효과로 나타난 결과를 어떻게 활용할 계획입니까?
- 사업 결과를 통해 유사기관이나 지역사회에 꼭 알리고 싶은 이야기가 있다면 무엇입니까?

〈성과확산형〉 3개년 사업계획서

1. 사업명 : ___대상___ ___목적___ ___방법___

- 대상, 목적, 방법과 관련된 정보를 담은 사업명을 적어주십시오.(슬로건은 부제(副題)로 병기해주세요)

2. 사업 내용 및 추진 전략

1) 사업 참여 대상 및 인원

구분	1차년도	2차년도	3차년도
핵심 참여자			
주변 참여자			

- 누가 이 사업에 참여합니까? 연차별 핵심 참여자와 주변 참여자를 상호 관련성 있게 작성하시기 바랍니다.

  - (핵심 참여자) 성과를 측정하게 되는 대상은 누구이며, 인원은 몇 명입니까?
    (이 사업에 참여하게 함으로써 누구의 변화를 이끌어내려고 하는 것입니까?)

  - (주변 참여자) 성과측정 대상은 아니지만 핵심 참여자의 변화를 이끌어내는데 중요한 역할을 하는 사람은 누구이며, 인원은 몇 명입니까?

  ※ 『시스템 구축』, 『지역사회 수준변화』 등과 같이 "사람"의 변화에 일차적인 초점이 있지 않은 경우가 있을 수 있습니다. 이런 때에는 사업 참여자에 대한 기술 내용 및 방식이 달라질 수 있을 것이므로 사업내용에 따라 적절하게 기술해 주시기 바랍니다.

2) 연차별 사업내용

1차년도	
특징	
핵심 내용	
2차년도	
특징	
핵심 내용	
3차년도	
특징	
핵심 내용	

- (특징) 각 연차별 인과 관계 등을 포함하여 연차별 특징(주요 초점)에 대해 제시하여 주십시오.

- (핵심내용) 연차별 주요사업 등 핵심내용을 작성하여 주십시오.

3) 기관 연계협력 전략

- 위의 사업 내용과 관련하여, 지역사회 내(또는 그 범위를 넘어서) 어떤 기관들과 유기적인 협조관계를 가질 것인지에 대하여 아래 내용을 포함하여 기술해 주시기 바랍니다.

  - 협력 기관이 세부 사업에서 어떤 역할을 담당하게 되는지, 그 때 신청기관의 역할은 무엇인지, 이러한 협력체계는 어떤 절차를 통해 진행되는지 등

- 연차별 네트워크의 확대 혹은 축소가 있는 경우 변화에 대한 확인이 가능하도록 기재

3. 예산 편성

(단위 : 천원)

구분	1차년도			2차년도			3차년도		
목	세목	신청금액	자부담	세목	신청금액	자부담	세목	신청금액	자부담
	총 계			총 계			총 계		
인건비									
	소 계			소 계			소 계		
사업비									
	소 계			소 계			소 계		
관리운영비									
	소 계			소 계			소 계		

- 사업에 직접 투입되는 예산 내 주요 세목(세부 사업별)의 금액과 비중이 사업 연차별로 어느 정도 차지하는지에 대해 작성해주시기 바랍니다.

4. 문제 의식(사업 필요성)

1) 사업 계획 배경

- 왜 이 사업을 기획하게 되었습니까?

  - 귀 기관이 관심을 가지기 전에는 어떤 상태에 있었는지, 인근 다른 지역에도 유사한 상황이 있다면 어떻게 대응하고 있는지에 대해서도 서술해 주시기 바랍니다.

2) 기존 유사사업과의 차별성

- 기존의 시각이나 접근방식과 다른 점은 무엇입니까?

3) 신청기관의 강점

- 이 사업을 신청기관에서 수행해야 하는 이유에 대해 사전조사 내용, 관련분야 수행 경험 등을 포함하여 기재해 주시기 바랍니다.

5. 목표 및 평가

1) 성과평가

성과목표	평가 도구 및 방법	측정 시기

- (성과목표) 3년 뒤 핵심참여자의 어떤 부분을 어느 수준까지 변화시킬 목표를 가지고 있습니까?
  - 성과목표가 "사람"이 아닌 경우에는 그와 관련되는 성과목표를 제시하여 주십시오.
  - (성과라고 강조하고 싶은데) 양적으로 드러내기(수치화하기) 어려운 성과목표가 있다면 무엇입니까?
  - 앞서 기술하신 사업내용과 성과목표를 논리적으로 연결하여 작성해 주십시오.
- (평가 도구 및 방법 / 측정 시기) 성과목표 달성 여부와 정도를 어떻게 평가하실 건가요?
  - 성과목표 달성 여부와 정도를 판단하기 위해 어떤 성과지표를 설정하실 건가요?
  - 제시된 성과목표에 대한 평가계획(자료수집방법 등을 포함)은 어떠한가요?
  - 달성된 성과가 사업참여자에게 (나아가서는 지역사회에) 수는 의미를 어떻게 드러내실 계획입니까?

2) 과정평가(선택)

평가대상 내용	평가 방법	측정 시기

- '어떤 과정을 통해 성과를 거두게 되었는자'에 대한 내용을 어떻게 보여주시겠습니까?

6. 사업종료 후 지향점

1) 사업 수행으로 인한 기대 효과

- 이 사업이 성공적으로 수행된다면 기대되는 효과는 무엇입니까?

2) 사업 결과의 활용 계획

- 사업의 효과로 나타난 결과를 어떻게 활용할 계획입니까?
- 사업 결과를 통해 유사기관이나 지역사회에 꼭 알리고 싶은 이야기가 있다면 무엇입니까?

3) 사업 지속 유지 전략

- 모금회로부터 이 사업 소요예산에 대한 지원이 종료된 후 후속적인 사업추진을 위한 재원 마련 등의 전략은 무엇입니까?
- 후속 사업 추진을 구현하기 위한 노력을 각 연도별로 어떻게 반영하였습니까?

〈성과확산형〉 연차별(1차년도) 사업계획서

1. 사업명 : ___대상___ ___목적___ ___방법___

- 3개년 사업계획서와 동일한 사업명을 적어주십시오.

2. 사업 내용 및 추진 전략

1) 사업 참여자 모집 전략

(1) 참여 대상 및 인원

핵심 참여자	
주변 참여자	

- 1차년도에는 누가 이 사업에 참여합니까?

  - (핵심 참여자) 성과를 측정하게 되는 대상은 누구이며, 인원은 몇 명입니까?
    (이 사업에 참여하게 함으로써 누구의 변화를 이끌어내려고 하는 것입니까?)

  - (주변 참여자) 성과측정 대상은 아니지만 핵심 참여자의 변화를 이끌어내는데 중요한 역할을 하는 사람은 누구이며,
    인원은 몇 명입니까?

(2) 참여자 선정 기준

- 어떤 기준을 세워서 참여자를 모집하게 됩니까?

(3) 참여자 모집 방안

- 기준에 적합한 참여자를 어떻게 모집할 예정입니까? 그 방법이 적합하다고 생각하는 이유가 무엇입니까?

2) 사업내용 및 사업 집행 전략

- 아래 내용을 모두 포괄하되, 자유롭게 (질문순서에 상관없이) 표현해 주시기 바랍니다.

  - 1차년도 사업을 몇 개의 세부 사업으로 분류한다면 어떻게 구성될 수 있습니까?

  - 3개년 사업계획서에 기반하여 1차년도 사업을 어떻게 추진할 것인지에 대하여 세부 사업별 시행방법, 시행 시기
    및 횟수, 사업 진행 일정 등 구체적인 정보를 담아서 기술해 주시기 바랍니다.

3) 기관 연계협력 전략

- 위의 사업 집행 전략과 관련하여, 지역사회 내(또는 그 범위를 넘어서) 어떤 기관들과 유기적인 협조관계를
  가질 것인지에 대해 아래 내용을 포함하여 기술해 주시기 바랍니다.

  - 협력 기관이 세부 사업에서 어떤 역할을 담당하게 되는지, 그 때 신청기관의
    역할은 무엇인지, 이러한 협력체계는 어떤 절차를 통해 진행되는지 등

3. 예산편성

(단위 : 원)

목	세목	세세목	계	산출근거	예산조달 계획				
					신청금액	비율 (%)	자부담	비율 (%)	자부담 재원
	총 계								
인건비									
		소 계								
사업비									
	소 계								
관리운영비									
	소 계								

- 1차년도 사업에 직접 투입되는 비용을 인건비, 사업비, 관리운영비로 구분하여 작성해주시기 바랍니다.

  - (인건비) 해당사업을 직접적으로 수행하는 인력에게 투입되는 비용

  - (사업비) 프로그램 수행에 필요한 직접비용

  - (관리운영비) 프로그램의 수행에 필요한 간접비용(사업관리에 필요한 비용)

  - 예산 수립 시 74p 별첨3. 예산편성기준표를 참고하여 주시기 바랍니다.

- 세목은 세부 사업별로 구분하고 단위가 큰 경우 세세목으로 구분하여 작성하시기 바랍니다.

- 산출근거는 실제 단가, 수량, 인원수, 건수, 횟수 등을 구체적으로 기록해 주시기 바랍니다.

4. 목표 및 평가

1) 산출목표

세부 사업명	산출목표	모니터링 방법

- 성과목표를 달성하기 위해 이끌어내야 하고 모니터링 해야 하는 산출목표는 무엇입니까?

2) 성과목표 및 평가 방법

성과목표	평가 도구 및 방법	측정 시기

- (성과목표) (3차년도에 달성할 성과목표가 아니라) 1차년도 사업을 추진함으로써 달성하려고 하는 중간목표 성격의 성과목표는 무엇입니까?
  - 앞서 기술하신 1차년도 사업 내용과 성과목표를 논리적으로 연결하여 작성해 주십시오
  - (성과라고 강조하고 싶은데) 양적으로 드러내기(수치화하기) 어려운 성과목표도 포함하여 작성해 주시기 바랍니다.
- (평가 도구 및 방법 / 측정 시기) 성과목표 달성 여부와 정도를 어떻게 평가하실 건가요?
  - 성과목표 달성 여부와 정도를 판단하기 위해 어떤 성과지표를 설정하실 건가요?
  - 제시된 성과목표에 대한 평가계획(자료수집방법 등을 포함)은 어떠한가요?
  - 수치화하기 어려운 성과목표가 있다면 어떤 평가방법을 통해 변화의 수준과 의미를 드러내실 건가요?

3) 과정평가(선택)

평가대상 내용	평가 방법	측정 시기

- 1차년도 사업에서 '어떤 과정을 통해 성과를 거두게 되었는지'에 대한 내용을 어떻게 보여주시겠습니까?

〈산출중심형〉 사업계획서

1. 사업명 :

- 대상, 목적, 방법과 관련된 정보를 담은 사업명을 적어주십시오.(슬로건은 부제(副題)로 병기해주세요)

2. 사업 필요성

- 수행하려는 사업내용과 관련하여 지금 직면해 있는 현실적인 어려움은 무엇입니까?
- 무엇을 해소 또는 완화하려는 것입니까?

3. 사업 내용 및 추진방법

1) 사업 참여자 및 인원

- 참여자는 누구이며, 몇 명입니까?
- 어떤 기준을 세워서 참여자를 결정하게 됩니까?

2) 사업내용 및 방법

세부 사업명	활동 내용(수행방법)	산출 목표

- (세부 사업명) 전체 사업을 몇 개의 세부 사업으로 분류한다면 어떻게 구성될 수 있습니까?
- (활동 내용) 사업을 어떻게 추진할 것인지에 대하여 세부 사업별 시행방법, 시행 시기 및 횟수, 사업 진행 일정 등의 정보를 담아서 기술해 주시기 바랍니다.
  - (산출 목표) 사업 시행의 결과로 발생하는 산출물은 무엇입니까?

4. 예산편성

(단위 : 원)

목	세목	계	산출근거	예산조달 계획				
				신청금액	비율 (%)	자부담	비율 (%)	자부담 재원
	총 계							
인건비								
	소 계							
사업비								
	소 계							
관리운영비								
	소 계							

- 사업에 직접 투입되는 비용을 인건비, 사업비, 관리운영비로 구분하여 작성해주시기 바랍니다.
  - (인건비) 해당사업을 직접적으로 수행하는 인력에게 투입되는 비용
  - (사업비) 프로그램 수행에 필요한 직접비용
  - (관리운영비) 프로그램의 수행에 필요한 간접비용(사업관리에 필요한 비용)
  - 예산 수립 시 74p 별첨3. 예산편성기준표를 참고하여 주시기 바랍니다.
- 세목은 세부 사업별로 구분하고 단위가 큰 경우 세세목으로 구분하여 작성하시기 바랍니다.
- 산출근거는 실제 단가, 수량, 인원수, 건수, 횟수 등을 구체적으로 기록해 주시기 바랍니다.

<참고문헌>

권지성. 2012. 「사회복지 프로그램 질적평가」. 작은나눔 큰사랑 워크숍자료.

기부문화연구소. 2015. 한국의 벤처 필란트로피스트 한자리에 모이다. 아름다운재단. at the website of http://bfarch.tistory.com/420 visited on 30 Sep. 2016.

김경희 · 김미옥 · 정민아. 2016. "발달장애 자녀를 둔 어머니의 양육과 성장 경험에 관한 포토보이스 연구". 『한국가족복지학』. 54. 263-296.

김동립 · 이삼열. 2010. "프로그램 논리모형의 개념과 유형화에 관한 소고". 한국정책학회 · 한국정책분석평가학회 공동추계학술대회 자료집. 63-79.

김상곤 · 최승희 · 안정선. 2012. 『사회복지 프로그램 개발과 평가』. 서울: 학지사.

김인숙. 2007. "한국 사회복지 질적연구: 동향과 의미". 『한국사회복지학』. 59(1). 275-300.

김주현. 2015. "한국 고령자의 연령차별 경험과 노년기 인식 질적 연구". 『한국인구학』. 38(1). 69-104.

김진우. 2008. "장애연구에의 지적장애인의 참여를 둘러싼 쟁점에 대한 고찰". 『한국사회복지학』. 60(3). 83-106.

김진우. 2012. "질적연구 자료분석방법의 다양성 이해". 취약계층 아동 · 청소년 종단조사 3: 제2차 콜로키움 자료집. 한국청소년정책연구원.

김진우. 2012. 『작은 나눔 큰 사랑 프로그램 기획 매뉴얼』. 삼성복지재단.

김진우. 2013. "사회복지법인 제도신설 배경에 대한 탐색적 연구". 『사회복지정책』. 40(4). 137-156.

김진우. 2015. "환경변화에 따른 사회복지법인 제도의 비판적 고찰". 『한국사회복지행정학회』. 17(3). 461-489.

김진우 · 김상곤 · 문순영. 2011. 『작은나눔 큰사랑 사회복지프로그램 개발지원사업 20년 평가』. 서울: 삼성복지재단.

김진우 · 이지수. 2016. "Venture Philanthropy 원칙과 실천의 실제와 과제". 「2016년 한국사회복지학회 추계학술대회 자료집」.

김진우 · 이지수 · 윤덕찬. 2017. 『배분사업 개선양식 매뉴얼 개발 연구』. 한국사회복지공동모금회 나눔연구소.

노연희 · 이상균 · 한동우. 2006. 성공적인 파트너십 만들기. 교보생명 사회공헌활동 2005.

박경미·김민아. 2017. "중고령 여성장애인의 삶: 포토보이스 방법의 적용". 『한국가족복지학』. 56. 39-68.

방대욱·강철희·허수연. 기업과 비영리기관 사회공헌 파트너십에 관한 연구-파트너십 성공요인과 실패요인에 대한 탐색. 한국사회복지행정학 15(3), 217-241.

삼성·사회복지공동모금회. 2016. 『나눔과 꿈 – 삼성과 사랑의 열매가 함께 하는 행복한 세상 만들기 사업신청안내』.

삼성복지재단. 2014. 「작은나눔 큰사랑 프로그램 기획 매뉴얼」

아산나눔재단 2016. 『파트너십 온 1기 사업 운영매뉴얼』.

아산나눔재단. 2015. 『2016년 파트너십 온 사업신청매뉴얼』.

양점도·김미자·김장권·박영준·이권일. 2009. 『사회복지 프로그램 개발과 평가』. 서울: 양서원.

유승현. 2015. "지역사회 건강증진 연구방법 및 전략으로서의 포토보이스". 『보건교육건강증진학회지』. 32(1). 77-87.

이동우. 2013. 『시민사회조직과 기업의 파트너십 연구』. 고려대 박사학위논문.

이민홍·정병오. 2012. 『사회복지 프로그램 개발과 평가』. 서울: 학지사.

이봉주·김기덕. 2014. 『사회복지 프로그램 개발과 평가』. 서울: 신정.

이봉주·김진우·최명민·박혜경. 2016. 『배분사업 운영체계 개선연구』. 한국사회복지공동모금회 나눔연구소.

이솔지. 2014. "알코올중독자의 삶에 대한 현상학적 연구: 포토보이스를 활용하여. 부산대학교 박사학위논문.

전국경제인연합회. 2015. 2015 기업·기업재단 대표 사회공헌 사례집.

전국경제인연합회. 2015. 2015년 주요 기업·기업재단 사회공헌백서.

정선욱·장연진. 2013. "사회복지 프로그램 질적평가 연구논문에 대한 질적 분석". 『사회복지연구』. 44: 321-349.

정혜영·김진우 2010. "베트남여성결혼이민자 가족의 문화적응과정에서 나타나는 갈등 연구". 『한국사회복지학』. 62(2). 29-55

조미형. 2011. "제도적 환경변화에 대한 사회복지관의 인식과 대응에 관한 연구". 『한국사회복지행정학』. 13(1). 103-132

최재완. 2016. "지적장애인이 참여한 포토보이스 연구의 동향과 향후 과제". 『지적장애연구』. 18(1). 161-183.

한정원 외. 2015. 기업 사회공헌 영향력 강화 방안 연구. 한국사회복지협의회, ㈜마크스폰.

홍현미라. 2014. "영유아통합지원 실천의 지역사회변화 인식에 관한 포토보이스 연구". 『한국사회복지학』. 66(4). 233-255.

Atkinson, J. and Heritage, J. (Eds) 1984. *Structures of Social Action: studies in conversation analysis*. Cambridge: Cambridge University Press.

Cummings, A. M. & Hehenberger, L., 2011. A Guide to Venture Philanthropy for Venture Capital and Private Equity Investors. European Venture Philanthropy Association Knowledge Center.

Donis-Keller, C., Meltzer, J. and Chmielewski, E. 2013. The Power of Collaborative Program Evaluation. A PCG Education White Paper

Grossman, A., Appleby, S., and Reimers, C., 2013. Venture Philanthropy : Its Evolution and Its Future. www.hbsp.harvard.edu/educator.

Hutchby, I. and Wooffitt, R. 1998. *Conversation Analysis*. Cambridge: Polity Press.

Impetus. 2014. 『Annual Review 2014』.

Ivy So and Alina Staskevicius. 2015. 『Measuring the Impact in Impact Investing』. Harvard Business School.

J.W.Kim(2005) 『Discrimination against People with Learning Disabilities in the Labour Market in South Korea』. PhD Thesis. University of Birmingham.

John, R.. 2006. Venture philanthropy : The evolution of high engagement philanthropy in Europe. Skoll Center For Social Entrepreneurship working paper.

Kettner, P., Moroney, R. and Martin, L. 1999. 『Designing and Managing Programs』. Sage. New York.

Matthews, B. and Ross, L. 2010. *Research Methods: A Practical guide for the social science*. London: Pearson Education.

McKinsey and Company. 2010. 『Learning for Social Impact: What Foundations Can Do』.

Miles, M.B. and Huberman, A.M. 1994. *Qualitative Data Analysis* (2nd), Thousand Oaks, CA: Sage.

Patton, M. 2002. Qualitative Evaluation and Research Methods (3rd). Newbury Park: Sage.

Psathas, G. and Anderson, T. 1990. "The 'Practices' of Transcription in Conversation Analysis." Semiotica 78: 75-99.

Rapp and Poetner. 1991. Social Administration: A Client-Centrered Approach. Pearson: New York.

Scriven, M. 1967. The methodology of evaluation. Im R,E, Stake(ed). *Curriculum evaluation.* (American Educational Research Assosciation Monograph Series on Evaluation, No. 1, pp. 39-83). Chicago: Rand McNally.

Shaw. I. 1999. 『Qualitative Evaluation』. Sage Publication.

Silverman, D. 2001. Doing Qualitative Research: A Practical Handbook. London: Sage.

Spencer, L., Ritchie, J., Lewis, L. and Dillon, L. 2003. 「Quality in Qualitative Evaluation: A framework for assessing research evidence」. Cabinet Office UK · Government Chief Social Researcher's Office.

Van Manen. M. 1990. 『Researching Lived experience』 Norwalk. CT: Appleton-Century-Crofts

Wang, C. and Burris, M. 1994. "Empowerment through photo novella: Portraits of participation". *Health Education Quarterly.* 21(2). 171-196.

Wang, C. and Burris, M. 1997. "Photovoice: Concept, Methodology, and use for Participatory Needs Assessment". *Health Education and Behavior.* 24. 369-387.

Zukoski, A. and Luluquisen, M. 2002. "Participatory Evaluation: What is it? Why do it? What are the challenges?". 『Community-based public Health Policy Practice』. Public Health Institute.

메트라이프코리아재단 장애아동프로젝트지원사업
http://www.metlifewelfare.org/home/business/child.php
삼성재단 복지공익사업 사회복지프로그램
http://www.samsungfoundation.org/html/welfare/love/intro.asp
아산사회복지재단 사회복지사업 소개
http://www.asanfoundation.or.kr/af/bsns.schedule.society0.sp?mid=10202
파라다이스복지재단, 현장지원사업〉사회복지프로그램공모
http://paradise.or.kr/front/businessinfo/businessinfo.asp?cate=31

01 포카스그룹 인터뷰(Focused Group Interview)

1. 포카스그룹인터뷰(이하 "FGI"라고 한다)의 목적

o 개별 인터뷰와는 달리 특정한 이슈, 주제 또는 아이디어 등에 대해 구성원들이 어떻게 이해하고 생각하는지를 집단의 역동성과 구성원간의 상호작용을 활용하여 이끌어내는데 그 목적이 있음.

 - 특정 분야에 대한 사람들의 욕구나 관심이 어떤 형태로서 어느 정도 있는지?
 - 특정한 사안에 대한 접근방안이 무엇이고 제시되는 방안에 대한 의견은 어떠한지? 등등

2. FGI 구성 및 리더의 역할

o (FGI 구성) 제시되는 주제 등에 대한 전문적 식견을 가진 사람을 5~7명으로 구성

o (리더의 역할) ①집단의 역동성과 집단과정을 잘 이해하고 집단발달 단계별로 적절한 개입수단을 사용, ②경청하면서 FGI 하위목적이 잘 달성되고 있는지에 대한 민감성을 가지고, ③어느 특정 성원의 주장이 오래 지속되거나 분위기를 압도하지 않도록 발언기회를 적절하게 배분하고, ④제시되는 하위주제들에 대해 균형있게 논의가 진행될 수 있도록 시간을 적절하게 안배

3. FGI 운영 및 절차

o (FGI 질문지) FGI 질문지에는 FGI 구성목적을 명확하게 밝히고 FGI를 통해 얻고
   자 하는 바를 분명하게 제시. 아울러 질문내용은 통상 5~6개 정도로 하고 너무
   많아 제한된 시간에 깊이 있는 내용이 논의되지 못하는 우를 범하여서는 안 된
   다. 이러한 설문지는 사전에 구성원들에게 제시되어야 함.

o (FGI 준비) 실무자는 녹음기(배터리, 녹음가능메모리 등 사전점검), 충분히 몰입
   할 수 있는 논의공간, 명패 설치

o (FGI 시작) 실무자는 모임의 배경을 간단하게 설명하고 도입부에 해당하는 질문
   으로 FGI 시작. 초기 Ice Breaking이 매우 중요. 시간은 2시간에서 3시간 정도임.

 - 실무자는 질문내용 5~6가지가 머릿속에 구조화되어 있어서 진행 중에 질문내용을
   살펴보지 않는 것이 바람직[48]

o (FGI 종료) 종료시점에는 질문문항에 대해 충분히 의견이 제시되고 논의되었는
   지를 머릿속으로 살펴보고 충분하게 답이 얻어졌으면 내용을 정리하고 참여에
   대한 감사의 말로 종료

4. 논의내용 분석

o 질적연구 내용의 분석과 유사하게 FGI에서 논의된 내용은 녹음되고 녹음된 내용
   을 필사한 후 줄단위분석 또는 문단분석을 통해 핵심내용에 대해 Coding하고 주

---

48) 머리를 숙여 질문내용을 살펴보는 동안 대화의 흐름과 연속성이 깨질 수도 있고 실무의 의도(뭔가 이 대목에서 중요한
   고려점이 있는지, 이제 실무자가 끝내려고 하는지 등등의 참여자들의 생각)가 무엇인지를 불필요하게 살펴보게 되므로
   상대방이 이야기할 때에는 눈빛을 교환하면서 경청하는 것이 바람직하고, 대신 실무자는 이야기를 들으면서도 현재 이야
   기되고 있는 것이 질문내용 몇 번에 해당하며 이 내용이 다른 질문내용과 어떻게 연결될 것인지, 이에 대해 다른 참여자
   의 이야기를 더 들어야 하는 것인지 등에 대한 판단이 지속적으로 이루어지고 있어야 한다.

제별로 Code화된 내용을 범주화하여 맥락적 이해를 도모

o 그러한 내용에 따라 ①사업의 필요성을 피력하는 경우에는 어떠한 사업이 어떠
한 방식으로 전개되는 것이 필요하겠다는 내용서술로 연결시키고 ②평가결과와
연결시키는 경우에는 다른 평가내용과의 독자성과 중복성을 교차시키거나 기존
평가내용을 보다 확증하는 내용이면 관련 단락의 핵심내용을 부기(附記)

5. 활용

o (문제 확인 및 의견수렴) 사업계획서를 제출하기 위한 기획과정에서 FGI는 기관
이 경감시키고자 하는 문제를 확인하고 원인을 진단하며 그에 따른 사업 방향 및
내용을 결정하는데 도움을 줄 수 있음. 즉, 소속기관 타부서 동료, 관계기관 전문
가 등으로 구성된 FGI에서 사업계획서 제안자가 어떤 방향으로 사업을 구상하는
게 맞는지에 대한 폭넓은 의견을 수렴하고 제안자가 고려하고 있는 내용에 대해
전문가들이 비판적 대안을 제시할 수 있는 기회로 활용 가능

o (과정 및 성과 평가) 프로그램이 진행되는 과정에서 자문해 준 교수, 프로그램에
대한 관심과 문제의식이 높은 자원봉사자, 관계기관 전문가, 유사 프로그램 진행
경험이 있는 기관 실무자 등으로 구성된 FGI에서 제안자가 프로그램 진행과정별
로 특징적인 사항 몇 가지에 대해 의견을 물어 논의한 결과를 평가내용에 반영

<부록>

02 질적평가의 수준을 평가할 수 있는 체크리스트49)

아래 내용은 평가자가 실시한 질적인 평가의 내용이 일정 수준 이상의 질을 담보했는지를 점검하기 위해서 자기 스스로 또는 메타 평가자가 해당 질적평가의 내용에 대해 평가자에게 물어볼 수 있는 준거와 관련된 내용이다.

1. 질적평가에 활용한 내용들이 어느 정도 신뢰할만한 것인가?

평가과정에서 도출된 내용이 평가의견으로 전환되는데 필요한 연결고리가 명확해야 한다. 즉, 평가자가 어떻게 결론에 도달했는지, 해석 등 평가자의 지적작업이 명확한지를 확인해야 한다. 그렇게 되기 위해서는 그 과정이나 내용이 일관성과 논리성을 갖추어야 한다. 뿐만 아니라 다른 지식과 경험과도 공명할 수 있어야 하며 평가의견이 보다 설득력이 있으려면 여러 증거들이 함께 제시되어야 한다. 예를 들면 현상을 점검하기 위해 다른 데이터 소스를 쓰거나 다른 증거와 함께 주장내용을 제시하는 것이다.

2. 도출된 내용이나 지식이 평가과정을 통해 어느 정도 기존 지식에 비해 확장되었는가?

평가의견은 최근까지의 지식을 요약한 문헌을 검토할 필요가 있고 선행연구나 유사사업에서의 평가내용에 의해 제기된 이슈들이 본 평가에서는 어떻게 이해되는지를 살

---

49) Spencer, L., Ritchie, J., Lewis, L. and Dillon, L. 2003. 「Quality in Qualitative Evaluation: A framework for assessing research evidence」. Cabinet Office UK · Government Chief Social Researcher's Office.

펴야 한다. 만약 이미 존재하는 지식의 상황적 맥락 속에서 세팅된 평가였다면 평가과정을 통해 새로운 평가 필요영역들이 도출되는지를 확인해 보아야 한다. 평가의견에 활용된 지식과 이해가 믿을만하여 새로운 정책개발, 실천 또는 이론에 적용될 수 있어야 하고 이는 새로운 혜안과 대안적 사고방식을 제시해주는 방법으로 표현될 수 있을 것이다. 다른 한편으로는 밝혀지지 않은 것이 무엇인지 또는 어떤 정보/연구가 더 필요한가 등에 대한 논의도 덧붙여지면 주장되는 내용이 보다 설득력을 가지게 된다.

3. 평가가 당초 사업목적에 대해서 얼마나 잘 이야기하고 있는가?

평가를 시작하기 전에 우선적으로 평가의 목적과 목표를 분명하게 제시해야 하며 만약 평가목표가 변경되었을 때는 그 사유를 명백히 제시해야 한다. 아울러 이후 평가목적에 초점을 맞춘 평가의견의 요약 및 결론이 도출·제시되어야 한다. 마지막으로 이 평가를 통해서 드러내는 것이 무엇이고, 여전히 다루고 있지 못한 것은 무엇인지 제시하여 평가목적 달성여부를 명확하게 이해할 수 있도록 해야 한다.

4. 보다 넓은 추론을 이끌어내도록 하고 있는가?

평가과정에 참여한 사업참여자에게 뿐만 아니라 그 밖의 유사한 사람들에게도 평가결과로 도출된 내용이 얼마나 적용될 수 있는지에 대한 논의가 필요하다. 아울러 다른 세팅에도 적용될 수 있게 하는 평가의 맥락에 대해서도 자세하게 기술할 필요가 있으며 보다 넓은 이론에 어떻게 그 맥락이 닿을 수 있는지, 또 닿기 어렵다면 다른 이론으로 설명될 수 있는지에 대한 고민이 추가되어야 한다. 물론 좀 더 넓은 추론을 하는데 있어서의 주장을 지지할 수 있는 증거를 보유하고 있어야 하며 이 과정에서의 한계에 대해서도 충분한 논의가 있어야 한다.

5. 평가결과를 사정해 볼 수 있는 기반이 얼마나 분명하게 제시되어 있는가?

평가결과를 도출함에 있어 효과성이 있다고 할 때 어떻게 해서 그러한 결과가 도출되었는지를 설명할 수 있어야 한다. 뿐만 아니라 동일 사안에 대해서도 다양한 의견이 제시될 수 있는데 이러한 의견의 다양성이 어디서 연유한 것인지에 대해서도 논의할 수 있어야 한다. 한편, 개입에 따른 의도치 않은 결과가 초래했다든지, 그러한 결과가 미치는 영향력과 왜 그러한 것들이 생겨났는지에 대해서도 충분하게 관련 내용들이 정리되어 있어야 한다.

6. 평가설계가 얼마나 탄탄한가?

전반적인 평가전략이 평가목적을 달성하는데 적합하게 설계되어 있음을 보여주어야 한다. 여기에는 왜 그러한 평가전략이 도입되었는지에 대한 합리적 이유를 제시해야 하고 그럼에도 불구하고 갖는 한계가 무엇인지에 대한 논의도 다각적으로 이루어져야 한다.

7. 샘플링전략/타켓 선택이 얼마나 잘 고안되었는가?

왜 그 사업참여자가 선택되었는지, 왜 그 지역이 선택되었는지, 어떻게 이러한 사업참여자나 지역과 관련된 이해관계집단을 선정하게 되었는지, 적합한 샘플들과 비교를 위해 필요한 또 다른 샘플들은 어떻게 선정하게 되었는지에 대한 기술이 풍부하게 남겨져 있어야 한다.

8. 평가에 참여하는 사람들의 사정을 적절하게 고려했는가?

평가대상 사업참여자에 대한 상세 프로파일을 갖고 있어야 하고 이들이 이야기하려고 하는 바를 충분히 포섭할 수 있도록 하는 노력을 최대한 기울여야 한다. 예를 들어, 사용 언어가 다를 경우 적절한 통역사를 불러야 하고 때로는 이들에게 교통편의를 제공하여야 한다. 사업참여자 중 평가에 참여하지 않는 사람은 누구이며 그 사람들은 왜 참여하지 않게 되었는지 그 이유를 상세하게 기재할 필요가 있다.

9. 자료수집이 잘 수행되었는가?

①누가 자료수집을 수행하는지, ②자료수집·기록에 사용되는 절차·문서화작업이 잘 진행도었는지, ③문서에 대한 오리지널 버전·현 상태에 대한 지적 권한이 누구에게 있는지 등에 대한 논의가 잘 진행되고 정리되어 있어야 한다. 아울러 인터뷰 내용을 오디오나 비디오로 녹화할 것인지, 필드노트를 적는데 어떤 관행을 따를 것인지, 현장조사 방법 또는 세팅이 자료수집방법에 어떻게 영향을 미쳤는지 등에 대해 사전에 깊이있는 논의가 이루어졌는지, 그리고 실제로 논의내용대로 진행되었는지를 점검해야 한다.

10. 분석자료들이 어느 정도 잘 분석내용으로 포섭되었는지?

분석자료가 가지는 원래의 상태, 즉, Verbatim Transcripts, 관찰 또는 인터뷰 노트 등이 잘 보관되어 있고, 이들을 어떻게 관리할 것인지가 분명해야 한다. 기술적(Descriptive)

분석의 경우 범주나 레이블이 어떻게 생성되고 활용되었는지, 구성적(Constructive) 분석의 경우 컨셉이나 유형분류가 어떻게 이루어졌는지에 대한 논거와 실제 적용과정에 대해 명확하게 이해하고 있어야 한다.

11. 데이터 소스의 맥락 – 이들이 어느 정도 잘 보유되고 관리되는가?

연구가 이루어지는 장소·세팅의 배경 또는 역사적 발전 그리고 사회적·조직적 특징에 대해 잘 기술되어 있어야 하고, 개인적 맥락에서의 참여자적 관점에 대해 잘 묘사되어야 한다. 문헌고찰인 경우 기재된(Written) 문서의 원천이나 역사에 대한 설명이 있어야 하며 맥락 및 사정을 보존하는 데이터관리방법의 활용 개발 또한 필요하다.

12. 관점이나 내용이 어느 정도 다양하게 접근되었는지?

다양성을 보여줄 수 있도록 하는 샘플링 방법이 설계되었는지, 그런 사례가 포섭되었는지를 살펴봐야 하며 제시하고자 하는 평가내용에 대한 다양한 관점, 그리고 바라보는 주체에 따라 달라진다는 것을 이해하고 이를 조명하려는 노력이 이루어져야 한다. 다른 한편으로는 다수의 내용과 반대되거나 다른 입장에 있는 이야기들을 눈여겨볼 수 있어야하고 나아가 부정적 사례나 아웃라이어 또는 예외라고 간주되는 것들에 대해서도 주목할 필요가 있다.

13. 데이터의 구체성, 깊이 그리고 다각적인 면들이 어느 정도 잘 표현되었는가?

자료제시자의 용어, 컨셉 및 내용을 이해하려고 하였는지, 데이타 내에서의 뉘앙스·미묘함·내포적 의미를 풀어헤치고 묘사하려고 하였는지, 함축적인 설명이나 개념 연결 패턴이 적절한지 등 디테일이 살아있으면서도 깊이가 있고, 복잡성을 띠는 데이터의 속성을 잘 이해하고 이를 잘 표현하여야 한다.

14. 데이터, 이에 대한 해석 그리고 결론간 연결이 명확한가?

오리지널 데이터에 대한 분석적 코멘트와 이들을 배열하면서 개념적으로 명확하게 연결되어 있음을 보여주고 있는지, 특정한 해석·함의가 어떻게·왜 데이터의 특정한 면과 연결되는지, 설명·이론·결론이 어떻게 도출되었는지 등에 대한 풍부한 논의가 뒷받침되어야 한다.

15. 평가결과 내용이 깔끔하며 일관성이 있는가?

당초 평가목적과 평가과정에서 던지는 질문들이 상호 잘 연결되어 있는지, 내러티브(Narratives)나 스토리(Story)가 명확하게 구성되어 주제를 잘 설명하고 있는지, 코멘트를 통해 유용하게 독자들을 가이드하는 구조와 이정표를 제시하고 있는지, 특정하게 타게팅된 청중에게는 쉽게 접근할 수 있도록 정보를 제공하고 있는지 등이 검토되어야 한다.

16. 평가결과를 형성하는 가정, 이론적 관점, 지향가치 등이 명확한가?

평가가 기초하고 있는 핵심 가정·가설·이론적 아이디어 그리고 이것들이 어떻게 평가의 형태, 범위 또는 결과에 영향을 미쳤는지에 대한 논의와 이를 뒷받침하는 증거가 있는지, 평가에 대한 방법론적 그리고 이데올로기적 관점이 이해되고 공유되었는지, 평가대상·이론·가정을 바라보는 새로운 대안적 관점에 대해서 개방적 자세를 취했는지, 연구설계·자료수집 및 분석과정에 오류 또는 편견이 스며들 여지는 없었는지, 연구과정에 대해 연구자의 영향력이 불필요하게 행사되지는 않았는지 등에 대한 고찰이 있어야 한다.

17. 윤리적 이슈를 충분히 고려했다는 증거가 있는가?

사업참여자에 대한 충분한 고려 그리고 민감성을 가지고 대하려고 했는지, 이들로부터 동의절차를 거쳤는지, 자료에 대한 비밀보장과 보호절차에 대해 설명했는지, 참여함으로써 생기는 잠재적 위협이나 애로가 무엇이고 이를 해소하기 위한 방법들을 강구했는지를 살펴야 한다.

18. 연구절차가 적절하게 기록되었는지?

데이터의 원천 및 방법의 강점과 약점이 무엇인지를 논하고, 샘플링범위와 자료 수집 · 분석에서 당초 계획과 달리 변경이 있었다면 그 이유가 무엇인지를 기록하였는지, 핵심적인 문서(Letters of Approach, Topic Guides, Observation Templates, Data Management Frameworks Etc)는 재생가능한지 등이 검토되어야 한다.

사회복지 프로그램 개발과 평가

초판1쇄 인쇄 2018년 2월 26일 / 초판1쇄 발행 2018년 2월 26일

펴낸곳 ㅣ EM실천
주 소 ㅣ 서울시 금천구 가산동 493-6 대륭테크노타운 6차 1004호
전 화 ㅣ 02)875-9744 팩스 ㅣ 02)875-9965 e-mail ㅣ em21c@hanmail.net

ISBN : 979-11-960753-1-6 (93330)